2017年度教育部人文社会科学研究规划基金项目

质量保证视域下的
高校课程体系预评价机制研究

朱伟文　等著

内 容 提 要

本书以质量保证视域下的高校课程体系预评价机制为研究对象,对于高校课程体系评价问题展开研究,以相关的教育评价理论、学习理论和管理学理论为理论基础,着重分析质量保证与课程体系、课程教学与评价之间的关系,以期进一步完善高校内部质量保证体系,构建质量保证视域下的课程体系预评价机制,保证和提高教育质量,努力实现高校治理体系和治理能力现代化。本书内容丰富,为高校管理者和广大教师提供可参考的课程体系预评价模型,具有一定的理论价值和实践指导作用。本书也可供从事高等教育管理与评价人员参考。

图书在版编目(CIP)数据

质量保证视域下的高校课程体系预评价机制研究,朱伟文等著. --上海:同济大学出版社,2020.6
 ISBN 978-7-5608-9242-9

Ⅰ. ①质… Ⅱ. ①朱… Ⅲ. ①高等学校－课程体系－课程评估－研究 Ⅳ. ①G642.3

中国版本图书馆 CIP 数据核字(2020)第 068000 号

质量保证视域下的高校课程体系预评价机制研究

朱伟文 等著

责任编辑　荆　华　　责任校对　徐春莲　　封面设计　张　微

出版发行	同济大学出版社　　www.tongjipress.com.cn
	(地址:上海市四平路 1239 号　邮编:200092　电话:021－65985622)
经　销	全国各地新华书店
印　刷	江苏凤凰数码印务有限公司
开　本	787mm×1092mm　1/16
印　张	11.5
字　数	280 000
版　次	2020 年 6 月第 1 版　　2020 年 6 月第 1 次印刷
书　号	ISBN 978-7-5608-9242-9
定　价	88.00 元

本书若有印装质量问题,请向本社发行部调换　　版权所有　侵权必究

序

党的十九大报告强调优先发展教育事业,"加快一流大学和一流学科建设,实现高等教育内涵式发展"。《中国教育现代化2035》提出,到2035年,总体实现教育现代化,迈入教育强国行列。保证和提高教学质量是高等教育的永恒主题。在我国建设人力资源强国的进程中,高等教育担负着培养德智体美劳全面发展的社会主义建设者和接班人、培养高级专门人才的重要使命和责任,保证和提高教学质量、推动高等教育内涵式发展是高等学校的根本任务。在质量保证视域下,高校如何确保经过本科阶段培养的学生能够满足国家和社会的需要和个人终身发展的需求,毕业时达到本科专业规定的毕业要求?高校如何开展课程体系预评价,从而进一步完善高校内部质量保证体系?这已成为高等学校管理者、社会和学生等各方普遍关心的问题。

高校开展课程体系预评价工作越来越受到关注。课程体系在培养方案中占据重要地位,它既支撑培养目标和毕业要求,又影响课程目标、课程教学、教师队伍和支持条件等资源保障。随着我国工程专业认证工作的不断推进,以及国家三级专业认证试点工作的开展,以学生为中心、以学习成果为导向以及持续改进的理念日益深入到我国高校的专业建设和课程建设中,融入到教师的日常教学活动中。然而,在现实中开展课程体系预评价工作仍是高校教学质量管理中的薄弱环节,也是高校质量保证体系容易忽视的一项质量活动。从国际经验来讲,21世纪以来,由于一些国家和区域资格框架以及专业认证标准的要求,基于学习成果的课程体系设计、实施和评价不仅成为众多高校的普遍做法,而且也为学生的国际流动和资格认定提供了参照。当代著名的教育家和心理学家本杰明·布卢姆(B. S. Bloom)的教育目标分类学理论在评价学生学习成果方面得到广泛应用,成为评价学生能力的重要理论参考。

就我国高等教育发展而言,要实现高等教育现代化,需要治理体系和治理能力现代化作为奠基,也需要注意借鉴他国经验。从世纪之交迄今,教育和学习发展模式的变革正在进行中,教育和学习的环境与生态也将面临新的挑战。2015年,联合国《2030年可持续发展议程》的17项目标169个具体目标,其中"目标4"是"确保包容和公平的优质教育"。同年,《反思教育:走向全球共同利益?》(Rethinking Education: Towards a Global Common Good?)报告的发布,为教育如何适应未来发展提出了思考。当今高等教育面临的挑战之一是如何应对全球对专业资格的巨大需求,同时保持其在研究和培训方面的关键作用。因此,面向学生学习产出,培养学生能力、满足学生个性化需求已成为高校教学和评价工作面临的迫切要求,也是高校完善教学质量保证体系、提高治理能力和治理水平的重要任务。

本书作者立足于高等教育教学质量保证的视角,开展高校课程体系预评价研究工作。

本书基于教育部人文社会科学基金项目的研究成果,融入了作者研究和创新的观点和方法,对于我国高校内部开展课程体系设计、实施和评价,健全学校内部质量保证体系具有积极的理论和现实意义。当然,本书也有需要完善和改进之处,希望作者能以此书为出发点,今后不断深入研究、实践和总结,为我国高等教育内涵式高质量发展尽一份力量。

伍 江
2020 年 4 月 30 日

前　言

近几年来,我国高等教育发生了深刻的变化,走高等教育内涵式发展道路成为高校发展的主旋律。特别是新时代全国高等学校本科教育工作会议的召开,《教育部关于深化本科教育教学改革全面提高人才培养质量的意见》等文件的颁布,对高校的人才培养、质量保障等方面提出了更高的要求。如何进一步落实高校教学质量的主体责任和办学自主权,提升高校治理能力和治理水平,是高校今后相当长一段时间需要着力落实的任务。

本书以质量保证视域下的高校课程体系预评价机制为研究对象,对于高校课程体系普遍存在的问题,如课程体系设计的合理性没有引起足够重视、课程体系模块设计和课程教学设计的科学性体现不充分、课程体系实施的有效性监控力度有限、课程体系评价的规范性得不到保证等一系列问题开展研究,以期进一步完善高校内部质量保证体系,健全课程体系预评价的制度建设,落实"学生中心、成果导向、持续改进"的理念,研制课程体系预评价的有效方法,从而构建质量保证视域下的课程体系预评价机制,保证和提高教育质量,努力实现高校治理体系和治理能力的现代化。

本书采用定量和定性研究相结合的方法,通过文献综述和问卷调查,客观反映高校课程体系预评价的现状和国内外相关领域的发展趋势,以相关的教育评价理论、学习理论和管理学理论为理论基础,着重分析质量保证与课程体系、课程教学与评价之间的关系,构建课程体系预评价模型以及运行机制。

笔者认为,课程体系预评价着眼于事前评价,一般可以分为两类:第一类,专业培养方案实施前的预评价;第二类,外部专业评估(认证)实施前的预评价。构建的指标体系共设7个主要方面的23个子项。评价指标的7个主要方面包括:一是培养目标适应性;二是毕业要求可达成;三是专业能力可衡量;四是教学大纲具体化;五是课程结构须恰当;六是教学过程重引导;七是设计审批规范性。高校质量保证体系的建立与高校的内外部环境,如学校发展战略、质量政策以及组织机构等有密切的关系。同时,课程的教学目标设计、教学过程实施以及考核评价对于学生预期专业能力的达成产生重要影响;通过课程教学设计和制定策略,为课堂实践提供信息,以提高学生的学习能力,实现高质量的课程教学。

本书提出,课程体系预评价模型的建立首先应立足于其逻辑性,要清晰、简明。评价理念上,不仅突出以学生为中心、利益相关者参与,而且还要以学生的学习成果为导向,着力培养学生专业能力,并持续改进。评价内容上,关注于课程体系的设计和实施过程的预期成效,包括培养目标、毕业要求、课程体系、教学大纲、师资队伍、教学条件,以及教学过程和持续改进。而所有这些内容,须建立在学校适宜的评价环境中。评价环境主要由学校发展战略、质量政策、组织机构以及绩效考核等构成,是开展课程体系预评价的基础。

研究表明,学校的发展战略、质量政策、组织机构以及绩效考核等共同构成了课程体系预评价的运行环境,并对课程体系预评价的运行产生影响。为保证课程体系预评价运行机制的正常运转,需要建立逻辑清晰的运行过程、机构职责和工作程序,课程体系的控制与改进不可或缺,需要放在高校内部质量保证的整个环境中予以考虑,需要明确学校不同层面角色的相应职责和程序要求,且有管理信息系统予以支持。建设以高质量人才培养为核心的质量文化,将有利于高校内部质量保证体系的完善,特别是促进包括课程体系预评价在内的质量保证活动的开展,并使质量意识转化为师生的共同价值观和自觉行动。

本书得出以下四点结论:第一,内部质量保证和外部质量保证的关系密不可分。外部质量保证与内部质量保证是相互联系又相互促进的两个系统。第二,高校内部质量保证体系、课程体系质量保证和课程质量保证共同构成三层嵌套质量环。每层环自成循环体系,并遵循"学生中心、成果导向和持续改进"的理念,从目标、设计、实施、评价等方面着手,从而保证人才培养质量、课程体系质量和课程质量。第三,课程体系预评价着眼于人才培养过程的前馈控制。人才培养的质量很大程度上与专业课程体系和课程设计以及教与学过程有密切的关系。第四,制度建设和质量文化是课程体系预评价机制有效运行的土壤。

本书附录列出了高校课程体系预评价现状调查分析报告及国内外相关的研究成果和案例,供读者参考。

本书得到2017年教育部人文社会科学研究规划基金项目的支持(项目名称:质量保证视域下的高校课程体系预评价机制研究,项目批准号:17YJA880112)。本书作者有朱伟文、谢双媛等。本书为高校管理者和广大教师提供一个可参考的课程体系预评价模型,为开展课程体系设计和预评价提供了新思路。由于作者水平和能力有限,不当之处,敬请批评指正。

朱伟文　谢双媛
2019年12月

目　录

序
前言

第一章　绪　论 1
　第一节　高等教育教学质量的问题提出 1
　第二节　研究目的和意义 4
　第三节　高等教育相关概念界定 6

第二章　文献综述和现状调查 11
　第一节　国外研究与实践 11
　第二节　国内高校课程体系评价的研究与实践 15
　第三节　国内外研究和实践述评 19
　第四节　高校课程体系预评价现状调查 23

第三章　理论基础 29
　第一节　教育评价理论 29
　第二节　学习理论 31
　第三节　管理学理论 33

第四章　内外部质量保证 37
　第一节　内外部质量保证的关系 37
　第二节　内部质量保证的内嵌式质量环 40

第五章　课程体系的质量保证 45
　第一节　课程体系的分类及设计 45
　第二节　课程体系的组织实施 52
　第三节　课程体系的管理与保障 55

第六章　课程的质量保证 60
　第一节　课程的设计和实施 60

第二节　教学过程及其评价 …………………………………………… 66
　　第三节　课程的人力资源保障 ………………………………………… 69

第七章　课程体系预评价的指标体系构建 …………………………………… 74
　　第一节　课程体系预评价的分类 ……………………………………… 74
　　第二节　课程体系预评价的理念和原则 ……………………………… 75
　　第三节　预评价指标体系的设计思路 ………………………………… 77
　　第四节　预评价指标体系的相关内涵 ………………………………… 82

第八章　课程体系预评价的运行机制 ………………………………………… 89
　　第一节　课程体系预评价的运行环境 ………………………………… 89
　　第二节　课程体系预评价的运行过程 ………………………………… 92
　　第三节　质量文化 ……………………………………………………… 97

第九章　结论和展望 …………………………………………………………… 102
　　第一节　研究结论 ……………………………………………………… 102
　　第二节　研究展望 ……………………………………………………… 104

附录
　　附录 A　测量和比较欧洲高等教育的学习成果（CALOHEE）……… 106
　　附录 B　高校课程体系预评价现状调查分析报告 …………………… 112
　　附录 C　欧洲基于能力的高等教育内部质量管理手册（节选）……… 128
　　附录 D　纽约州立大学石溪分校案例 ………………………………… 142
　　附录 E　我国高校案例 ………………………………………………… 165

后　　记 ………………………………………………………………………… 172
参考文献 ………………………………………………………………………… 173

第一章 绪 论

第一节 高等教育教学质量的问题提出

近年来,促进高等教育内涵式发展、不断提高高等教育教学质量已成为我国高等教育界的共识。随着国家社会对高等教育质量的期望不断提高,如何以学生为中心、注重能力培养、促进人的全面发展,满足学生成长发展的需求,日益成为高等学校人才培养的重要课题。高校是高级专门人才培养的主阵地,也是高等教育人才培养的责任主体,培养满足国家社会发展需求、符合高校办学定位、德智体美劳全面发展的社会主义建设者和接班人是高校的责任和使命。伴随着高等教育界与社会各界的紧密结合,高等教育治理呈现出多方合作、广泛参与、协同治理的特点,质量保证不仅成为内外部利益相关者关注的焦点,而且也是高校实现治理体系和治理能力现代化的重要内容。

课程体系作为专业人才培养的设计蓝图,在高校人才培养过程中起着至关重要的作用。课程体系和课程设计合理与否、实施是否有效、评价是否规范,不仅影响到高校人才培养的质量,而且还影响到学生未来职业发展的后劲。一方面,专业课程体系是教师落实教学要求、承担教学任务的主要依据;另一方面,专业课程体系也是学生安排学习、达到学习成效的主要参照。因此,课程体系设计、实施和评价的质量将对高校人才培养质量产生直接影响。

一、高校课程体系及其评价中的问题

目前我国高校普遍重视专业课程建设,以课程为核心开展教学质量评价,同时,高校也十分重视专业认证等外部评价。但是,高校针对专业课程体系设计、实施以及评价机制的研究还相对不足,主要表现在以下四个方面:

一是课程体系设计的合理性没有引起足够重视。课程体系反映专业人才培养的培养目标、毕业要求和课程设置,是高校实施人才培养的重要依据。现实中,一些高校专业培养目标不准确,与学校办学定位有差距;学生毕业时应达到的毕业要求和专业能力要求不明确;因人设课现象仍然存在;课程体系设计逻辑关系不清晰;每门课程在课程体系中所处的位置和所起的作用尚未明晰;课程体系设计的流程尚未确定。可以说,专业培养方案中课程体系设计的合理性问题还没有引起专业足够的重视。

二是课程体系模块设计和课程教学设计的科学性体现不充分。随着专业发展和教学模式改革的不断深入,课程体系中的学科交叉课程群、课程模块的形式日益增多。在课程体系设计过程中,如何科学地设置相应的课程模块,如何科学地进行课程教学设计变得越来越重要。特别是随着国家倡导的新工科、新农科、新文科、新医科等建设的兴起,迫切需要专业学科的交叉与融合,课程体系结构、课程内容和教学模式也将发生新的变化,这就需要在培养方案制订过程中,强化课程模块的功能,体现课程对毕业要求的支撑。但是,就目前大多数专业而言,课程体系模块设计和课程设计的科学性问题体现还不充分。

三是课程体系实施的有效性监控力度有限。课程体系的有效实施是实现人才培养目标的直接保证。专业培养方案制订完成后,课程体系是否能够按照原定的时间和任务安排得以落实变得尤为重要。这就要求师资力量的配备、实验设备等教学设施和教学条件的配置、教学过程的实施,能够满足课程体系实施的需要。对课程体系实施的有效性进行监控,可以及时发现存在的问题,特别是对学生的学习成果是否能达到预期目标有一个科学的预测。然而,现实中,高校对课程体系实施的监控力度还不够,教学任务落实与计划之间存在一定差距。

四是课程体系评价的规范性得不到保证。虽然课程体系评价是高校内部质量保证体系的重要组成部分,但是针对高校内部质量保证体系中的课程体系评价还做得不够。一些高校还没有将课程体系评价纳入质量保证体系的范围;有的高校开展专业评估工作,重在事后检查,没有完全做到事前、事中和事后的课程体系评价;有的高校虽然开展课程体系评价,但是体现学习成果导向的理念和做法还不足;评价主体、评价工具和评价流程方面,还没有建立规范的制度和运行机制;内部课程体系评价与外部专业认证的关系尚未厘清。概而言之,高校开展课程体系评价的规范性得不到保证。

高校构建质量保证视域下的课程体系预评价机制势在必行。质量保证是指对高等教育体系、院校或专业/项目进行持续评估(评价、控制、保障、保持和改进)的进程。一般而言,所谓课程体系预评价是指在培养方案制订过程中,对专业课程体系达到培养目标的程度的预测评价。既可以是专业培养方案在实施前的预评价,也可以是高校应对外部专业评估(认证)实施前的自我评价。课程体系预评价属于教育评价的范畴,它是按照培养目标,运用科学可行的方法,对课程体系设计合理性所进行的价值判断的过程。

目前国内高校专业培养方案制订过程中尚未系统地建立课程体系预评价这一质量保证机制,尚未将课程体系预评价规范纳入高校内部质量保证体系,在此情况下,本书针对课程体系设计的合理性没有引起足够重视、课程体系模块设计和课程设计的科学性体现不充分、对课程体系实施的有效性监控力度有限、对课程体系评价的规范性得不到保证等问题,探讨构建质量保证视域下的课程体系预评价机制,力图保证和提高教育质量,努力实现高校治理体系和治理能力的现代化。

目前国内尚鲜有关于课程体系预评价的研究。综合而言,在课程体系研究方面具有四方面的不足:一是课程体系研究主要集中在具体学科专业领域,对院校层面课程体系研究不多;二是现有研究主要涉及课程体系优化方法的研究,对课程体系设计方法研究不多;三是现有研究更多聚焦在课程评价,尚未将课程评价纳入高校内部质量保证体系;四是课程体系评价主要集中在事后评价,而忽略事前、事中的评价。由此可见,国内高校课程体系预评价研究还刚起步,与内外部质量保证之间的联系尚不够紧密。

鉴于此,从保证高等教育质量和服务国家教育发展战略出发,加快我国高校课程体系预评价研究是大势所趋。这既是高校创建质量文化、强化问责和引导、完善内部质量保证体系的重要举措,也是高校回应社会关切、服务社会需求、满足专业认证等外部质量保证的必然选择。本书将在充分掌握国内外已有研究和实践积累的基础上,着力"扎根中国、放眼世界",强调"学生中心、成果导向、持续改进"理念,强调利益相关者多元参与、基于数据监测,以课程教学、课程体系、内部质量保证体系为主线,厘清课程体系预评价与质量保证之间的关系。从理论和实践层面深入研究,力图在课程体系预评价和质量保证的新视角、新方法方面寻求突破。

二、高校课程体系评价的发展趋势

欧美国家关于高校课程体系预评价研究相对较为深入,并且课程体系预评价已经逐渐在高等教育领域得到应用。主要体现为三大特点:一是将课程体系预评价作为高校内部质量保证(IQA)的重要组成部分;二是课程体系预评价以课程评价为基础,注重从"知识本位"转变为"能力本位";三是提高教师、行业代表等内外部利益相关者对质量保证和评价的参与度。国外高校的这些经验和研究将为本书提供参考和借鉴。

从提高高校的治理体系和治理能力现代化的角度看,课程体系预评价反映了现代教育管理和教学思想,对于增强高等教育管理效能、提高教学质量有积极的作用,主要体现在协同治理、导向作用和改进功能等方面。随着社会经济发展对高等教育人才培养质量提升的迫切要求,以及教育信息化和国际化的发展,课程体系预评价作为高校内部质量保证的重要组成部分将越来越得到高校管理层以及师生的重视。

从国际、国内对高校课程体系预评价的研究和实践情况来看,主要呈现出如下四大发展趋势:

第一,课程体系预评价基于高校办学定位和人才培养目标的科学设置。课程体系是指在一定的教育价值理念指导下,将课程的各个构成要素加以排列组合,使各个课程要素在动态过程中统一指向课程体系目标实现的系统。课程体系是实现培养目标的载体,是保证和提高教育质量的关键。高校通过课程体系预评价可以在培养方案制定后、实施前检讨是否符合高校办学定位、达到人才培养目标要求。

第二,课程体系预评价的指标体系构建基于学生中心和成果导向。"学生中心"表现为以"学生发展、学生学习、学习效果"为中心,"成果导向"体现在从毕业生获得的知识、能力和素养三个维度的学习成果加以评价,是否达到或未达到毕业要求。课程体系预评价不仅关注课程体系本身的评价,而且也关注课程设计评价和学生学习过程的质量保证,从强调"知识系统"转变为"能力达成",重在预测学生通过培养方案的课程体系设计、教学过程的实施,学生在知识、能力和素养三个维度的毕业要求达成情况。

第三,课程体系预评价有效运行基于数据分析、持续改进和利益相关者参与。通过数据挖掘和分析,为课程体系设置的持续改进和有效运行提供技术支撑。持续改进是全面质量管理中的"计划、执行、检查、改进"(PDCA)的重要环节,课程体系设置需要建立在数据收集、分析基础上的持续改进。同时,课程体系设置和评价工作需要社会、用人单位、教师、学生、校友和同行等内外部利益相关者参与,在机制上确保课程体系预评价的有效运行。

第四,构建质量保证视域下的课程体系预评价机制是内部质量保证和外部质量保证的必然要求。课程体系预评价既是高校内部质量保证体系的重要组成部分,也要满足专业认证等外部质量保证的需要。高校通过构建质量保证视域下的课程体系预评价机制、强化协同治理能力,保证和提高人才培养质量。只有通过内部的制度建设、质量分析、质量交流和质量发展,从而形成质量文化,高校才能适应外部质量政策和质量环境的变化。

第二节　研究目的和意义

在高校推进治理体系和治理能力现代化的过程中,开展课程体系预评价机制研究,不仅对于完善内部质量保证体系、健全制度建设方面将发挥积极作用,而且对于高校尊重教育教学规律、提高治理能力和治理水平具有一定的理论和实践意义。

一、研究目的

本书立足于高校自身,从内部质量保证的视角来研究课程体系的预评价机制建立的一系列问题,包括研究的理论基础、课程体系的设计和实施、课程的设计实施和评价,以及课程体系预评价指标体系和运行机制等内容。不仅将课程体系预评价置于高校内部质量保证体系中,而且与高校外部质量保证(专业认证和体系认证)相联系,从而找到符合高校自身特点又符合教育管理、教育发展规律的预评价机制。研究目的概括为以下四个方面:

第一,完善高校内部质量保证体系。20世纪90年代以来,高校内部质量保证体系建设兴起,特别是2010年起国家教育中长期发展规划的实施,以及2018年全国本科教育工作会议的召开,加强高等教育内涵式发展已成为共识。完善内部质量保证体系建设正成为高校教学质量的重要基石,而课程体系又是实现专业人才培养目标和规格的基础,因此,研究课程体系的设计、实施和评价将有利于完善高校内部质量保证体系。

第二,健全课程体系预评价的制度建设。管理学中将监督分为事前、事中和事后监督。目前大多数高校配合外部专业认证工作开展了对课程体系的事后监督工作,即在课程体系实施完成后评估其是否达到专业毕业要求。而疏于对事前、事中监督的实施,即在课程体系实施前、实施过程中实行的监督和评价。同时,过程管理和机制保障也是制度建设中需要重点关注的内容。因此,本书也将进一步健全课程体系评价在事前、事中和事后的监督评价制度。

第三,实现"学生中心、成果导向、持续改进"的理念。随着我国加入《华盛顿协议》及工程专业认证的开展,高校逐步树立起"以学生为中心""以学习成果为导向""持续改进"的理念。然而,对其他学科专业或是未参与工程专业认证的专业而言,对这三大理念还未有深入的理解,还没有变成教学者和管理者的自觉行动。因此,本书目的之一是推动高校在教学和管理过程,特别是课程体系评价过程中,深入理解和贯彻"学生中心、成果导向、持续改进"的理念。

第四,研制课程体系预评价的有效方法。有效的评价方法是保证评价结果客观性、真实性和可行性的基础。课程体系预评价离不开评价标准、评价主体、评价方法和评价流程,需要考虑系统的输入、过程和输出,需要有利益相关者多元参与,需要与外部环境的有机联系,既要尊重教育教学规律又要注重管理和评价方法的有效性。因此,本书期望能研制课程体系预评价的有效方法,为高校开展课程体系预评价实践提供参考。

二、高校课程体系预评价的意义

高等教育领域是培养高级专门人才的主阵地,也是培养社会主义合格建设者和可靠接班人、实现国家发展战略的主战场。高校开展内部的课程体系预评价,不仅是内部质量保证的核心内容,也是反映人才培养顶层设计的蓝图。本书立足于理论与实践相结合,力图产生一定的理论价值和应用价值,具有一定的理论和实践意义。

首先,在理论意义方面,一是丰富课程体系评价理论研究的内容。我国高校内部质量保证(IQA)研究中对课程体系预评价的研究相对不足,需要注重将管理学与教育学的相关理论运用到课程体系评价中去;在高校内部质量保证体系中,课程体系评价不仅应该体现在人才培养过程的后端,更重要的是应该体现在实施人才培养过程的前端。课程体系预评价是高校对人才培养顶层设计进行自我评价和改进的重要环节,本书以布卢姆教育目标分类学理论、利益相关者理论等为理论基础,进一步丰富教育评价和质量保证的内涵和外延。二是以课程体系设计的科学性、逻辑性和可行性为前提。课程体系设计和课程设计是否合理设置,不仅关系到评价的标准和评价的结果,而且也关系到课程体系实施的有效性。做好课程体系设计和课程设计,就可以为课程体系预评价提供有效支撑。因此,课程体系设计和课程设计也是本书的重要内容。三是力图构建可行的课程体系预评价的模型。本书认为课程体系预评价有两种类型,即:①对专业培养方案在实施前的预评价;②高校应对专业评估(认证)实施前的内部自我评价,从而客观反映课程体系达到预期毕业要求的程度,为高校开展课程体系预评价提供参考。

其次,在实践意义方面,也有一定的应用价值。第一,有助于做好高校人才培养的顶层设计,为高校人才培养提供科学的、可操作的课程体系预评价方案。专业培养方案是高校人才培养目标和培养规格的反映,也是体现课程设置的重要文件。而课程体系的合理与否,是专业人才培养质量符合培养目标的根本保证。开展课程体系预评价工作,将保证人才培养蓝图的科学性、合理性和可操作性。第二,有助于完善高校内部质量保证体系,为质量保证和高校内部治理提供建议。质量保证需要利益相关者多元参与,包括内部和外部的利益相关者。在课程体系预评价过程中,只有多元参与,听取来自不同群体的不同声音,通过质量对话和质量会议等形式,对质量保证提供真实的反馈信息,有利于持续改进。第三,积极创建高校内部质量文化,为高校完善内部质量保证和应对外部评估营造氛围。课程体系预评价不仅有利于完善内部质量保证,而且还能为外部专业认证等外部质量保证做好充分准备。使得高校专业的课程体系符合外部的质量要求,得到国际、国内同行的认可和实质等效。同时,在师生中形成共同的价值观和自觉行动。

综上所述,高校应该认清国内外高校课程体系预评价的研究和实践的发展趋势,在立足高校自身内部质量保证体系完善的同时,积极应对外部质量保证的要求,在理论和实践层面进行研究和探索,以先进理念为指导,健全制度,寻求可行的方法,建立健全课程体系预评价机制。

第三节 高等教育相关概念界定

本书涉及高等教育范围,以质量保证视域下的高校课程体系预评价机制为研究对象,为了便于在相应的范畴内讨论和研究,需要对本书涉及的基本概念加以界定。

一、高等教育

国际上,高等教育(Higher Education)的定义基本趋同。联合国教科文组织于1998年10月召开的世界高等教育大会上发布的《21世纪的高等教育:展望和行动世界宣言》中,将高等教育定义为:包括由大学或国家主管当局批准为高等学校的其他教育机构提供的各类中等教育后的学习、培训或研究培训。高等教育或称为"中学后教育"或"第三级教育"。"中学后教育"(Post-Secondary Education)和"第三级教育"(Tertiary Education)是指中等教育以上程度的各级各类教育,一般认为与高等教育同义,包括由大学、各级各类独立学院、高等专科学校、各种成人教育机构及其他有关机构实施的各级正规和非正规教育。高等教育是建立在中等教育之上,在专业化的教育学科提供学习活动。它以高度复杂和专业化的学习为目标。高等教育包括通常所理解的学术教育,还包括高级职业或专业教育。

在我国,高等教育的概念界定也基本相似。潘懋元认为,高等教育是建立在普通教育基础上的专业教育,以培养专门人才为目标。杨德广提出,高等教育是指对中等教育以上程度的人,以传授和研究各种科学、技术、艺术等有关学问为主要活动,高等教育承担着培养高级专门人才、发展科学技术文化、促进现代化建设的重大任务。高等教育是有一定专业方向的教育。《中华人民共和国高等教育法》规定:"本法所称高等教育,是指在完成高级中等教育基础上实施的教育。"

本书将高等教育界定为:在完成高级中等教育基础上,由各级各类高等学校或机构提供的高职专科、本科、研究生层次的学历教育或非学历教育。本书范畴仅限于高等教育本科层次的学历教育。

二、质量保证

质量一词最早源于企业界,呈现出不同利益相关者的多维质量观。W.爱德华·戴明认为,质量就是"低成本下的可预测的吻合度和可靠度,适应市场需要"。约瑟夫·M.朱兰认为,质量即适用性(满足顾客需要)。斯蒂芬·罗宾斯等人则认为,质量就是"产品或服务的很可靠的能达到预期要求与满足客户期望的一种能力"。国际标准化组织在ISO9000:2000《质量管理体系——基础和术语》中将质量定义为"一组固有特性满足要求的程度"。质量可以被理解为产品对顾客需求的满足程度。顾客需求(期望)发生变化,要求组织不断地调整自己的内部行为或完善其效果,以保证产品对顾客需求的满足程度。维纳亚姆·契纳巴在《有质量的全民教育:公平与质量》一文中指出,质量意味着实现预定目标的效率(对可利用资源进行更好地利用)。英国高等教育质量保证机构(QAA)认为,质量是为学生提供适当的和有效的教学、支持、评价从而帮助学生完成学业的程度。1998

年联合国教科文组织召开的世界高等教育会议提出,"高等教育质量是一个多层面的概念",要"考虑多样性和避免用一个统一的尺度来衡量高等教育质量"。由此可见,质量是个多维概念,与市场需要、顾客需求和期望有关,与组织内部的管理行为、成本和效率相关。

质量保证(Quality Assurance)又称为质量保障。这一术语在国际上被广泛使用,就高等教育机构而言,质量保证一般分为内部质量保证(IQA)和外部质量保证(EQA)。桑亚尔和马丁(Sanyal & Martin,2007)认为,IQA包括高等教育机构内的所有内部质量保证机制、工具和系统,这些机制、工具和系统确保该机构满足其自身的、一般的和专业培养方案的标准和目标。《欧洲高等教育区质量保证标准与指南》(ESG,2015)将质量理解为"主要是教师、学生和机构学习环境之间互动的结果"。"质量保证"一词在ESG中用于描述持续改进周期内的所有活动(即保证和改进活动)。《非洲高等教育质量保证标准和指南》(ASG-QA)认为,质量保证是内部或外部质量保证程序中的通用术语,包括方案和机构层面以及质量保证机构的认证、评估、审计。在英联邦小国虚拟大学资格框架(VUSSC)中,质量保证被理解为是所有活动的通用术语,以确保组织的教育和培训服务持续有效地达到标准的要求,并符合公布的目标和目的。高等教育质量保证是一个系统过程,依据标准的质量基准以评估和验证投入和产出,通过培养方案、机构和体系以确保问责制和标准的统一。质量保证有很多的形式,范围可以从简单的自我评估到更加复杂的检测、鉴定和审查,也包括由外部的、同行评审支持的审核。

我国学者对质量保证的定义不尽相同。质量保证这一概念多是围绕高等教育质量的相关主体,通过一定质量管理手段而采取的促进质量改进和发展的相关活动。陈玉琨认为,质量保证就是根据预先制定的一系列质量标准与工作流程,要求高校全体员工发挥每个人的最大潜力与自觉性,认真实施并不断改进教育教学计划,从而达到或超过预先的教育质量目标,一步步地达到学校总体目标的过程。贾汇亮认为,高等教育质量保证是为维持和提高高等教育质量而采取的管理过程。包括两个层次:一是高等院校内部为达到一定的教学质量标准而采取的一系列措施与行动;二是教育行政部门、专业评价委员会、社会评价等对高等教育质量的监督、检查。马健生将高等教育质量保证界定为,为维持和提高高等教育质量所实施的有计划、有组织、有系统的质量持续促进活动。

本书将质量保证定义为对高等教育体系、院校或专业/项目进行持续评估(评价、控制、保障、保持和改进)的进程,是质量主体为达到质量目标而采取的质量管理、质量改进和质量发展的一系列标准、程序和质量活动等,以保证和提高质量。高等教育质量保证包括内部质量保证和外部质量保证。所谓内部质量保证是指高等学校自主运用相关的程序、工具和措施,以达到自身的质量和发展目标,并满足外部的标准和要求。所谓外部质量保证是指在高等学校外部的、影响高等教育质量的政策环境、标准和质量活动等,包括政府、第三方机构、高校外部机构开展的认证、评估和审计等。

三、课程体系

国际上,课程体系也称为课程系统(Curriculum System)或学习项目/方案(Study Program)。学生学习完成专业课程体系规定的系列课程,可以获得相关的学历、学位资格。

课程体系是由一个或多个模块、单元、科目或课程或这些要素的任何组合组成的课程学习或培训计划。课程体系相当于一个培养计划或培养方案的一系列课程。国际工程协会在《毕业生素质和专业能力》中指出，课程体系的质量不仅取决于要评估的既定目标和属性，还取决于课程体系设计、支撑课程体系的资源、教学和学习过程以及学生的评估，包括确认毕业生素质方面的要求得到满足。课程体系是高等学校实施教学活动的重要依据，以保证教育目标的实现。

我国学者对课程体系的定义主要从功能、结构方面给予考虑。孙根年认为，课程体系是一个担负特定功能、具有特定结构、开放性的知识组合系统。刘栋梁认为，体系泛指一定范围内或同类的事物按照一定的秩序和内部联系组合而成的整体。课程体系就是课程内容、课程设计、课程结构、课程评价这些要素按照一定的秩序和内部联系构成了一个整体。赫冀成等主编的《课程体系与人才培养比较》一书认为，课程体系又称课程结构，"它是所设全部课程互相之间的分工和配合，是教学计划的核心"。也就是说，课程体系是在一定的教育价值理念指导下，将课程按照一定的内在逻辑加以排列组合，使得课程要求在动态过程中完成体系目标（或专业目标）实现的系统。胡弼成认为，课程体系是一个具有特定功能、特定结构、开放性的知识、能力和经验的组合系统。它不仅要将内部的要素诸如各类课程（专业基础课、专业理论课、专业技术课、专业技能课、专业应用课等）连结成一个统一整体，还必须充分体现培养目标和培养规格，适应社会经济发展的需要，反映科学技术发展的现状与趋势，符合学制及学时限制。

本书将课程体系定义为，为达成专业培养目标和毕业要求，由一组课程、模块或项目等要素和教学环节按一定价值观和逻辑组合在一起的课程学习计划，以满足社会经济发展需要、反映学科专业特点、符合学分学制要求。

四、学习成果

国际组织或学术团体对学习成果（Learning Outcomes）的定义或描述虽然不尽相同，但一般聚焦在知识、能力和素养三个维度。学习成果表明学习者在学习课程结束时应该知道、理解和能够做什么。学习成果这一概念在国际上被广泛使用。澳大利亚资格框架（AQF）认为"学习成果"是一套知识、技能的表达，以及一个人所获得的知识和技能的应用，并能够证明这是学习的结果。在英联邦小国虚拟大学资格框架（VUSSC）中，学习成果被定义为，"根据基于知识、技能、态度和能力的绩效标准定义，是学习过程完成后学习者所知道、理解和能够做的陈述"。欧洲资格框架（EQF）中定义的学习成果包括：知识（事实和/或理论）、技能（认知/实践）、胜任力（自主、责任）这三个方面。欧洲学分转换系统（ECTS Guide 2015）提出，学习成果是对个人知识、理解和完成学习过程的说明。学习成果可以归功于个别教育组成部分和整个方案。它们被用于描述个人资格水平的资格框架。东南亚区域资格框架（ASEAN）中，将学习成果分解为三部分：一是知识与理解：事实和理论，使用的技能，如实践和认知技能；二是工作能力：知识的运用，技能的运用；三是责任和担当：独立程度，决策能力和对自己和他人的责任。詹姆斯·基维（James Keevy）和博亨·查克伦（Borhene Chakroun）认为，学习成果是指学习者知道、理解并完成学习过程的结果。学习成果主要使用行为主义或建构主义方法来表述。他们将知识、技能和胜任力三个方面分别作了定义:"知识"指回忆和呈现信息的能力;"技能"指在背景下的执行能力,即基础能力、可转移能力、技术和职业能力;"胜任力"指知识和技能在语境中的应用,包括应用能力和情感能力。

学习成果又称学习产出,它既是课程体系的产出,也是课程学习的产出。学习成果可以被视为高等教育及其利益相关者的新名词。它们提供了一个易于理解和透明的工具来比较和评价所授予的课程和学位。它们还将课程、教学方法、学习环境和学生评估紧密结合在一起。一些国际组织,如经合组织(OECD)、联合国教科文组织(UNESCO)、国际工程联盟(IEA)等都把成果导向作为评价高等教育质量的基本做法。《华盛顿协议》中,将毕业生素质看作是可评估的学习成果,由签约成员制定的培养层次声明予以支持,这些声明使签约成员确信课程体系的教育目标正在实现。学习成果越来越多地在全球范围内被用作"现代化和改革的动态工具"。我国工程教育专业认证通用标准中,毕业要求即是学生毕业时的学习成果。在该标准中,"毕业要求"是对学生毕业时应该掌握的知识和能力的具体描述,包括学生通过本专业学习所掌握的知识、技能和素养。美国康奈尔大学认为,所谓的学习成果是指能表达出学生们应该知道什么、能够做什么、能够知道什么或者能表达出作为学习课程或者完成一项计划的结果所能获得的价值的可衡量的陈述。

本书将学习成果定义为,学生通过学习在知识、能力和素养方面获得的成果,包括两个层次:一是通过专业课程体系学习,获得的成果达到毕业要求,并符合培养目标;二是通过课程(或课程模块/项目)的学习,获得的成果达到课程教学目标。

五、预评价机制

评估(Assessment)和评价(Evaluation)的概念既有联系又有区别。一般来说,评估强调收集信息的过程,而评价则强调对收集信息进行分析与判断。评估是收集证据以确定学习者是否达到要求标准的过程。评估也作为学习过程的一部分,帮助学习者取得进步。美国学者毕比(C. E. Beeby)认为,教育评估是"系统地收集和解释证据的过程,在此基础上作出价值判断,目的在于行动"。美国教育评估标准联合委员会对教育评估给出的定义为:教育评估是"对教育目标及它们价值的判断的系统调查,为教育决策提供依据的过程"。在美国高等教育学术界的权威人物阿斯汀(A. W. Astin)看来,"评估是指对高等教育的学生、教师和机构的机能(Functioning)的信息的搜集过程。搜集的这些信息可能是也可能不是量化的形式,但是这种信息搜集的基本目的是改进高等教育机构及其参与者的机能。所谓机能指的是学院或大学的社会目的:促进学生学习和学生发展,推进知识前沿和为社区及社会服务"。熊庆年等认为,高等教育评估包含两个基本的内容,即质量评估和教学评估。质量评估主要是针对学校和学科,它是对学校和学科所提供的教育质量进行评估,以保障或提高高等教育的质量。教学评估主要是针对学生的学习活动,它是对学生的学习成果进行评估,以保证学生从高校毕业后掌握一定的知识和技能,并具备相应的科学素质。张继平提出,高等教育评估是在一定价值理念的指导下,评估主体对照指标体系,通过系统地收集、整理有关数据和信息,采取定量分析和定性分析相结合的方法,对评估客体的活动是否达到高等教育目的或达到高等教育目的的程度作出价值判断的一种高等教育活动。可见,评估强调在教育、学习活动中收集、整理和分析信息数据,以确定是否达到要求。

　　对于评价这一概念，也没有统一的定义。"教育评价"之父、美国学者泰勒（R. W. Tyler）认为，教育评价"就是确定教育目标实际实现程度的过程"。教育评价是以一定的价值观念和具体的标准体系为准绳，对教育工作进行科学的调查与判断，确定考察的对象达到什么水平，是否符合人们对它所提出的要求，并进而提出改进意见。评价是对评价对象进行客观、公正的价值判断。认证（Accreditation）是常见的外部评价方法，是指法律责任机构或协会向符合最低教育标准的学校、学院、大学或学习计划授予公众认可的过程。对于评价，可以有多重理解：一是由外部专门机构对评价对象按照规定标准进行鉴定或认证；二是对照标杆和基准，由外部或内部利益相关者对评价对象进行价值判断；三是对评价对象按照设定目标进行自我评价，以便服务于决策和自我改进。中国工程教育专业认证协会对"评估"和"评价"有过明确定义。"评估"是指确定、收集和准备各类文件、数据和证据材料的工作，以便对课程教学、学生培养、毕业要求、培养目标等进行评价。有效的评估需要恰当使用直接的、间接的、量化的、非量化的手段，评估过程可以采用合理的抽样方法。"评价"是对评估过程中所收集到的资料和证据进行解释的过程，评价结果是提出相应改进措施的依据。由此可见，评估和评价在概念上既有联系，也有区别。

　　机制（Mechanism）是各要素之间的结构关系和运行方式。指有机体的构造、功能及其相互关系，机器的构造和工作原理。《现代汉语词典》中"机制"的义项之一为：泛指一个工作系统的组织或部分之间相互作用的过程和方式。在自然科学中，机制指机械和机能的互相作用、过程、功能等。在社会科学中可以将机制理解为机构和制度的运行。在工程专业认证通用标准中，将"机制"定义为：指针对特定目的而制定的一套规范的处理流程，包括目的、相关规定、责任人员、方法和流程等，对流程涉及的相关人员的角色和责任有明确的定义。机制是引导和制约决策并与人、财、物相关的各项活动的基本准则及相应制度，是决定行为的内外因素及相互关系的总称。机制可以使高等学校内部的质量活动协调、有序、高效运行，增强内在活力和对外应变能力。欧盟在1997年向其成员国发出一份建议书，"建立……透明的质量评估和质量保证体系"，建议在高速变化的环境中，帮助高等院校利用质量保证措施，引导机制建立以促进机构灵活性，从而保证其持续的发展。由于高校质量保证体系是一项复杂系统，因此，课程体系评价机制也呈现出结构、关系和方式的相对复杂性。

　　本书中，所谓课程体系预评价是指在专业培养方案制订过程中，对课程体系达到培养目标的程度的预测或预先评价。既可以是专业培养方案实施前的预评价，也可以是高校应对外部专业评估（认证）实施前的自我评价。课程体系预评价属于教育评价的范畴，它是按照培养目标，运用科学可行的方法，对课程体系设置所进行的价值判断的过程。

　　本书涉及的课程体系预评价机制是指与课程体系预评价相关的一套评价指标体系、运行机制以及相关关系的总和。

第二章　文献综述和现状调查

第一节　国外研究与实践

国外开展高校课程体系预评价的研究与实践相对较早。无论是国际组织还是高校自身均十分重视高校内部质量保证,从而为开展课程体系预评价营造良好的高校内部环境。

一、国际组织推动

一些国际组织和第三方机构发起了内部质量保障项目和质量活动,鼓励高校参与质量保证体系认证和专业认证,以此推动高校在内部质量保证基础上开展课程体系预评价。

1.内部质量保证发展迅速,促使高校定期开展课程体系预评价

高等教育内部质量保证(IQA)在世界范围内迅速发展,成为高等教育改革的重要催化剂之一。2014年,联合国教科文组织国际教育规划研究所(UNESCO—IIEP)发起"高等教育内部质量保障优秀原则和创新实践"项目,发现专业自评和课程评价是教师使用率最高的两种质量保证工具。IQA优秀案例中,奥地利维也纳经济大学(Vienna University of Economics and Business)、德国杜伊斯堡埃森大学(University of Duisburg-Essen)、巴林王国的巴林大学(University of Bahrain)以及南非自由州大学(University of Free State)的内部质量保证体系都强调将学校层面与专业层面质量保证相结合,定期开展评价,突出以学习成果为导向开展专业自评。奥地利维也纳经济大学内部质量保证主要聚焦在学习有效性、教学有效性、资源有效性、学术责任和合作需要、外部需求等五个维度。开展课程体系评价时要考虑劳动力市场需求、法律状况等背景的变化,目的在于利用指标和利益相关者(雇主、非政府组织、专业团体和社会成员)的反馈来改进课程。德国杜伊斯堡埃森大学的质量保证有三个层级:一是收集由工具和程序得到的实验数据和信息,包括定性和定量的数据;二是与管理活动相联系的工具和程序,包括得到战略规划的支持;三是由系统分析得到的结果,将质量保证工具与管理过程相整合。该校积极开展体系认证、专业认证和课程评估。在每年的质量保证会议上,教师反馈课程体系的质量及改进方法。巴林大学质量保证与认证中心负责外部质量保证工作。质量保证执行委员会的职责是监测和评估大学质量保证方法并提升其运行效率,质量保证办公室负责学院、专业运行的质量。各学院质量保证主管对接质量保证委员会,负责各专业质量保证工作。质量保证委员会由学术人员组成,负责课程体系评价和课程评估。质量保证委员会与专业负责人一起完成质量保证过程,包括评价专业学习成果、目标、课程大纲,分析评价调查数据以及自评报告。质量保证委员会组织校友、雇主调查,每两年收集一次信息,用于评价课程体系和课程的有效性,评价结果运用于计划的改进。南非自由州大学的内部质量保证涉及大学和学院

层面。在内部专业评估时,教师对新专业开发负有责任,并通过教师委员会同意,目的在于评价课程目标以及大学的学术质量与国家基准和国际标准的一致性。课程评估由同行参与,评估通过在线或纸质调查完成。学院理事会由系主任和资深教师组成,审核新设置和需要修订的专业培养方案。上述高校的内部质量保证体系要求高校内部开展一系列质量活动,包括专业课程体系预评价工作,形成了高校内部自我评价机制。

2. 第三方认证机构独立开展外部认证,为课程体系预评价提供标准参照

除了高校自我完善内部质量保证体系外,国际上普遍的做法是通过第三方认证机构独立开展专业认证等外部认证以促进高校内部质量保证,为课程体系预评价提供标准参照。2015年5月,德国认证委员会(AR)制定《德国高等教育认证体系通用框架》(FASG),对专业认证标准进行了定义。在11条标准中,关于"培养方案概念中的资格目标",要求"该标准要求清晰定义培养方案达到的目标,要求培养方案涵盖就业能力和培养学生的个性发展"。德国十大认证代理机构之一——工程、信息科学、自然科学及数学专业认证机构(ASIIN)对专业培养方案和课程体系均有明确要求。ASIIN学位专业认证通用标准包括:①学位方案的概念、内容和实施,包括培养目标和学习成果、学位方案的标题、课程、入学要求;②学位方案的结构、方法和执行,包括结构和模块、工作量和学分、教学方法、支持和服务;③考试体系、概念和组织;④资源,包括师资、教师发展、资金和设施;⑤透明度和文件,包括模块描述、文凭及其颁发、相关规定;⑥质量管理:评估与发展。可见,该机构对专业培养方案和课程体系的标准十分清晰和明确,为高校课程体系的自我完善提供了参考。因此,专业认证通用标准不仅是专业认证的依据,也是高校内部专业评估的重要标准参照。

国际组织颁布的相关条约或标准,强调增加学生的国际流动性和学历互认。2019年11月联合国教科文组织通过的《承认高等教育相关资历全球公约》是第一个具有全球范围的联合国高等教育条约,在改革高等教育战略和政策方面加强对各缔约国的技术支持,促进优质高等教育机会公平,增强学生流动性和政府部门责任意识。为保证地区之间标准的一致性,方便学生的国际交流,全球有关区域内建有统一的质量保证标准,如《欧洲高等教育区质量保证标准与指南》(ESG)。ESG标准由欧洲高等教育质量保证协会(ENQA)联合了欧洲学生联盟(ESU)、欧洲高等教育机构协会(EURASHE)和欧洲大学协会(EUA)于2005年制订,并于2015年修订再版。ESG标准由三个部分组成,即内部质量保证标准、外部质量保证标准和质量保证机构标准。在内部质量保证标准中,将"对培养方案的持续监测和定期评审"作为一项内容,要求"高校应对培养方案进行监测和定期评审,确保实现既定目标,并满足学生和社会需要,培养方案应不断改进,改进计划或行动传达到相关人员"。

3. 运用学习成果测量和评价工具,指导高校审视专业培养方案

全世界高等教育面临的关键问题是:高等教育的学习能否得到改进和证明?高等教育是否培养了学生所需要的能力?培养方案是否兑现了承诺?如何诊断并将其用于提高学习水平,更好地让所有学生为将来在社会中的角色做好准备?2016年1月,欧盟资助的

名为"测量和比较欧洲高等教育的学习成果"(CALOHEE)项目,旨在通过开发基本的评价框架和工具,最终能够在欧洲范围内测试学士和硕士生在各个领域的表现,满足欧洲高等教育共同体各利益相关者的需求。该项目涵盖五个学科领域:工程(土木工程)、保健(护理)、人文(历史)、自然科学(物理学)和社会科学(教育)。五个领域制定的框架在采用通用方法的基础上,根据每个领域的特点加以调整,同时考虑到欧洲各大学及其各种学位方案的任务、方向和概况的多样性,体现"多维"和"多支柱"。多维是指涵盖一个学科领域不同维度和学习过程中应用的不同方法。"多支柱"旨在涵盖不同类型的结果:理论和研究技能、知识和技能的应用、与所涉领域相关的就业能力准备和积极公民身份准备。

CALOHEE 采用自下而上的方法,以便在进一步实施欧洲高等教育现代化进程中,使学术处于中心地位。它建立在欧洲高等教育领域(博洛尼亚进程)框架的基础上,最终使欧洲范围内测试学士和硕士生在一系列领域的表现成为可能,以满足欧洲高等教育共同体各利益相关者的需要。它提供循证的工具来衡量学习成效,并支持大学不断改进。评估框架将有助于今后开展实际的(跨)国家层面评估,使大学管理层、学术界和学生能够了解学生是否达到了国际界定的能力水平,为他们在个人发展方面承担的社会角色做好准备,即公民和社会参与以及就业能力,同时满足商定的学术标准。

CALOHEE 项目内容主要包括三个核心文件:①学科领域资格参考框架;②评估参考框架;③指导方针和参考手册。表明学生应该学习什么,为他们的未来做好充分的准备。高校将目前的课程设计和内容与国际上发展的参考点相匹配。质量保证机构将有机会获得可靠的国际评价框架,来评估学位方案的质量和相关性。在项目研究过程中,项目组设计了 CALOHEE 评估模式问卷,并在其网站上公布,以帮助各利益相关者获得关于学生在课程学习后实际知道和可以做什么的有用(即有效和可靠)信息。CALOHEE 评估模式的问卷结果见附录 A。

CALOHEE 项目有力推动了欧洲高校培养方案中的学习成果测量和评价,其成果对欧盟未来的政策和规划提供了支持。2016 年 6 月,该项目的目标已纳入欧共体的"欧洲新技能议程"(New Skills Agenda for Enrope)中,有效地制定了欧盟政策,该议程要求循证学习。通过可靠的数据说明欧洲各地高等教育机构的表现,以便提高标准,并将重点放在与就业能力相关的能力上。

二、国外高校实践

国外十分重视高校内部质量保证体系建设,在政府和第三方机构相关质量要求的推动下,高校自身定期开展课程体系预评价工作,注重学生学习成果与预期目标的达成。

1. 政府层面的质量要求推进高校开展课程体系预评价

各国高等教育主管部门十分重视推动高校内部质量保证工作。英国高等教育质量保障局(QAA)于 1997 年成立,其职责是为英国大学的质量保障提供服务。QAA 认为,质量保障的责任在高校自身,外部的质量评估不是直接审查高校的教育质量,而是对高校内部质量保障机制进行审查。QAA 公布的学科基准声明陈述了在广泛的学科领域内学位取得的标准。学科基准声明为高校设计开设课程提供了参考,也便于高校外部评估者对标准进行检验和比较。在QAA的影响下,英国各高校的质量保证和专业评估具有相似的做法。伦敦大学学院(University College London)的内部质量评估是一个定期计划,每五年一次。各院系在自我评估报告中,需要对上次内部质量评估结束后的关键改进、现有的院系情况概述、质量管理提升框架描述和自我分析等四项内容进行陈述,并将课程计划和课程设计列入质量管理提升框架描述中。伦敦政治经济学院(London School of Economics and Political Science)的内部质量保证体系分为制定学术标准和质量管理策略、完善课程和项目审批制度、评估等三大方面。在完善课程和项目审批制度方面,主要对专业的合理性和严谨性进行评估,具体内容包括课程设置、教学模式、评估方式和学习成果等。并对专业进行整体评估,考核专业的标准是否符合学科基准声明。在评估方面,包括专业及课程年度监测、学院评估两大模块。专业及课程年度监测模式主要考察专业及其具体课程的现状和有效性以及实践应用,并引入专业评估模板表和年度监测报告。英国格拉斯哥大学(University of Glasgow)学术质量提升框架包括该校如何确保和改进质量的相关安排,分为常规性活动、年度活动、定期活动和校外评审四部分。课程与专业的设计和审批是重要的常规性活动,必须保证:①教学资源可用性;②组成课程的连贯性和学术规范;③专业与课程相关性和对学生的吸引力;④与其他课程和专业以及院校整体战略目标的兼容性;⑤适应外部环境,如学科基准声明。可见,高校重视课程和课程体系的设计,定期开展评价已成为国际上通行的做法。

2. 高校把学习成果与目标的相符程度作为课程体系预评价标准的核心

国外高校十分重视专业评估和课程体系评价,认为应在"目标适切"和"基于标准"之间找到平衡,并且将学习成果与目标的相符程度作为评价标准的核心。"目标适切"首先要分析高校或专业/项目所设定的目标(任务表述),还要考虑这一目标是否能够很好地被接受(目标本身的适切性)。美国工程与技术认证委员会(ABET)在其本科层次专业通用标准的"标准2——专业培养目标"中,要求"专业必须有公开的且符合学校使命、专业相关利益者需求和本标准的教育目标";在"标准5——课程"中强调,"教师必须确保在专业课程上投入了足够的精力和时间,并且与学校和专业的目标、成果相符"。可见,专业培养目标与学校定位相符合、课程目标与专业目标相符合是该通用标准的两个重要指标。国外高校内部开展专业评价时,还十分强调人才培养目标与学生学习目标之间的关联。美国加州大学伯克利分校(University of California, Berkeley)的校内专业评估是其质量保证的核心手段,副教务长领导的专业评估监督委员会负责对专业评估程序进行改进,以提高其实用性和有效性。专业自评报告通常涵盖行动纲要、对专业当前状态的反思、专业的战略规划草案、教育公平与包容性计划和附录五个方面的内容。其中,人才培养目标、学生学习目标与学习评价需要在专业的战略规划草案中予以说明。卡内基梅隆大学(Carnegie Mellon University)对专业层面的教学成效评估通常有四个层面:①课程层面的学习目标;②课程层面的课程地图;③专业层面的教学成效;④专业层面的课程地图。专业层面的课程地图是用于指导评估以及教与学改进的重要工具。专业教师通常会集中在一起评估课程地图,主要有三方面的内容:一是课程顺序和进度是否适当?二是学生是否有足够的机会在各种情境下实践他们所学的知识技能?三是应该如何评估学生的学习情况以及我们改进的效果？另外，一些高校也将课程体系预评价作为一项基本的质量管理制度。康奈尔大学(Cornell University)艺术与科学学院的课程评估委员会通过收集相关数据、召开若干讨论会，对本科课程体系进行预评价，并提出改进方案：①要有效传达课程信息，教师和咨询人员能为学生在校期间提供有效的课程选择指导；②要明确课程要求，包括已有的毕业要求、课程分布种类、课程广度、写作要求、外语能力等，用以激励学生的求知精神；③要进行课程创新，开展社区互动、交叉学科教学、合作教学等教学策略和学习方式，体现康奈尔大学自身的特点，提高学生的学习积极性。

3. 高校内外部利益相关者参与质量活动，基于数据开展课程体系预评价

在 UNESCO 的 IQA 优秀案例中，孟加拉国美州国际大学(American International University -Bangladesh)、肯尼亚晨星大学(Daystar University)以及智利塔尔卡大学(University of Talca)强调内外部利益相关者参与学校各项质量活动，并基于数据开展专业评估和课程体系预评价。孟加拉国美州国际大学建有完善的内部质量保证体系。学校内部质量保证部门(IQAC)负责学科专业在学校层面的质量控制和评估，开发了内部质量保证机制和工具。开展课程体系评价时，评价课程体系是否满足就业能力、技术发展和国家及全球的发展趋势。评价委员会的成员包括学术人员和行政人员、学生、校友、企业界代表和专业人员，通过讨论、访谈、调查等形式开展反思。肯尼亚晨星大学的质量保证中心开发并确保内部质量保证措施的实施，通过内部和外部的专业评估、外部考试、学生评价、教学环境评估、跟踪调查、毕业生离校调查和雇主满意度调查，反思大学的教与学。为保证专业达到国家和社会的高要求，内部质量保证措施包括学生(课程)评估、课程体系评价、毕业生跟踪调查和雇主调查。课程体系评价是基于专业层面的自我评估，并以外部评估带动内部评估，确保学习成果达到外部要求和学生的期望。智利塔尔卡大学成立内部质量保证部门，构建内部质量保证体系。通过规划、课程体系、目标和管理控制，推进大学的战略管理和运行目标。内部质量保证包括院校层面、教师层面和专业层面，开展的质量监测和评价包括模式评价、课程体系评价、教师监督、专业自评、专业监测、学生学习评价、毕业生跟踪调查、雇主满意度调查、雇主参与课程体系评价、就业市场分析、学生能力评价等九个方面。这些质量活动鼓励内外部利益相关者参与，通过运用调查工具，基于数据分析，为课程体系预评价工作的开展提供事实依据。

第二节 国内高校课程体系评价的研究与实践

国内开展高校课程体系评价的理论研究起步较晚，实践方面主要将外部专业认证或内部评估相结合，一般安排在培养方案执行完成后。对于课程体系预评价的理论和实践相对滞后。

一、国内理论研究

20 世纪 80 年代中后期，我国教育评估理论研究迅速开展起来。在课程体系评价研究方面，取得了一定的研究成果。

1. 课程体系评价内容研究聚焦具体学科专业领域的课程体系设计

国内学者在课程体系评价内容研究方面,涉及课程体系设计研究、聚焦具体学科专业领域、课程评价以及评价机制研究上,具有两个主要特点:一是课程体系设计注重反馈控制。胡弼成(2004)对高等学校课程体系现代化的理念、基点、动力、要素、实施、特征等进行了较为全面、深入、系统的研究。探讨了课程体系构建的树状模式、板式模式和球体模式。徐斌(2010)对创新型工程人才本科课程体系的构建进行了研究,引入系统工程理论,提出创新型工程人才本科课程体系的"霍尔三维结构"模型和基于该模型二维截面图的形象化课程设计与管理,建立具有三级反馈路径和两个控制节点的工程教育课程体系优化控制机制。曹小琴(2013)从工业设计专业课程体系的视角,依托教育学课程研究的相关理念,遵循"博学、审问、慎思、明辨"的思路,构建了工业设计专业的课程体系及评价的思路和方法。张雨(2018)提出成果导向本科课程建立过程中所要遵循的评价理念、评价目标以及程序,以此对本科课程评价标准体系进行建构。二是课程体系评价研究主要聚焦具体学科专业领域。张汝梁(1999)在研究和分析的基础上,构建了一个远距离教育的评价理论体系,并通过实践证明,有使用价值的评价方案、指标体系、评价标准、教学模型以及评价的具体实施方案。梁兴敏(2013)归纳和分析了管理类学科课程体系,对经筛查过的各个指标赋予权重,构建管理类学科人才培养课程体系设置评价体系。朱平(2013)从课程体系的实施目标、实施过程、实施效果三个方面构建高职课程体系评价指标,以物联网应用技术专业为例,对该专业的课程体系进行模糊评价。孔琳(2015)在对我国普通高等学校本科新设专业的课程设置及其评价研究中,提出对课程设置方案进行评价的建议。

2. 课程体系评价方法采用定量和定性等多种评价方法

国内学者在课程体系评价方法研究方面,多采用定量或定性优化方法,将定性和定量研究方法相结合。从评价方法看,各有特点:一是涉及课程体系评价的定量优化方法主要有系统方法、层次分析法(AHP)、模糊综合评价法、可变模糊集评价模型、云模型、结构方程模型等方法。孙根年(2002)研究了课程体系优化的系统观及系统方法,提出了课程体系优化的系统结构模式,从"课程体系—课程群—主干课程"实现递阶控制及3级优化的思路。朱捷(2009)以软件工程专业作为切入点,运用层次分析法对各种指标赋予权重,运用模糊综合评价与专家打分相结合的方法构建评价指标体系。宋向群等人(2013)采用非结构性决策模糊集分析单元系统理论确定各指标的权重,应用基于可变模糊集评价模型对研究型大学本科生课程设计教学质量评价指标体系进行评价。肖丽萍等人(2016)建立了一种基于改进AHP和云模型的课程体系评价模型。董再田等人(2018)运用结构方程模型对煤矿安全培训课程设置评价指标体系进行优化与评价;二是涉及课程体系评价的定性研究方法或定性与定量相结合的方法,主要有比较研究法、问卷调查法、专家访谈法、文献研究法等。李世讴(2010)认为,教育硕士课程体系的构建与评价首先要明确其价值取向及其基本理念,同时满足时代要求和现实教育教学需求。在比较和借鉴美国、英国、新加坡及中国的香港和台湾等有益经验的基础上,教育硕士课程体系应突出专业性课程、加强研究方法课程以及开设大量选修课。林萍(2006)对临床医学专业课程体系评价的研究,从分析其特点出发,通过专家访谈,从课程体系的总体构想、教学内容的组织、课程体系的结构、课程建设、课程体系的实现度五个方面评判课程体系,在此基础上细化出次级指标。

二、国内高校实践

我国高校课程体系评价的实践主要将外部专业认证或内部评估相结合,一般安排在培养方案执行完成后。通过对毕业生、用人单位和教师的问卷调查和访谈,反映培养方案执行后达到培养目标的程度。而在培养方案执行前进行预评价的高校,则相对较少。

1. 结合高校内部质量保证活动,为课程体系改进提供依据

近年来,我国高校内部质量保证体系的建设不断得到各高校的重视。一些高校的专业评估和课程体系评价也随之开展,并且取得良好的效果。高校根据社会需求、学校办学定位、办学条件等,制定校内专业评估指标体系,定期开展专业评估。通过采取会议评审、通信评审、现场考察等方式,全面评估专业的办学质量,并将专业评估结果与学校的专业动态调整机制相结合。通过开展学校自评、第三方评估等多种形式专业评估对新建专业进行年度检查,发布专业建设质量年度报告,接受社会监督,不断完善专业评估、预警、退出机制。高校还把校内专业评估作为专业参加外部专业认证的预评估环节。通过专业自评,找到专业在学生发展、培养目标、毕业要求、课程体系、持续改进、师资队伍和教学条件等方面存在的问题,积极进行专业建设。厦门大学的质量保障体系也是获得联合国教科文组织国际教育规划研究所(UNESCO－IIEP)发起"高等教育内部质量保障优秀原则和创新实践"的项目之一。厦门大学具有完善的质量保证体系,通过学生调查对课程体系进行评价。从新生到毕业生,调查测量学生对课程的满意度,调查结果用于改进培养方案和课程体系。该校将自我评价视为构建质量文化的重要因素,学校通过培训,让利益相关者了解学校内部质量保证概念、工具和过程,提高质量监测和评估的技术能力,提高对自我评估和自我改进的认识。西南交通大学建立的三级质量保障体系构架,明确课程负责人和专业负责人、任课教师和学院各自的责任。课程评估每四年一轮,做到全覆盖。学校还正式颁布了质量保证手册,包括概况、教学单位、专业、课程、毕业、教学实践等,以及质量保障工作委员会的章程、本科教学质量保障的指导意见、本科教学的质量标准、本科教学的评估体系、本科教学的评估实施办法等,积极开展课程体系评价、课程评价和课堂教学评价。

2. 衔接外部专业认证,开展课程体系评价

专业认证是国际通行的高等教育质量保证制度之一,也是高等教育国际互认和执业资格互认的重要基础。我国工程教育认证通用标准中,对"课程体系"提出了明确要求:课程设置能支持毕业要求的达成,课程体系设计有企业或行业专家参与。并对数学与自然科学类课程,工程基础类课程、专业基础类课程与专业类课程,工程实践与毕业设计(论文),人文社会科学类通识教育课程在培养方案中的总学分占比进行了规定。在通用标准的"持续改进"中,要求定期开展课程体系设置和课程质量评价,但未就开展课程体系评价的时间点加以明确,没有强调做事前的预评价(即在培养方案制订后、执行前进行评价)。一些高校十分重视专业认证工作,借助专业认证的外力,激发专业建设的内力,积极采用

国际实质等效的认证标准,推动专业建设。在人才培养方案修订中,坚持"以学生为中心、成果导向、持续改进"的理念,参照专业认证标准修订专业培养方案。同时,专业根据社会经济发展对人才培养的需求,结合学校定位和专业定位,在广泛调研的基础上,确定专业人才培养目标,对课程体系进行设计,并通过专业自评开展课程体系评价工作。例如,同济大学颁布了开展本科专业培养方案评价的原则意见,要求在培养方案修订完成后,必须开展培养方案评价工作。评价过程中有毕业生、用人单位、校友及同行专家等利益相关者参与,评价过程须做好记录,评价结果用于培养方案优化和改进。

3. 结合专业培养方案修订,审核课程体系

高校对培养方案的课程体系设计有明确要求。专业在修订专业培养方案过程中,一般按照学校修订人才培养方案的原则意见,制订培养目标和毕业要求,构建课程体系,设置各课程的学分和学时,并满足学校规定的总学时、总学分要求。在课程体系结构上按课程的先后顺序安排,强调基础课、专业基础课和专业课的比例。在毕业要求方面,提出较为系统的知识、能力和素养要求。专业在培养方案制(修)订的过程中,吸收来自在校生、毕业生和用人单位的意见,根据国家和社会需求,确定专业培养目标和毕业要求,并进一步确定课程体系。一般在培养方案制订完成后,经学院教务委员会讨论通过后,提交校教务委员会审批通过。近几年来,高校以学习成果导向(OBE)理念调整修订专业培养方案,更新教学大纲,科学构建课程体系,并且聚焦学生能力培养,听取用人单位、校友等各方面的意见,满足社会需求。如北京交通大学对于本科人才培养方案修订,提出五点要求:①基于 OBE 的设计理念;②坚持"以学生为中心";③培养学生运用专业知识解决复杂专业问题的能力;④对培养方案进行合理性评价;⑤持续改进。并要求采用反向设计,正向实施,突出毕业要求对培养目标的支撑,重点匹配毕业要求分解指标点与课程(环节)的对应关系,配置校内校外周期性评价环节,建立持续改进的产出导向教学体系。

4. 注重质量保证,守正创新课程体系预评价

构建课程体系预评价机制是大势所趋,也是完善高校质量保证体系的重要内容。开展课程体系预评价工作,仍需在以下三个方面着力加强研究和实践:一是学校、学院和专业层面的质量责任尚待进一步明确。高校虽然普遍建立了内部教学质量保证体系,但一些高校主体责任的具体落实尚不到位,学院、专业层面的教学质量保证体系建设还较为薄弱,教学基层组织建设仍需加强。这就需要学校、学院、专业层面进一步明确质量管理职责,将质量责任落实到位,并定期开展相应课程体系预评价工作,切实提高高校治理能力和水平。二是与课程体系预评价相关的质量监控数据挖掘和分析还需进一步加强。高校虽然普遍利用信息技术开展了毕业生、用人单位等各种问卷调查,但在基于教学质量监控和跟踪调查的数据挖掘和分析方面仍不够全面。这就需要教师、学生、教学管理人员等各类群体积极配合和参与,进一步强化相关数据分析,同时提高专业人员的质量监控分析能力和水平。三是教学质量监控用于持续改进的效果需要进一步加强。高校虽然普遍建立了教学质量闭合循环的质量环,但在将质量监控分析结果用于教学质量和教学管理的持续改进方面仍有进一步提升的空间,同时,持续改进的效果还没有引起足够重视。这就

需要高校要充分重视利用督导、评价和监测等结果用于教学质量的持续改进工作,实现高校治理体系和治理能力的现代化。

第三节　国内外研究和实践述评

课程体系预评价属于教育评价的范畴,它是按照培养目标和毕业要求,运用科学可行的方法,对课程体系设置预测或预先进行价值判断的过程。课程体系预评价是高校对人才培养顶层设计进行自我评价和改进的重要环节。从现代教育管理和教学思想的现实和发展趋势看,开展科学的课程体系预评价,对于增强教育管理效能、提高教学质量有积极的作用。随着社会经济发展以及个人成长发展对高等教育人才培养质量提升的迫切要求,以及教育信息化和国际化的发展,课程体系预评价将越来越得到重视。

一、研究特点

国内外高校课程体系预评价的研究特点反映在评价目标、标准和内容、方法和过程以及评价结果等方面。

1. 评价目标体现不同利益相关者的多维质量观

在高等教育领域,格林(Green,1994)列出了五种不同的理解质量的方法:①质量就是卓越(最高标准);②质量就是符合标准;③质量就是目标适切;④质量就是达到机构既定目标的效果(有效性);⑤质量就是对用户明确需求或潜在需求的满足度。麻省理工学院在2016年发布《高等教育改革的催化剂》,拉斐尔·莱夫校长指出:高等教育到了一个转折点,我们必须要打造以学生为中心的教育,单个的变革主体是不够的,必须让全体教师、大学的高级管理层、学科和专业负责人、科研团队都参与进来。要让学生学会反思、讨论(与同伴和专家)、跨学科思维、自学和掌握学习。对于政府、社会、企业、学校、学生等不同利益相关者而言,其人才培养的需求各有侧重,不仅需要在人才培养目标、毕业要求中予以体现,而且需要有课程体系给予支撑。可见,课程体系预评价目标主要依据各专业自身设定的培养目标和评价标准,满足国家、社会、用人单位、学生等不同利益相关者需求,体现不同利益相关者的多维质量观。

2. 评价标准和内容凸显成果导向的理念

国际上,评价高等教育教学质量基于成果导向的理念,也就是评价学生学习成果是否达到培养目标和毕业生素质(毕业要求)。培养目标一般是指专业预期学生在毕业后五年左右所能达到的成就,也是对专业目标的广泛性描述。毕业生素质(毕业要求)是指学生在毕业时所应具备的、明确且特定的知识、能力及素养。课程体系中的能力指标,即核心能力达成指标,是指专业用以评估学生达到核心能力的标准,与核心必修课程环节的某一条或某几条学习成果相对应。比如,美国ABET认证标准有11条能力标准。我国工程教育专业认证通用标准有12条能力标准。评价标准有通用标准和专业补充标准,评价内容围绕评价标准进行。通用标准中包括学生、培养目标、毕业要求、持续改进、课程体系、教师队伍和支持条件等七个方面。各专业补充标准针对专业的特殊性在某些方面做适当补充。可见,我国课程体系预评价标准多参照专业认证标准以及《本科专业类教学质量国家标准》,由各高校专业自主设定。评价标准始终贯彻以学习成果为导向的理念,以学习成果是否达到预期来评价学生的学习表现。

3. 评价方法和过程呈现多元化

课程体系预评价方法有定性评价、定量评价以及定性和定量相结合的评价方法。定性评价主要由专家根据评价标准,进行客观评价,给出评价结论。我国工程教育专业认证中,主要采用自评和专家现场考察相结合的方法,评价过程中有教师、学生、用人单位参与。定量评价是根据评价标准中的定量指标,"拿数据说话",判断被评对象与指标之间的差距,此类评价一般基于数据平台。定性评价和定量评价相结合的方法是比较科学的评价方法,既体现客观数据所反映的问题,又能根据被评对象的情况予以综合评价。国际上,评价过程由传统的结果评价向目标、过程和结果评价相结合方式转变。比如,德国ASIIN专业认证过程要求审查培养方案设计是否具有学生获得毕业资格过程的逻辑性和有效性:一方面是考查评价毕业生达到专业培养目标的程度,另一方面是评价教与学过程的质量。在ASIIN看来,高校人才培养通常分为定义目标、实施过程和检查成果及后续发展三个阶段。专业认证应注重过程评价,以学习成果导向,关注教育目标与输入和学习成果的一致性。可见,评价方法和过程已呈现出多元化的趋势。

4. 评价结果强调有效性和持续改进

课程体系预评价关注教学过程管理,高校不仅要证明教与学的过程质量,将其视为内部质量保证体系的一部分,而且应描述和记录质量管理体系并证明其有效性。美国教育评估标准联合会1981年公布的评估应遵循的四条原则:效用性、可行性、恰当性和准确性。要把效用当成评估的推动力,评估要自始至终坚持讲效用,要和同评估有利益关系的决策者和使用者合作,任何评估都会牵涉多种多样的利害关系,因此要确立其中的重点,要精心选择有关人员,高质量的参与将会产生高质量的评估结果,评估人员有责任对决策人员和信息使用人员进行培训,评估过程和结果运用有多种途径,考虑评估效用时应注意资金和人员的消耗,多种因素都会影响效果。在持续改进方面,英国各高校均设有内部自评体系,同时还有校外第三方教学质量保证机构进行不定期审查,确保高校专业和学位的质量和标准。课程体系预评价的结果将及时反馈,帮助专业及时完善课程体系,以便在培养方案实施之前就能达到标准和要求。可见,评价结果的有效运用,帮助专业持续改进是课程体系预评价的意义所在。

二、实践环境

从国内外高校实践来看,课程体系预评价的实践环境有赖于明晰关系、能力本位、利益相关者参与以及外部推动等因素的共同作用。

1. 课程体系预评价与内部质量保证的关系要明晰

国际上普通认为,课程体系预评价是高校内部质量保证的重要组成部分。在欧洲高等教育区,《欧洲高等教育区质量保证标准与指南》(ESG)特别强调高等教育机构承担质量保证的首要责任。ESG第一部分的内部质量标准中,明确要求"1.2 对培养方案的设计和批准",从而保证课程体系预评价得以落实。奥地利维也纳经济大学构建的内部质量保证体系重在形成校园质量文化,通过基准、学习保证、教学有效性保证、学术及合作责任保证、有效性和资源保证等方面,对课程体系进行预评价。德国杜伊斯堡埃森大学基于评价工具收集的数据,如课程评价、毕业生跟踪研究、针对不同层次等,把对课程体系的自我评价和反思列入学校内部质量会议框架,参与者从不同角度分析质量保证和学习成果测量工具的有效性。可见,高校是质量保证的主体,课程体系预评价只有在此基础上才能得以实施。

2. 课程体系预评价注重学生能力本位

课程体系预评价以课程评价为基础,注重从"知识本位"转变为"能力本位"。英国工程委员会(ECUK)发布的《英国工程专业能力标准》(UK-SPEC)明确了工程技术员、工程工程技术师及特许工程师应达到的能力和承诺。标准中,对知识理解、智力技能、实践能力、可转移的通用技能等有明确要求。斯坦福大学于2013年提出教育改革的"斯坦福大学2025计划",其中四大改革之一的"轴翻转"(Axis Flip)将"知识本位"翻转为"能力本位",到2024年,将建构十个本科生能力教学实体机构,分别开发交叉学科课程。美国伊利诺伊大学厄巴纳—香槟分校(University of Illinois at Urbana-Champaign)将2007年提出五大战略目标作为全校的人才培养目标,各院系据此并结合美国工程教育认证协会(ABET)工程教育认证毕业要求来确定院级的培养目标和核心能力,专业再制定专业培养目标和核心能力,满足外部质量保证的要求。可见,国际上"能力本位"已成为人才培养的核心任务,也是课程体系预评价的核心要求。

3. 课程体系预评价吸收利益相关者参与

教师、行业代表等内外部利益相关者积极参与高校质量保证和评价。ESG 2015"标准1.1"强调质量保证政策需要与机构的全面战略联系,需要动员所有的利益相关者,让每一个人都能为质量负责,由此培育一种质量文化。美国贝拉明大学(Bellarmine University)教师发展中心认为,教师是直接与学生接触的群体,对专业标准、教学实践的有效性和学生的学习成果间的关系有清晰的认识,他们能提供对课程、学生评价政策、学术指导和学生服务等多个方面的分析和评价。美国麻省理工学院定期开展课程体系预评价,邀请课程体系管理者、学校管理者、学生、校友、教师和劳动力市场代表和海外学术同行共同参与。在UNESCO的IQA优秀案例中,一些大学在建有完善的内部质量保证体系的同时,特别强调内外部利益相关者参与学校各项质量活动,包括问卷调查和访谈,特别强调基于数据开展专业评估和课程体系评价。可见,利益相关者参与高校质量活动已成为大学治理能力现代化的重要标志之一。

4. 以外部专业认证促进内部课程体系预评价

以高校参与外部专业认证推动高校内部课程体系评价工作。国外专业认证由各高校自愿申请参加,高校首先对照第三方机构的专业认证标准进行专业自评。第三方机构的专业认证标准与所在地域的高等教育质量标准相一致。比如德国ASIIN标准与ESG标准之间有对应关系,同时,满足德国认证委员会有关专业认证要求。专业的培养方案涵盖专业知识与跨专业知识的传授以及专业与方法能力的培养。不同的课程模块必须依照所确定的培养目标有机地结合起来。美国ABET认证标准聚焦学生学习成果和对毕业生提出的毕业要求,力求高校对学生毕业后五年左右在知识、技能和能力等方面达到预期目标的程度做出评价。ABET认证标准对工程教育培养方案、教师教学方式和学生学习方法产生了积极的影响。要求高校深入研究外部专业认证标准,并且指导和规范教学实践和评价工作。欧盟2015年启动的"欧洲高等教育学习成果衡量和比较"(CALOHEE)项目,其目的是评估整个欧洲高等教育领域的学生是否具备符合国际标准的能力。CALOHEE项目是第一个自下而上的、由大学驱动过程的项目,而不是由政府驱动。可见,高校积极参与外部专业认证,将有力地推动和促进高校内部开展课程体系预评价等内部质量保证工作。

三、启示

第一,课程体系应符合高校办学定位和人才培养目标。课程体系设置需要围绕专业培养目标和毕业要求,科学、合理地定义每门课程、每个实践环节在课程体系中的作用,并且将考核方式与教学内容和毕业要求相联系。高校通过课程体系预评价可以在培养方案实施前检讨课程体系设置的合理性,是否符合高校办学定位和人才培养目标达到毕业要求。一方面满足人才培养的质量要求,另一方面体现不同高校的专业特色。对于不同层次高校而言,课程体系预评价的标准和程序会有所不同。

第二,课程体系预评价指标体系应聚焦学生中心和成果导向。预评价指标体系应可衡量,重在预测学生通过课程体系设置、教学过程实施,体现学生在知识、能力和素养三个方面的达成度。在达到专业基本要求的同时为学生个性发展提供条件,以满足学生成长发展、社会需求和学校期望,同时体现不同高校的专业特色。

第三,课程体系预评价过程应基于数据分析、利益相关者参与和持续改进。在机制上确保课程体系预评价的有效运行,从而保证课程体系结构的科学性和合理性。通过数据挖掘和分析,为课程体系设置的持续改进和有效运行提供技术支撑。这些数据包括从教学过程中直接得到的数据,也包括通过学生、教师、用人单位等问卷调查方式间接得到的数据。通过对数据的分析,可以从不同层面反映课程、实践环节等教学质量以及对毕业要求的贡献,分析课程体系设置的合理性,并将分析结果用于对课程体系的持续改进。

第四,强化高校内外部利益相关者参与质量活动,提高高校的协同治理能力。需要社会、用人单位、教师、学生、校友和同行等内外部利益相关者参与,在机制上确保课程体系预评价的有效运行,从而保证课程体系结构的科学性和合理性。同时,通过高校内部制度建设、质量对话和质量发展,形成质量文化。

随着我国教育现代化和国际化程度越来越高,高校开展课程体系预评价势在必行。国际通行的做法和经验为我国高校课程体系预评价提供了新的视野:将质量保证从传统的事中、事后监控提前到事前;将以能力导向的预期学习成果作为评价课程体系合理性的核心要素。课程体系预评价离不开质量政策和质量环境。要想在高等教育领域建立起质量保障的长效机制,以质量管理实践为基础,培育出能够融入组织内部、深入组织中所有人内心的质量文化是必然选择。扎根中国、放眼世界,努力促进高等教育内涵式发展,不断提高本科教学质量,高校使命光荣、责任重大。

第四节　高校课程体系预评价现状调查

我国高校课程体系评价的现状如何,应如何有效地开展课程体系预评价工作?为此,本研究设计了问卷调查表,对上海市高校的相关人员开展了问卷调查工作。以期通过数据分析,找到目前课程体系预评价工作的现状,以及相关的意见、建议。

一、问卷设计

为进一步了解目前高校专业培养方案制订和评价的现状,以及对本科专业课程体系预评价的设想和建议,本研究设计的问卷调查量表,涉及三方面内容:一是填表人基本情况;二是目前本科专业培养方案制订和评价现状;三是对本科专业课程体系设置和预评价的设想和建议。问卷共设19道题,采用单选或多选题的形式,1道题为开放题,详见附录B。问卷发放采用随机发放的方式,对上海市若干所高校的管理理人员、教师等进行问卷调查。共发放问卷66份,回收有效问卷65份。

二、数据分析

1. 被调查者基本情况

调查对象覆盖面广。本研究调查的有效问卷共65份。被调查者基本情况方面有3道题,涉及被调查者的工作岗位、专业技术职务以及承担教学管理工作情况等内容。调查结果显示,被调查者中专任教师占了大多数,占比为67.7%,行政人员占24.6%;专业技术职务情况:正高为29.2%,副高为40.0%;被调查者中,超过半数(52.3%)也承担教学管理工作,有学院分管教学副院长、系教学副主任、教学秘书、教务员、校级教学督导、院级教学督导和质管员等。说明调查的对象覆盖面广,从不同的视角较为全面地反映有关课程体系设置和评价的现状。

2. 目前本科专业培养方案制订和评价现状

关于目前本科专业培养方案制订和评价现状,共设9道题。从调查数据看,主要反映了以下几方面的情况:

本科专业培养方案修订时间间隔以四年修订一次的超半数。四年修订一次的占46.1%,两年修订一次的占15.4%,也有18.5%的人认为培养方案可根据需要随时调整,认为有其他情况的也占到18.5%。说明有近半数的被调查者认为学校四年修订一次本科培养方案,有超过半数的被调查者认为专业存在两年、一年或随时调整的情况。

制(修)订专业培养方案的负责人大多为教学院长或系主任。选"学院分管教学副院长"的占35.4%,"副系主任"的占16.9%,"专业负责人"的占40%。说明负责培养方案修订得到院、系和专业负责人的高度重视,但各专业的情况又不尽相同。

有学生代表和行业代表参与制(修)订专业培养方案的专业占少数。学院教学副院长参加的占76.6%,教学系副主任参加的占59.4%,专业负责人参加的占93.8%,教师代表参加的占84.4%,学生代表参加的占31.3%,行业代表参加的占32.8%,校外同行专家参加的占43.8%。说明学生、行业代表、校外同行专家等利益相关者参与培养方案修订的情况还不太乐观。

绝大多数专业培养方案经学院教务委员会审定。关于制(修)订后的专业培养方案是否经学院教务委员会讨论通过后再报学校,有93.8%的被调查者认为现状是这样。说明不是全部的专业培养方案都经学院教务委员会讨论通过后再报学校。

按逻辑关系逆向设计课程体系的占比不高。选择"A.培养目标—毕业要求—课程体系—师资队伍"仅占20.0%,选择"B.培养目标—毕业要求—师资队伍—课程体系"占56.9%,选择"C.培养目标—课程体系—师资队伍"占20.0%,选择"D.培养目标—师资队伍—课程体系"占1.5%。说明大多数被调查者知晓必须根据培养目标、毕业要求来设置课程体系,但其中还是受到师资队伍的影响,因人设课的现象还较为普遍(图2-1)。也有一定比例的课程体系设计过程中没有考虑毕业要求。

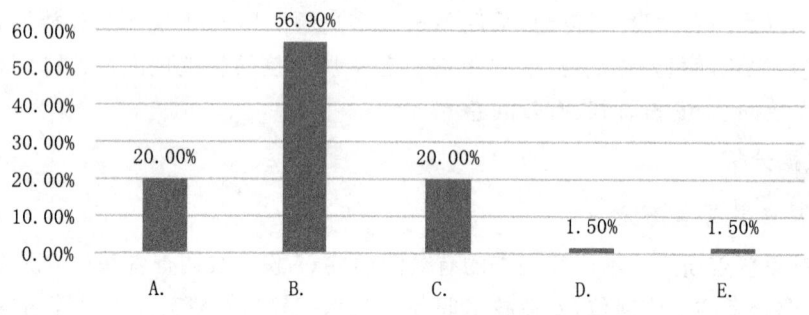

图2-1 设置课程体系的逻辑关系图

大多数专业强调课程设置对毕业要求指标点支撑和对应关系。关于目前专业培养方案是否强调课程设置对毕业要求指标点支撑和对应关系,认为"非常强调""强调"分别占20.0%、56.9%。说明大多数专业强调了课程设置对毕业要求指标点支撑和对应关系。

大多数专业及时修订课程教学大纲。关于专业培养方案制(修)订后是否进行相应的课程教学大纲制(修)订问题,有61.5%的被调查者认为有相应的课程教学大纲制(修)订制度,并有效执行;有33.8%的人认为有相应的课程教学大纲制(修)订制度,但不及时制(修)订。说明培养方案和课程教学大纲的修订是一项系统工程,得到普遍认可。

定期开展课程评价的仍是少数专业。关于目前专业是否定期开展对课程的自我评价,有26.2%的被调查者认为"定期开展",认为"不定期开展"的有52.3%,也有20.0%的被调查者认为"有必要,但没有开展"。说明在现实情况中,有一小部分课程尚未开展课程评价。

大多数专业没有开展课程体系预评价。关于专业培养方案在制(修)订后、正式实施前,是否对课程体系进行评价,只有38.5%的被调查认为"有",而56.9%认为"没有"。说明大多数专业没有开展课程体系评价工作。

3. 对本科专业课程体系设置和评价的设想和建议

关于本科专业课程体系设置和评价的设想和建议,共设10道题,包括评价内容、依据、标准、程序、方法、主体等。

(1)课程体系评价的核心理念尚需进一步明确。关于课程体系评价的核心理念所包含的内容,被调查者认为"学生中心""成果导向""持续改进"的分别占87.5%、81.3%和87.5%,选择"利益相关者参与"仅占18.8%。说明工程教育专业认证的"学生中心、成果导向、持续改进"的理念已深入人心,但大家对利益相关者参与课程体系设置和评价意识还没有建立。

(2)人才培养目标是课程体系评价的首要依据。关于课程体系评价的评价依据问题,被调查者中认为依据人才培养目标的占98.4%,考虑学生个人成长需要的占76.6%,符合学校办学定位的占75.0%,适应政治、经济、社会等外部环境需要的占60.9%,反映利益相关者需要的占23.4%。说明人才培养目标是课程体系评价依据的首选,并且大多数被调查者认为还应考虑学生个人成长和社会发展需要,并符合学校办学定位。

(3)课程体系的评价标准既要满足内部质量标准又要满足外部认证标准。关于课程体系的评价标准,有92.3%的受访者认为应是"学校内部质量标准",而80.0%的受访者认为课程体系评价标准应是"外部专业认证标准"。

(4)课程体系评价必须有相关的教学文件支撑。关于有哪些必要的教学资料用于支撑课程体系评价的问题,认为专业培养方案、毕业要求关联度矩阵、课程教学大纲、教师教学行为规范和学生学习行为规范的分别占93.8%、84.6%、83.1%、46.2%和38.5%。由图2-2可见,专业培养方案、毕业要求关联度矩阵、课程教学大纲是大多数受访者认为开展课程体系评价的必备教学资料。

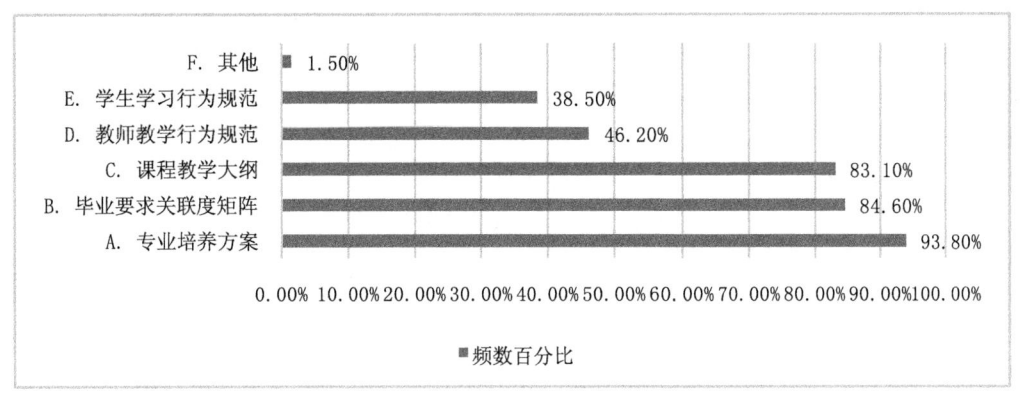

图 2-2 支撑课程体系评价的教学资料

(5)课程体系评价需要专业自评、同行评审和第三方评价。关于课程体系评价有哪些必要程序的问题,认为专业自评和同行评审分别占到90.8%和96.9%,认为需要第三方评价的占64.6%。说明专业自评和同行评审得到大家的广泛认可。

(6)培养目标、毕业要求、课程设置教学大纲等成为评价的主要内容。关于课程体系评价的主要评价内容,认为"培养目标是否符合学校定位、符合社会经济发展需要"占93.8%,认为"毕业要求(知识、能力、素质)是否可衡量,且支持培养目标的达成"占93.8%,认为"课程设置是否能覆盖全部毕业要求的实现"占89.1%,认为"课程、实践类环节是否支持毕业要求的达成"占89.1%,认为"承担毕业要求指标点支持的课程大纲是否明确反映相关要求"占71.9%,认为"课程内容与授课方式是否确定能够实现目标"占76.6%,认为"作业要求是否有与课程目标相适应的量与深度"占67.2%(表2-1)。可见,评价内容涉及到培养目标、毕业要求、课程设置、教学大纲、课程内容、授课方式、作业要求等方面,但前三项是重点。

表2-1　　　　　　　　课程体系评价的主要评价内容

课程体系评价的主要评价内容	频数	样本百分比	频数百分比
A. 培养目标是否符合学校定位、符合社会经济发展需要?	60	16.1%	93.8%
B. 毕业要求(知识、能力、素质)是否可衡量,且支持培养目标的达成?	60	16.1%	93.8%
C. 课程设置是否能覆盖全部毕业要求的实现?	57	15.3%	89.1%
D. 课程、实践类环节是否支持毕业要求的达成?	57	15.3%	89.1%
E. 承担毕业要求指标点支持的课程大纲是否明确反映相关要求?	46	12.4%	71.9%
F. 课程内容与授课方式是否确定能够实现目标?	49	13.2%	76.6%
G. 作业要求是否有与课程目标相适应的量与深度?	43	11.6%	67.2%
H. 其他	0	0.0%	0.0%
合计	372	100.0%	581.3%

(7)毕业要求达成情况评价受到认可。关于毕业要求达成情况评价的要求,认为"毕业要求(知识、能力、素质)全覆盖"占85.9%,认为"毕业要求指标点分解合理"占81.3%,认为"毕业要求指标点判定能达成"占73.4%,认为"课程内容对毕业要求指标点支撑有逻辑"占82.8%,认为"为课程、实践类环节等分配实现方式和合理的权重"占71.9%,认为"课程的考核内容和方式与课程目标一致"占75.0%(表2-2)。说明毕业要求达成情况评价的上述内容和要求得到大多数受访者的认可。

表2-2　　　　　　　　做好毕业要求达成情况评价要求

做好毕业要求达成情况评价要求	频数	样本百分比	频数百分比
A. 毕业要求(知识、能力、素质)全覆盖	55	18.2%	85.9%
B. 毕业要求指标点分解合理	52	17.2%	81.3%
C. 毕业要求指标点判定能达成	47	15.6%	73.4%
D. 课程内容对毕业要求指标点支撑有逻辑	53	17.5%	82.8%
E. 为课程、实践类环节等分配实现方式和合理的权重	46	15.2%	71.9%
F. 课程的考核内容和方式与课程目标一致	48	15.9%	75.0%
G. 其他	1	0.3%	1.6%
合计	302	100.0%	471.9%

(8)专业、教师和学生成为课程体系评价的主要参与者。关于参与课程体系评价的主体,占比从高到低依次为:专业(87.7%)、教师(83.1%)、学生(73.8%)、学院(70.8%)、学

校(61.5%)、雇主(43.1%)、第三方机构(30.8%)、政府(16.9%)。说明受访者认为主体首先是专业及学校内部的利益相关者,其次是雇主和第三方机构,认为政府为主体的占比最低。

(9)开展事前、事中、事后评价同等重要。关于课程体系评价应该在事前、事中还是事后进行评价的问题,认为"事前(培养方案执行前)"占54.0%,"事中(执行中)"占49.2%,事后(执行后)占52.4%。说明课程体系评价无论在哪个阶段都重要。

(10)需要有效利用课程体系评价结果。关于如何有效利用评价结果的问题,受访者认为评价结果可用于"课程体系调整"的占85.9%,认为评价结果可用于"课程教学大纲调整"的占85.9%,认为评价结果可用于"任课教师的教学质量评价"的占64.1%,认为评价结果可用于"课程、实践环节考核"的占73.4%。

(11)关于制度、职责、培养和反馈机制方面的建议。在回答"您认为在专业课程体系设置和评价方面还需要做好哪些工作"的问题时,有如下建议:①多注重培养过程及过程追踪,并做好持续改进;②同行院校之间多交流,进一步明确评价标准;③增加反馈与建议;④制度化建设,加强落实,产生实效;⑤专业设置再聚焦,评价定时且灵活;⑥学校职能部门要履行自己的职责;⑦校院两级协调配合提供支持;⑧加强日常教学相关数据的汇总与开放,尽可能降低基层数据收集、统计和重复上报;⑨尽量细致、到位,诊出具体措施;⑩教师职业发展不清晰,大部分教师无动力投入大量时间改进教学,需要明确改善平衡教学和科研,且要覆盖足够比例教师而不是着重少数明星教授。

三、调查结果

此次问卷调查,采用定量和定性分析相结合的方法,对高校培养方案修订和课程体系设置和评价现状进行调查,同时,听取被调查者对课程体系评价的期望和建议。综合反映出我国高校目前对培养方案修订和课程体系评价等现状尚不令人满意,但同时被调查者对开展有效的课程体系评价工作已形成共识,并认为是高校人才培养质量保证的重要方面。

1.目前本科专业培养方案制订和课程体系评价现状喜忧参半

现实中,高校开展培养方案修订和课程体系评价的时间间隔、审批流程等方面均有各自的特点和做法,存在着一定程度的提升空间。从调查数据分析看,本科专业培养方案修订时间间隔每四年修订一次的超半数,也有的是两年修订一次,或一年修订一次。制(修)订专业培养方案的负责人大多为教学院长或系主任,表明学院(系)层面行政主导专业培养方案修订工作的还是大多数,专业层面负责人尚未完全担负起应有的责任。在制(修)订专业培养方案过程中,只有少数专业有学生代表和行业代表参与,大多数专业没有学生代表和行业代表参与。培养方案的审批流程还是较为规范的,绝大多数专业培养方案都经学院教务委员会审定后执行。

另外,高校在修订培养方案、设置课程体系的方式方法上,大多数专业还是强调课程设置对毕业要求指标点支撑和对应关系,并且在修订培养方案后专业及时修订课程教学大纲。这样,为实现人才培养规格提供了依据和基本保证。但是从培养目标出发,按"培养目标—毕业要求—课程体系—师资队伍"的逻辑关系逆向设计课程体系的占比不高。

2．期望课程体系评价工作更加合理和规范化

在理念上，课程体系评价的核心理念尚需进一步明确，特别是要坚持"学生中心、成果导向和持续改进"的理念。以内容上，培养目标、毕业要求、课程设置、教学大纲等成为评价的主要内容。将人才培养目标视为课程体系评价的首要依据，评价课程体系设计是否合理主要看它是否有利于毕业要求的达成，符合专业培养目标。毕业要求达成情况评价受到认可。课程体系评价必须有相关的教学文件支撑。课程体系的评价标准既要满足内部质量标准又要满足外部认证标准。在方法上，开展事前、事中、事后评价同等重要。课程体系评价需要专业自评、同行评审和第三方评价。专业、教师和学生成为课程体系评价的主要参与者。在结果运用上，需要有效利用课程体系评价结果，如用于课程体系优化调整、教学大纲调整等方面。

另外，关于制度、职责、培养和反馈机制方面的建议方面，被调查者也提出了各自的看法。制度建设、教师投入、利益相关者参与、注重数据收集、反馈和改进等方面都值得深入研究和提高。

四、调查结论

通过对高校本科专业培养方案的现状调查，以及对专业培养方案设置和评价的建议的分析，可以得出如下五点结论：

1．目前专业培养方案制（修）订和课程体系评价的现状仍有改进的空间。特别是在设置课程体系的逻辑关系，课程设置对毕业要求指标点支撑和对应关系，课程教学大纲修订、课程自我评价方面需要做更为深入的工作。

2．专业课程体系设置和评价应从理念、依据、标准、程序、内容、主体和评价结果利用等方面进行科学、合理、规范的制度设计和实施，以保证培养方案的科学性和有效性，保证本科专业人才培养质量。

3．课程体系评价不仅是高校内部质量保证体系的重要组成部分，而且应满足高校外部专业认证的需要。

4．基于学习成果构建人才培养的核心能力，贯穿于培养目标、课程体系和教学实践的全过程。

5．"学生中心、成果导向、持续改进"以及"利益相关者参与"也是课程体系评价的指导思想。

本科专业培养方案的设置和评价对于专业人才培养目标的实现意义重大。从问卷调查分析可以看出，对专业方案的设置和评价，特别是课程体系预评价工作的开展十分必要。它是内部质量保证体系的重要组成部分，也是直接影响毕业要求、培养目标和教学质量的关键。高校应在质量保证的视角下，开展课程体系预评价工作。

本次问卷调查表和调查报告详见附录B。

第三章 理论基础

第一节 教育评价理论

教育评价理论为指导和开展各类教育评价奠定了基础。影响力较大的教育评价理论主要以泰勒的教育评价理论、斯克里文的形成性评价理论和斯塔弗尔比姆的 CIPP 教育评价理论为代表,并相应形成行为目标模式、目标游离模式和 CIPP 模式。这三种评价模式在教育评价目标与过程方面各有侧重,为课程体系预评价机制研究奠定了可供借鉴的理论基础。

一、行为目标模式

20 世纪初,一些国家的课程改革为教育评价理论的形成和发展提供了契机。1933 年,以美国著名教育学家、课程理论专家、评价理论专家拉尔夫·泰勒(Ralph. W. Tyler)为首的课程评价委员会系统地提出了教育评价理论。就评价的时点而言,泰勒认为教育评价至少需要两次:一次在教育计划早期进行,另一次在后期进行,以便测量在这期间发生的变化。泰勒认为,评价不应是临时性的孤立行为,而应是有组织地连续进行;评价不应只依据个人的经验,更应该采用科学的方法;评价不应只针对学生的个别方面,而应针对学生的全面发展。行为目标模式基于泰勒的教育评价理论而构建,包括目标、内容、方法和评价等四个主要方面。它把教育方案、计划的目标用学生的成就来表示,把这一行为目标当作教育过程和教育评价的主要依据,而教育评价就是判断实际活动达到目标的程度。

行为目标模式明晰了教育目标、教育过程和教育评价之间的关系。该理论认为,从目标的确定到评价结果的得出是一个周期性的循环过程。预定的目标决定教育活动过程,通过对教育活动的评价找出实际教育活动过程偏离目标的程度,从而促进实际活动符合目标。

行为目标模式是较早的教育评价理论,也是教育界普遍使用的评价模式。它以目标为导向来评价教育是否达到教育目标,并以科学方法对学生进行全面评价。可以说,行为目标模式对教育评价包括学生评价、课程评价和专业评估等教育评价活动产生了深远的影响。运用行为目标模式,可以将培养方案或计划通过学生的学习成效来表示,强调教育评价重在对教学活动达到目标的程度的判断上。当前,在高等教育领域,重视学生的学习成果,考查学生的学习成效与预期目标的达成情况,是在课程评价、专业评估和认证等教育评价专项活动中所特别关注的核心。可以说,行为目标模式为学习成果导向的学习和评价奠定了理论基础。

二、目标游离模式

20世纪60年代后期,美国教育家和心理学家米歇尔·斯克里文(Micheal. Scriven)在批判性地思考泰勒的行为目标模式的基础上,提出了教育评价的形成性评价理论。斯克里文认为,评价的重点应由"方案想干什么"转移到"方案实际干了什么"上来。他认为,作为评价结论的依据不是教育方案的预定目标,而是教育活动参与者的意图。他主张,在形成性评价阶段,应当把教育计划、方案的执行情况提供给评价人;而在总结性评价阶段,应当把已经完成的教育活动作为评价对象,把收集资料作为评价活动的重点,并且强调评价人的客观性。以此为基础,形成了目标游离模式。目标游离模式基于形成性评价理论,它既重视教育活动的过程,也注重结果,而忽略当初的目标。由于目标游离模式忽略评价的目标,因此人们仅把它视为一种评价原则,而不作为一种评价手段。可以说,目标游离模式的教育评价重在强调评价过程和结果,注重形成性评价和终结性评价相结合。

目标游离模式将教育活动的过程视为评价的核心,将教育活动参与者视为影响教育活动的重要因素。目标游离模式强调过程的这一特征,对教育评价活动的充实和完善起到非常重要的作用。过程评价的方法已成为教育领域广泛采用的评价方法之一。国际标准化组织ISO质量管理标准的八大原则中,就有一条是强调过程管理的方法。过程管理强调质量形成于过程之中,这与目标游离模式具有异曲同工之妙。

目标游离模式基于教育活动过程中产生的数据来进行教育评价,为教育评价的数据来源提供了可靠保证。高等教育质量是一个多维的概念,过程被视为影响质量的重要载体。由于教学质量形成于教学过程,形成性评价能够反映学生学习过程中所获得的学习成效,这不仅对于完善课程考核评价意义重大,而且也为全面客观反映学生的学习表现提供了理论指导。

三、CIPP模式

20世纪60年代末,美国学者斯塔弗尔比姆(Daniel L. Stufflebeam)等人批判地吸收了泰勒教育评价理论的行为目标模式,以现代系统论为基础,提出了CIPP教育评价模式。CIPP模式从背景评价(Context evaluation)、输入评价(Input evaluation)、过程评价(Process evaluation)和成果评价(Product evaluation)等四个方面,为评价的不同方面提供信息。斯塔弗尔比姆认为,教育评价不应限于教育目标的达到程度,而应该是为教育决策提供有用信息的过程;评价最主要的意图不是为证明,而是为了改进;评价是一种系统工具,为评价人提供有用信息,使得方案更具成效;为做好评价活动,评价设计大纲和实施流程是必要的。通过背景评价,检查教育目标是否与实际需要相协调,重点诊断被评活动和背景材料,了解被评活动的优劣和存在问题;通过输入评价,分析实现目标应当具备的资源和条件以及实现方法的可行性;通过过程评价,反映实施过程中的信息收集和反馈情况,评价实施过程中的执行情况;通过成果评价,对实施教育活动的结果进行目标达成程度的测量和判断,评价其效果。

CIPP模式以决策和改进为导向,具有目的性、过程性和反馈性的特点,突出了评价的发展性功能,整合了诊断性评价、形成性评价和终结性评价。CIPP评价模式既可以在方案实施前使用,也可以在方案实施中使用;可以实施一种评价,也可以实施多种评价。CIPP模式得到了人们的广泛认可和应用。

CIPP模式不仅注重目标,而且也注重过程和结果;不仅注重输入,而且也注重输出。这种具有较强目的性、过程性和反馈性的评价模式,正成为高等教育领域公认的较为全面的评价模式。本书将CIPP模式作为课程体系预评价的理论基础,一方面,涵盖课程体系评价事前、事中和事后的全过程,并可依据CIPP模式的背景、输入、过程和成果评价这一完整的评价链开展评价工作;另一方面是CIPP模式强调诊断性评价、形成性评价和终结性评价相结合,已成为课程体系评价、课程评价和学习评价等各类评价中必不可少的理论基础,也是一种较为理想的评价方法。

第二节 学习理论

除了教育评价理论,学习理论对课程体系预评价研究也产生直接影响。以布卢姆的教育目标分类学理论、建构主义学习理论和多元智能理论为代表。这些学习理论强调提高学生的学习能力、建构自身的知识体系,注重人的全面发展,为课程体系预评价研究提供了基本的理论指导。

一、教育目标分类学理论

布卢姆的教育目标分类学理论对教育目标和认知发展水平进行清晰的、系统的分类。1956年,由布卢姆(B. S. Bloom)领导的美国教育家学会的一个委员会提出了教育目标分类学理论,对认知结果/认知教学目标进行分类,把认知发展水平按层级分为六个层级:知道、领会、应用、分析、综合和评价,把目标分为总体目标、教育目标和教学目标。进入21世纪,安德森(L. W. Anderson)等人在此基础上,将该理论发展成为学习、教学和评估的分类学理论。该理论从知识维度,将知识定义为事实性知识、概念性知识、程序性知识和反省认识知识等四类,将认知过程维度发展为记忆、理解、运用、分析、评价和创造六个层级,认为应将教育目标、教学和评估三者之间保持一致性。通过知识维度和认知维度构成的分类表,将教育目标和教学活动置其中,就能清晰地定义和评价教学活动所达到的目标和结果。教育目标分类学理论是重要的学习理论,为以学生为本、以学习为基础的认知结果评价提供了的理论指导。

根据布卢姆的教育目标分类学理论,在人的认知发展水平的六个层级中,"记忆""理解"层次是人的低阶思维过程,而"运用""分析""评价"和"创造"是人的高阶思维过程。从低阶思维到高阶思维过程,人的认知能力和认知结果不断走向深入和成熟。教育的两个重要目标是:促进保持和促进迁移。保持是事后将教学时的材料原封不动地记住的能力。迁移是运用所学知识去解决新问题、回答新问题或促进新材料学习的能力。其中,迁移是有意义学习的标志。教师教学的目标旨在促进学生的学习迁移,从而提高学生解决问题能力和学习能力。

布卢姆的教育目标分类学理论将认知过程维度发展为记忆、理解、运用、分析、评价和创造等六个层级,一方面对于学生低阶和高阶思维能力进行了分类,有助于定义学习成果的知识、能力和素养在不同层级中的表现,为课程评价提供了对应的能力要求层级;另一方面,也为课程教学大纲中学生应达到的能力提供了相应的"动词"表述,并做到教育目标、教学和评估之间应保持一致性,通过教师教学帮助学生达到对应的能力要求,也有利于课程考核标准的制定和实施。布卢姆的教育目标分类学理论已被国际教育评价界广泛运用于定义和评价学生的学习成果,为评价课程是否具有高阶性、挑战度和创新性提供了理论依据。

二、建构主义学习理论

20世纪80年代以来,随着人们对学习认识的不断深入,建构主义学习理论得以持续发展,建构主义学习理论在知识观、学习观、教学观和意义建构等方面具有丰富的思想内涵。有学者将建构主义学习理论概括为十大主要观点:①知识的获得是建构的,而不是接受传输而来的;②知识的建构源于活动,因而知识存在于活动之中;③学习活动的情境是知识的生长点和检索线索;④意义存在于每个人的心智模式中;⑤人们对现实世界的看法是多元的;⑥问题性、模糊性、不一致性、非和谐性是引发意义制定的触点;⑦知识的建构需要对所学内容进行阐释、表达或展现,这是建构知识的必要方式,也是检测知识建构水平的有效方式;⑧意义可以与他人共享,因而意义的建构可以通过交流来进行;⑨意义制定存在于文化的交流、工具的运用和学习共同体的活动中;⑩并非所有的意义建构都是一样的。建构主义学习理论为人们认识学习的本质、评价学习者的学习成效提供了理论依据。建构主义强调人们的知识获得是自我建构,而不是传授的,这就引发了人们对学习方式的思考,为人们主动学习提供了重要的理论基础。

建构主义学习理论阐述了建构知识框架和进行有意义学习的本质。梅耶(Mayer·R·E)指出,在建构主义学习中,学生进行积极的认知加工,如注意输入的信息,在思想上将输入的信息组成内在一致的表征,将输入的信息与原有知识形成联系。有意义的学习是教育目的之一,它要求学生超越单纯记忆和理解事实性知识,积极地参与建构有意义的学习过程中。

建构主义学习理论强调,知识获取是学生自我建构的,并通过学习活动而建构,同时,也明确了建构知识所必需的方式和检测知识建构水平的有效方法。运用建构主义学习理论,教师在教学过程中,一方面,应通过设计和组织学习活动以及师生之间、生生之间的交流互动,形成有利于学习的情境,不断强化学生的知识获取和知识建构,同时培养学生的学习能力、构建良好的心智模式;另一方面,教师应根据每个学生的不同特点,因材施教,鼓励学生的个性发展。建构主义学习理论揭示了人的知识获取和学习活动的本质特征,为教师开展教学活动、评价学生的学习成果、开展课程评价和课程体系评价提供了理论指导。

三、多元智能理论

人类智能结构与学习关系问题的研究对教育评价产生重要影响。美国当代著名心理学家和教育家加德纳(H. Gardner)博士于1983年系统地提出了多元智能理论(Multi-intelligences)。多元智能理论认为,人类思维和认知的方式是多元的。多元智能包括:言语语言智能、数理逻辑智能、空间视觉智能、音乐韵律智能、身体运动智能、人际沟通智能、自我认识智能和自然观察智能。多元智能理论强调,在适当的环境和教育的作用下,每个学生都能达到合格水平,但每个学生的智能优势结构是不同的,教育教学要为学生多样化的个性发展提供开放性的、多样化的空间、技术、策略、方法和途径。可见,教育评价也应考虑评价对象的多元智能。该理论为教育评价的标准设置、人的全面发展方面奠定了重要的理论基础。

多元智能理论科学地揭示了人的全面发展和个性发展的关系。该理论认为,学生的个性发展基于多种优势智能,每个学生的优势智能是不同的,而学生的全面发展是建立在不同智能基础上找到平衡点。教育既要满足学生全面发展的基本要求,同时也要注重学生个性发展的特殊需要。从多元智能理论的视角,可以科学、清晰地理解学生多样化的学习需求的内在机理。

培养德智体美劳全面发展的社会主义建设者和接班人,是我国坚持的教育方针。在高等教育领域,检验学生是否达到培养目标和毕业要求是评价课程体系设置合理与否的重要标志。毕业要求分别体现了学生职业发展方向以及在毕业时要求达到的专业能力。毕业要求中,除了要求学生具有数理逻辑能力、具有扎实的专业基础知识和技能外,还应具备文字和口头表达能力以及人际沟通能力等软实力,并在体育、美育、劳育等方面得到全面发展。基于多元智能理论有助于合理定义毕业要求。可见,多元智能理论科学地诠释了学生的全面发展与个性发展的关系,为评价学生的全面发展和个性发展的关系提供了理论依据。

第三节 管理学理论

管理学理论和方法对教育评价的研究和实践具有积极的指导意义。主要以系统论、控制论、全面质量管理理论和利益相关者理论为典型代表。系统观点、控制程序、利益相关者视角以及全员、全过程和持续改进的方法都对教育评价领域产生积极影响,也为课程体系预评价的全面性、客观性和有效性提供了方法论。课程体系预评价需要与内外部质量保证、课程评价有机联系;需要前馈控制、同期控制和反馈控制;需要全员参与、过程方法和持续改进;需要兼顾内外部利益相关者需求和参与。

一、系统论和控制论

系统论的观点在教育管理中得到广泛应用。系统论作为一门科学,由美籍奥地利人、理论生物学家贝塔朗菲(L. von. Bertalanffy)于1968年创立。所谓系统就是由若干要素以一定结构形式联结构成的具有某种功能的有机整体,表明了要素与要素、要素与系统、系统与环境三方面的关系;开放性、自组织性、复杂性、整体性、关联性、等级结构性、动态平衡性、时序性等是所有系统的共同的基本特征。系统的整体观念是系统论的核心思想。贝塔朗菲强调,任何系统都是一个有机的整体,系统的整体功能不是各个部分功能的机械组合或简单相加,而是系统具有各要素在孤立状态下所没有的性质。系统论的基本思想,就是把所研究和处理的对象看作一个系统,整体分析系统的结构和功能,研究系统、要素和环境三者之间的相互关系和变化的规律性,并用优化系统观点看待问题。

高等教育质量保证体系包括高校内部质量保证和外部质量保证两大体系。而高校内部质量保证又由若干子系统组成,课程体系评价是高校内部质量保证体系中的一个子系统,它又由若干个课程评价等更小的子系统组成,各系统之间是相互联系又相互作用。课程体系评价一方面需要以课程评价为基础,另一方面,课程体系评价又影响到内部质量保证体系的运行。因此,从系统论观点出发,有利于从系统和全局上来思考问题,有利于课程体系评价机制的建立。

控制论是由美国应用数学家诺伯特·维纳(Norbert Wiener)于1948年首先提出。维纳把控制论看作是一门研究机器、生命社会中控制和通讯的一般规律的科学,是研究动态系统在变化的环境条件下如何保持平衡状态或稳定状态的科学。管理就是运作组织的资源更好地实现组织目标的过程。管理具有计划、组织、领导和控制四大职能。其中,控制作为管理职能之一指的是,为了确保组织的目标以及为此而拟定的计划能够得以实现,根据事先确定的标准或因发展的需要而重新拟定的标准,对控制对象进行衡量、测量和评价,并在出现偏差时进行纠正,以防止偏差继续发展、今后再度发生;或者,根据组织内外环境的变化和组织的发展需要,在计划的执行过程中,对原计划进行修订或制订新的计划,并调整管理工作程序。概言之,控制是对各项活动的监视,从而保证各项行动按计划进行并纠正各种显著偏差的过程。控制职能分为三种类型:前馈控制、同期控制和反馈控制,也就是分别在管理活动的事前、事中和事后进行的控制。根据控制论,完成控制职能的过程至少需要三个步骤:①根据控制系统的方法和程序,收集与活动相关的信息;②分析信息并得出结果,将结果与标准进行衡量和比较,找出偏差并分析原因;③采取措施纠正偏差,进行改进或者修订标准。

基于控制论的观点,为质量保证和课程体系评价提供了依据。课程体系评价可以看作是对培养方案及其执行情况的质量控制,以衡量课程体系的合理性,测量课程体系执行过程中产生的偏差,同时为高校适应内外部环境的变化提供事实和数据。按照控制的职能,即前馈控制、同期控制和反馈控制,课程体系评价可以相应的设置为预评价、过程评价和结果评价,并可以参照控制系统的方法和程序开展课程体系评价工作。

二、全面质量管理理论

质量管理是管理学的一个分支。20世纪60年代初,随着科学技术的发展,全面质量管理概念应运而生。美国质量管理专家菲根堡姆(A. V. Feigenbaum)和朱兰(J. M. Juran)提出全面质量管理的概念,认为质量管理仅靠数理统计方法进行生产控制是不够的,还需要一系列的组织管理工作。工业产品质量的产生、形成和实现的过程离不开从设计、生产到检验等全过程,形成一个螺旋上升的循环过程,因此,工业产品质量的保证需要全过程的管理。经过几十年发展,人们进一步认识到,全面质量管理是一个组织以质量为中心,以全员参与为基础,目的在于通过让顾客满意和组织所有成员及社会受益而达到长期成功的管理。国际标准化组织在1994年版ISO9000族标准的基础上提出了质量管理的八项原则,为质量管理提供了思路和方法。八项原则即:以顾客为中心、领导作用、全员参与、过程方法、管理的系统方法、持续改进、基于事实的决策方法、互利的供方关系。2000

年,又对该标准进行了更新。ISO9000族标准提出质量环的概念,按"计划、执行、检查和改进"(PDCA)方式循环。鼓励在质量管理中采用"过程方法"。结构上突出目标和管理职责、资源管理、产品实现、测量分析和改进四大过程要素。特别需要强调的是,质量管理活动依赖持续的、小规模的、渐进的变革,目的在于不断寻找改进质量。

全面质量管理的核心是全员参与、全方位和全过程管理,将影响质量的因素和环节处于受控状态,坚持质量管理的八项原则,质量管理以生产和服务对象为中心,采用过程管理和系统管理的方法,并且强调以事实为决策依据,强化领导作用和互利的供方关系。同时,强调质量环的作用,实现基于目标的持续改进。全面质量管理理论不仅应用在制造业中,而且也应用到教育等服务业中。

全面质量管理的思想逐渐渗透到高等教育管理领域。20世纪90年代以来,一些高校纷纷参照全面质量管理的思想,建立高校内部质量保证体系。根据全面质量管理的思想,高校要以学生为中心;高校的最高管理者要重视教育教学工作,发挥领导作用;质量形成于全过程,须将影响教学质量的关键因素和关键环节终始保持受控状态;质量保证需要全员参与、全方位监控、全过程管理;教学质量管理要有系统性思维,运用系统方法并持续改进;要基于事实和数据分析做好管理决策;高校要与政府、社会、用人单位、校友等建立密切联系,产学研合作,高质量协同发展。高校的质量管理和质量保证需要运用全面质量管理的思想,以保证人才培养目标的实现。因此,全面质量管理理论为质量保证和课程体系预评价不仅奠定了理论基础,而且也为高校实践提供了原则依据。

三、利益相关者理论

随着管理思想的不断发展,互利共赢的理念对组织的战略发展越来越凸显出其重要性。1982年,美国学者R·爱德华·弗里曼(R. Edward. Freeman)在《战略管理——利益相关者方法》一书中,系统地阐述了利益相关者理论。利益相关者是任何能够影响组织目标的实现,或者受其影响的团体或个人,包括雇主、顾客、供应商、股东、政府,以及能够帮助或损害组织的其他团体。在制定组织战略时,需要评估利益相关者战略,调整利益相关者的优先次序,从而制定符合组织要求的利益相关者战略。利益相关者方法衍生出具体分析工具和管理程序,比如"利益相关者图谱",企业战略制定和价值分析,战略计划的制定、执行和监督系统等。这些具体分析工具和管理程序为企业战略规划提供了方法,为企业在制定战略规划过程中,既要考虑企业组织本身的利益,也要考虑其他利益相关者的利益提供方法论指导。

利益相关者理论主张不仅要考虑组织内部的利益相关者,而且也将与组织有关的外部环境中的利益相关者考虑在内,从而构建了一种系统的管理方法。利益相关者理论和方法除了应用在工业经济学领域之外,在教育管理等其他领域也得到广泛关注,特别是从教育管理走向教育治理的进程中,利益相关者参与的协同治理已成为组织的一项基本战略。组织管理层在制定组织战略的过程中,既要发挥组织本身作为利益主体的作用,又要考虑利益相关者在决策中的作用。"协同治理""共同体"等都体现了利益相关者理论在现实中的实际运用。

高校在内部治理和质量保证过程中,需要与外部和内部利益相关者保持沟通和联系,听取来自外部和内部的不同声音,协同合作开展教育教学和评价工作。就高校而言,外部的利益相关者包括政府、社会、用人单位、校友、产学合作和实践基地等。高校人才培养要满足国家发展战略需求和社会需要,倾听用人单位和校友的意见和建议,更好地改进教学,完善课程体系、毕业要求和培养目标。高校的内部利益相关者包括教师、学生以及管理人员等。教师在教学过程中,应以学生为中心,关心学生的学习、成长和发展,及时反馈学生的学习状况,答疑解惑。高校管理层要创造良好的教学环境,帮助教师提高教学能力,为教师发展提供平台和条件。高校要进一步稳定管理人员队伍,提高质量保证的专业化水平。利益相关者理论不仅为高校内部治理和质量保证过程提供了基础理论,而且也是课程体系预评价工作不可或缺的准则。同时,利益相关者理论在推进高校治理体系和治理能力现代化过程中越来越显示其理论的指导意义。

第四章 内外部质量保证

第一节 内外部质量保证的关系

高等教育质量保证分为内部质量保证和外部质量保证两部分。内部质量保证是高校为达到学校质量目标或质量标准而建立的内部质量自我监督、分析和改进的系统及其质量活动。外部质量保证是由政府、行业组织或第三方机构设立的证明高校能够达到该组织制定的认证、审核等评价标准的质量活动,外部质量保证结果向社会公开。对于高校来说,需要理解政府、社会及高校自身的不同诉求,要处理好外部质量保证与内部质量保证两者之间的关系。既不能简单盲目依附于外部质量保证,又能建立起符合高校自身办学定位的、具有自身特点的内部质量保证体系。

从系统论的观点看,外部与内部质量保证是相互联系又相互促进的两个系统。一方面,由于政府、社会等外部利益相关者的需求和期望对高校产生作用和影响,外部质量保证势必会推动高校内部质量保证的建立和完善;另一方面,高校内部质量保证的结果向社会输出,也会影响到政府政策和人才质量,可以说内部质量保证反向影响外部质量保证要求。内外部质量保证的相互影响和相互作用,形成了密不可分的互动衔接关系,并且持续推进内外部质量保证的相互适应和不断提升。

一、外部质量保证的正向推动

政府是高校外部重要的利益相关者,也是主导外部质量保证的关键力量。政府主导的外部质量保证主要体现在四个方面:①制定国家或地方层面质量规范和质量政策;②制定高等教育教学要素和质量保证的国家标准;③实施或委托第三方机构(经审核具备资质)实施外部质量保证活动;④将外部质量保证活动的结果定期向社会公布,并对高校进行激励或问责。政府对高校而言,是国家教育方针和国家教育发展战略规划的制定者,是高等教育质量的主要监管者,也是高等教育资源和教育经费的重要投入者。政府对高校人才培养的质量诉求,强有力地推动高校内部质量保证的进一步完善,以达到国家标准、符合国家对高等教育人才质量的要求。政府对高校办学状态的监管和问责,将进一步强化高校主体责任,推动高校实现治理体系和治理能力的现代化。政府对高校教育资源和经费的有效投入,将保证高校维持良好的教学生态环境。由此可见,由政府主导的外部质量保证是促进高校内部质量保证的关键力量。

社会也是外部质量保证不可或缺的重要力量。狭义上的社会是高校外部除政府之外的一切组织和个人,包括企事业单位、社会中介组织和个人。行业组织或第三方机构在外部质量保证中发挥了积极作用,其主要职能体现在以下四个方面:①保证外部质量保证工作的专业性,获得政府有关认证或评估资质认可;②接受政府委托承担相应的外部质量保证活动;③制定相关外部质量保证活动的行业标准;④审核、接受高校的外部质量保证申请并组织实施。行业组织或第三方机构对高校而言,是高校外部质量保证活动的执行者,给予委托方专业性的质量认可和鉴定,给予高校客观正公的评价。

用人单位则是高校培养人才输出的接受方,也是人才培养质量需求的诉求方,其在外部质量保证中能为高校提供如下帮助:①为高校人才培养目标制定提出要求;②为高校人才培养的毕业要求提出建议;③为高校人才培养的过程特别是实习实践提供渠道;④为高校质量的持续改进提供意见和建议。另外,听取校友对高校人才培养和质量保证的意见和建议,也将有利于内部质量保证体系的持续改进,不断提高人才培养质量和水平。

正是由于政府、社会等外部利益相关者参与质量活动,逐渐与高校一起构成了稳定的质量保证三角形架构(图4-1)。三者之间互动作用,形成外部和内部质量保证的互动衔接关系。

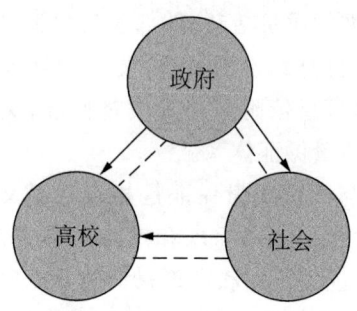

图4-1　高校与政府、社会在质量保证中的关系图

可以说,外部质量保证正向推动内部质量保证体系,使之不断加以完善。这种正向推动力量,主要体现在以下四个方面。

1.外部质量政策和标准成为高校内部质量保证制度和标准的参照

外部质量政策和标准是开展外部质量保证的重要依据。政府是国家和地方高等教育发展战略的制定者,对高校的质量政策和标准制定起到规范和引导作用。政府颁布的质量政策和标准分为两类,一类即底线标准,是要求高校内部质量保证必须执行的标准的底线要求;另一类即较高标准,是高校为瞄准标杆、追求卓越而制定、可供借鉴和指导的较高要求。高校根据政府颁布的质量政策和标准,并结合学校自身的实际情况和办学定位,制定既满足外部质量政策和标准又具有自身特色的内部质量保证制度和标准,从而建立和完善高校内部质量保证体系。

2.定期的外部评价倒逼高校内部质量保证工作实现常态化

由于外部质量保证具有很强的规范性和时限性,高校为了参加外部定期评价需要依赖于自身内部质量保证工作的常态化。高校需有针对性地做好日常的质量保证工作,做到有计划、有过程和有记录。同时,一方面利用现代信息技术,收集教与学过程中产生的信息;另一方面做好校友、用人单位、毕业生、在校生等不同利益相关者的问卷调查工作。通过数据分析和结果运用,改进教学和教学管理工作,从而保证教育教学质量。为应对定期的外部评价,高校必须首先做好内部质量保证工作,并使之常态化。

3.外部同行专家参与内部质量保证活动

外部质量保证活动规范性、权威性强,同行专家参与认证或评价的资格得到政府或第三方机构的认可。他们熟悉外部评估的指标体系,并且在专业评估和认证方面积累了丰富的经验。外部同行专家所具备的评估专业性特征,能够帮助高校找到在人才培养和教学过程中存在的问题,并且给出意见和建议,因此,高校在开展内部质量保证活动中,可以邀请外部同行专家参与。这样,一方面有利于专家从外部视角来审视内部质量保证工作的规范性;另一方面也有利于高校保持内部质量保证活动的客观性和公正性。邀请外部同行专家参与内部质量保证活动,能够促进和提升高校的治理能力。

4.外部问责机制促使内部开展绩效考核工作

外部质量保证的一个重要功能就是建立对高校教学质量的问责机制。高校是质量保证的主体,承担主体责任。通过外部质量保证,实现政府对高校的问责,从而促使高校进一步重视教育教学工作、提高教学质量。外部问责机制的建立有助于高校领导层将人才培养工作作为学校中心工作,将提高教学质量作为高校的责任。同时,也促使高校内部围绕学校工作重心和办学定位,开展内部各学院(单位)的绩效考核工作,真正将质量保证重心下移、责任落实到位。通过内部开展绩效考核工作,不仅可以反映学校各学院(单位)在教学工作中的业绩,查找薄弱指标项,而且可以反映学院(单位)历年业绩的变化情况,有利于学院(单位)教学工作的持续改进和发展。

二、内部质量保证的反向影响

高校内部质量保证在一定程度上又反过来影响到外部质量保证要求的制定和调整。虽然外部质量保证对高校内部质量保证具有强有力的推动作用,高校内部质量保证应满足外部质量保证要求,但是,一些有条件的高校还是应在保持内部质量保证的质量目标和特色的同时,积极参与外部质量保证标准的研制和试点,为外部质量保证的标准研制等作出应有的贡献,通过内部质量保证反向影响外部质量保证要求的制定和调整。内部质量保证对外部的反向影响和作用表现在以下四个方面。

1.高校保持自身的定力和特色,促使外部质量保证的兼容性

每所高校都有其独特的历史文脉和文化传承,渗透和体现在人才培养工作的各方面。高校既有不同的办学类型、性质和层次,也有各自的专业特色,导致各校的内部质量保证也各有差异、各具特色。因此,高校理应根据自身的办学定位和实际情况,建立具有自身特点的内部质量保证体系,而不能千校一面,失去自身独特的传统和文化。高校应保持定力,不忘初心,对于外部给予的建设性意见和建议,要在分析研究的基础上加以吸收,而不是完全照搬照抄、全盘接受。高校内部质量保证只有保持定力、形成特色,培育具有高校自身烙印的质量文化,才能培养具有高校自身特色的高质量人才,得到社会和同行的认可,也才能促使外部质量保证兼容并包。

2.高校符合外部质量保证要求,促进外部质量保证的稳定性

高校内部质量保证应符合外部质量保证要求。众所周知,政府、高校和社会在高等教

育中承担着不同的责任,也各自有着不同的利益诉求。高校作为人才培养的责任主体,应该围绕人才培养的质量目标,培养德智体美劳全面发展的社会主义建设者和接班人,满足国家发展战略需求和社会对人才的需要。政府是高校经费的主要投入者,社会是高校人才的需求方,因此,高校的人才培养需要满足国家和社会的需要,高校的内部质量保证也应符合外部质量保证要求,并且与外部质量保证有效衔接。只有这样,政府、高校和社会之间保持稳定的相互关系,高校内部质量保证才能体现其价值。因此,促进外部质量保证的稳定性也是高校应尽的义务。

3.高校参与外部质量保证活动,提高外部质量保证的透明度

外部质量保证的制度、标准和实施一般由政府主导,或委托评估机构进行,因此,应该吸收一些有条件的高校参与外部质量保证体系和标准的研制,或者参与外部质量保证的试点,可以进一步提高校外部质量保证的透明度。比如,国家将推行的本科专业三级认证制度,就由若干所高校参与标准的研制和试点,为全面推广此项工作打下了坚实的基础。一般而言,外部质量保证根据学科专业分类评价并制定相应的质量标准,由于高校内部质量保证中各学科专业的特点,促使高等教育质量保证呈现出多样化的特征。因此,各高校内部质量保证的经验和做法为外部质量保证提供借鉴和实践参考,也有利于促进外部质量保证提高透明度。

4.高校协同建立质量保证联盟,扩大外部质量保证的共享性

外部质量保证的制度和标准,在很大程度上有赖于各高校的高度理解、认同,并为内部质量保证制度和标准的更新和完善提供借鉴。如果办学定位、类型和层次相同的高校携起手来,相互学习和相互促进,不仅能在内部质量保证体系建设方面相互取长补短,而且能够有效地扩大和推广外部质量保证工作,形成广泛共识。在标准理解、认证(评估)准备、自我评价等方面相互借鉴,同时,在质量保证的信息化建设方面集各家所长,形成通用的信息化平台和评价工具。国外一些地区和高校的质量保证联盟的经验值得我们借鉴。通过质量保证联盟,一方面可以为高校提高治理水平和治理能力提供帮助,另一方面也为政府主管部门提供具有广泛共识的意见和建议。

第二节 内部质量保证的内嵌式质量环

从系统论的角度看,高校内部质量保证体系由若干子系统组成,各子系统又包含若干子系统。一般而言,内部质量保证体系涵盖质量目标和管理职责、教学资源管理、教学过程管理以及监控分析和改进等四个方面。在教学过程管理方面,又包括课程体系等若干质量保证子系统。而课程体系质量保证子系统又包括若干课程(广义)质量保证子系统。由此构成与教学过程直接相关的内部质量保证三层内嵌质量环,由内至外,即课程质量保证系统、课程体系质量保证系统、高校内部质量保证系统,并且每一层均由质量目标和管理职责、资源管理、过程管理以及监控分析和改进等四个方面构成,既自成闭合循环,又具有开放性和关联性,从而保证了课程质量、课程体系质量以及高校内部教学质量。

一、内部质量保证体系

在国内外高等教育快速发展变化的大背景下,对高校内部质量保证体系的建设提出新要求,也呈现出新模式。高等教育发展的变化主要体现在教育科学、学习环境和职业环境的变化。教育科学理论和方法为高等教育发展提供了强有力的理论基础,新经济、新科技和新产业等社会经济发展以及经济全球化为学生学习环境和毕业生职业环境带来了深刻变化。这些新变化对高等教育发展提出了新要求,引导高等教育教学改革和质量保证采用新模式,不断完善"质量目标—管理职责和资源管理—过程管理—监控、分析和改进"的内部质量保证体系,最终提高人才培养质量和水平。

1. 聚焦"以外促内、重在建设、形成文化"的新要求

高校内部质量保证体系,一方面要符合外部质量保证要求,通过外部评估促进内部质量保证体系的建设;另一方面要立足本校的实际情况,重在建设形成高校自身的质量保证特色。首先,应学习国家和教育主管部门的相关政策和要求,了解国际上通行的质量保证经验和做法,理解专业认证、专业评估等外部质量保证标准和要求。其次,根据本校的定位和实际情况,构建和完善高校内部质量保证体系,包括校级、院级和专业等层面。构建过程中,须确定质量目标和管理职责、教学资源管理、教学过程管理以及监控、分析和改进方面,特别是要厘清影响质量的关键因素和环节,明确关键质量控制点。同时,在内部质量保证体系构建中,也应明确各个质量保证子系统,以及它们之间的相互关系。

高校要将质量意识内化为师生的共同价值和自觉行动,积极营造以提高人才培养水平为核心的质量文化氛围。通过开展多层面、大范围的教育教学思想讨论,进一步凝聚全校教育教学工作的中心地位、培养模式与质量标准等方面的共识;以质量意识和质量文化建设为基础,确保学校内部教学质量保证体系顶层设计的科学性;促进形成学校教育教学改革方向的共识,在教师教学系列培训中融入和宣传先进的教育思想与理念,促进教师将质量意识贯穿于教学工作的始终。

高校要加强校园质量文化建设,并渗透到学校科学决策过程中。中国特色、世界水平的高等教育质量保证体系建设,要求坚持以高校为主体,教育行政部门为主导,学术组织、行业部门和社会机构共同参与;要求自觉地建立"学生中心、产出导向、持续改进"的自省、自律、自查、自纠的质量文化;高校要将质量文化融入学校科学决策中,以保证教学质量为核心,以事实和数据说话,形成有利于保证教学质量的体制机制;要将质量标准落实到教育教学各环节,唤起每个角色的质量意识、质量责任,将质量文化内化为大家的共同价值观和自觉行为。

2. 形成"三级联动、重心下移、多元参与"的新模式

高校质量保证体系建设要强调学校、学院和专业教学基层组织层面的三级联动,将高校主体责任具体落实到位。学校层面的质量保证体系框架制度要设计科学,指导、督促学院专业层面积极开展专业、课程的质量保证工作,形成有利于质量保证的校园氛围;而学院层面的教学质量保证体系建设要健全,并积极组织实施;专业教学基层组织建设需进一步加强。这就需要学校、学院、专业教学基层组织明确各自的质量管理职责,并定期开展

相应的质量保证工作,切实履行职责,提高质量管理能力和水平。

由于质量保证的重点在专业和课程,因此,高校内部质量保证的重心应下移到专业教学基层组织,以确保教学质量不断提高。做到学校内部质量保证体系、学院质量保证体系之间有效衔接,内部质量保证体系、课程体系质量保证、课程质量保证之间有效衔接,从而保证教学"最后一公里"的质量。

高校要构建以内部质量保证为基础、多元主体共同参与的高等教育质量保证体系,进一步强化高校质量保证主体意识和主体责任。利益相关者理论强调多元参与,因此质量保证工作应鼓励校内外利益相关者积极参与,形成多元参与的治理格局。在教学督导方面,利用校际间紧密合作、优势互补、资源共享的联盟组织,体现开放性、中立性和非部门隶属性的优势特征。在政府部门的推动下,高校联盟组织通过改变组织机构和运作方式,使其得以优化、发展和创新。在专项评估方面,鼓励跨校、跨专业的专家和同行参与,从不同视角为高校内部质量保证的专项评估工作"把脉问诊",进而为高校质量保证体系的进一步完善提出意见和建议。在数据监测方面,鼓励多元参与,听取校友、用人单位、在校生等不同利益相关者的意见并及时反馈,从而形成人人关心质量、积极参与质量活动的局面。

3. 注重"目标导向、过程管理、持续改进"的新常态

内部质量保证体系的建立,首先需要明确质量目标,以目标为导向制定相关标准、流程并组织开展质量活动。质量方针和质量目标是质量保证体系的出发点,应明确质量目标的关联过程和相应职责,包括执行职责和监控职责。这里,特别需要高校最高管理者作出以下承诺:创建以学生为中心的质量意识,制定质量方针和质量目标,确保资源。

内部质量保证体系建立过程中,要明确质量管理的过程模式。由于任何的质量活动都有输入,经过过程转化为输出,并且一个过程的输出将成为下一个过程的输入,因此,高校必须确定管理和控制各个过程,并对过程输出进行验证,测量和评价其输出结果是否达到标准和要求。质量管理的过程模式反映了各过程间的相互作用,并确保质量保证体系运行的最终输出,即人才培养质量是否满足国家和社会以及学生个性化发展的期望。

持续改进是为了改善人才培养质量或提高人才培养过程的有效性和效率所采取的措施。改进是持续的、没有止境,改进过程需要测量和分析现状、提出改进目标和方案、实施改进方案,并验证结果,如有必要将更新相应的管理文件。

由此可见,高校内部质量保证体系的建立和完善,应关注高校质量管理的"目标导向、过程管理、持续改进"的新常态,保持质量环的螺旋式上升,从而持续提高人才培养质量以及人才培养过程的有效性。

二、课程体系质量环

在高校内部质量保证体系中,课程体系质量保证是其中最为重要的子系统。它是介于内部质量保证与课程质量保证之间的循环系统,与内部质量保证体系和课程质量环之间有极为密切的联系。课程体系的质量保证过程应特别突出"学生中心、成果导向、持续改进"的理念,同时将目标导向和过程控制相结合,从而进一步完善"培养目标—毕业要

求—课程体系—师资队伍和教学条件"的课程体系质量保证。

1. 全程突出"学生中心、成果导向、持续改进"理念

"学生中心、成果导向、持续改进"是课程体系质量保证的三大核心理念。课程体系质量保证包含课程体系设计、组织实施和管理保障等内容。课程体系质量保证的目的在于通过课程体系的科学设计、组织实施后能够达到专业预期的毕业要求,最终实现人才培养目标。课程体系设计要以学生为中心,以学生的学习成效为中心、以学生的成长和发展为中心,增强学生的学习体验,使学生有获得感,有利于学生能力增值,特别是培养终身学习能力、沟通交流能力、批判性思维和开阔国际视野。课程体系的设计要以学生学习成果为导向,通过课程学习使学生在知识、能力和素养方面得到提高,并为其今后的发展打下坚实的基础。课程体系的设置能够帮助学生达到毕业要求,并为人才培养目标的最终达成奠定基础。另外,课程体系的质量保证还需要持续改进,通过这一质量环,完成对课程设置、毕业要求和培养目标的改进,从而切实提高人才培养质量。

2. 确保做到目标导向与过程控制相结合

课程体系质量保证需要将目标导向与过程控制相结合。课程体系质量环由质量目标和管理职责、资源管理、过程管理以及监控分析和改进等四个方面构成,因此,目标导向与过程管理是其中不可或缺的重要组成部分。高校既要以目标为导向,通过课程体系设计达到满足毕业要求所设定的学生毕业能力要求,同时,课程体系质量保证还需要重视过程控制,从培养目标、毕业要求到课程体系,以及为此配备的师资队伍和教学条件,并且需要明确标准、落实责任,并且在过程控制中形成以人才培养质量为核心的质量文化。培养目标一方面对接高校内部质量保证体系质量目标,另一方面对接课程质量环中的课程教学目标,起到承上启下的作用。课程体系的过程控制不仅要求对设计过程而且要求对实施过程进行控制。只有将目标导向和过程控制相结合,才能保证课程体系既满足人才培养目标,又能保证制定和实施过程中的质量。也只有目标导向和过程控制两者之间的有机结合,才能保证课程体系设计和实施的有效性。

3. 充分认识预评价在课程体系质量环中的作用

课程体系预评价是指在培养方案制订过程中,对专业课程体系达到培养目标的程度的预测或预先评价。这既可以是专业培养方案实施前的预评价,也可以是高校应对外部专业评估(认证)实施前的自我评价。课程体系预评价是按照培养目标,运用科学可行的方法,对课程体系设置进行的价值判断过程。由于课程体系质量环强调目标导向和成果导向,因此,通过课程体系预评价,旨在预测和判断课程体系实施后的预期成果与目标之间的符合程度,这也是课程体系质量环的核心内容。课程体系预评价在课程体系质量环中的作用主要有四个方面:一是预测和判断专业培养目标的合理性;二是预测和判断课程体系设计的合理性;三是预测和判断学生学习成果(或专业能力)实现的可能性;四是预测和判断毕业要求达成的可行性。可以说,课程体系预评价是课程体系质量环中的先锋,也是最终实现课程体系质量保证的前提,高校需要充分认识到预评价在课程体系质量环中的作用,从而精心设计和组织实施。

三、课程质量环

课程质量环是高校内部质量保证三层质量环中的内环,它以"课程教学目标—课程教学目标与毕业要求的对应—教学内容和方法与毕业要求的对应—考核评价方式和标准—持续改进"为主线,确保课程教学目标的实现。高校应以教学大纲的编写以及注重学生学习体验方面为抓手,不断提高教学质量和学生的学习成效。

1.将成果导向理念落实到课程(环节)教学大纲上

课程是人才培养的基本单位,是保证教学质量的"最后一公里"。教学质量国家标准需要落实到专业、课程和课堂等教育教学各环节中。高校应根据各自的专业培养目标,建立成果导向的课程评价体系。应将以成果为导向的理念落实到课程(环节)教学大纲上。课程教学大纲规定了课程教学目标、课程教学目标与毕业要求(指标点)的对应关系、教学内容及考核方式与毕业要求的对应关系,以及考核评价标准等内容。在课程教学目标的设定过程中,要落实立德树人的根本任务,根据不同专业人才培养特点和专业能力要求,科学合理设计立德树人教育内容。在每一门课程中有机融入思政教育元素,形成专业课教学与思政教学紧密结合的"课程思政"协同效应。课程任务完成后,教师须进行课程评价,基于事实和数据进行持续改进。

2.将重心落实到学生的学习体验和学习成效上

课程质量主要反映在学生的学习体验和学习成效上。随着学习理论的不断发展,人们对学习的几个基本事实达成共识:①更深刻理解概念的重要性;②既注重教,也注重学;③创设学习环境;④建立在学习者已有知识上的重要性;⑤认识到反思的重要性。因此,也带来了新的学习方法,让人们重新认识传统教育方法,并揭示对学生学习的新见解。学习科学认为,学习是人类对外部世界的意义创造;学习是学习者对知识的主动建构;学习在理解上是有效的,而理解在运用所建构的知识上是有效的;学习是一种经验,在实践和使用过程中发生;合作学习是最有效的学习方法;不同的人学习是不同的。2018年美国一个教育组织(Teach Thought)发布的《2018年美国教育发展趋势》,提出美国教育界最关注的20大发展趋势,包括成长型思维、创客学习、布卢姆教育目标分类法、信息素养、个性化学习等内容。特别强调要尊重每一个学生的个性,顺应每一个学生的学习需求是个性化教育所必须的。

3.将精力投入课程教学设计和教学改革上

学生学习方式的转变势必要求教师的教学方法发生变化。首先,教师应该根据学生的特点,围绕学习目标、需求、活动和教育情景来进行课程教学设计,即以学习者为中心的设计。要求教师在教学设计、教学内容、教学方法等方面要更加注重与学生的学习动力、学习状态和学习效果相联系,更加注重根据学生学情调查反馈信息来调整自己的教学方案、改进自己的教学工作。其次,教师应积极进行教学改革和创新,探索新的教学模式,通过对教学环节的整体设计,不断提高教学质量和教学效果。另外,学校也应建立激励和约束机制,改革教学评价标准和方式方法,激发广大教师潜心教学、用心教学和提高质量的内在动力,真正把所教的课程变成有深度、有创新性、有挑战度的"金课"。

第五章　课程体系的质量保证

课程体系的质量保证是高校内部质量保证体系中最重要的子系统。高校要重视课程体系的合理设计、组织实施，并形成有效的管理和保障机制，不仅为高校内部建立课程体系的质量保证，而且有助于开展课程体系预评价工作。

第一节　课程体系的分类及设计

一、课程体系的分类

课程体系是为达成专业培养目标和毕业要求，由一组课程、模块或项目等要素和教学环节按一定价值观和逻辑组合在一起的课程学习计划，以满足社会经济发展需要、反映学科专业特点、符合学分学制要求的限制。课程体系包含目标、结构、内容和过程等要素。课程体系因其培养目标不同，其课程结构的逻辑关系也不同。本书将课程体系分为学科导向类、能力导向类、功能模块类、任务导向或项目中心类。

1. 学科导向类

学科导向类课程体系是指在培养目标指导下，依据相关学科知识和能力要求按一定比例和逻辑关系选择并加以组织的、由课程结构、课程内容和教育教学活动过程组成的系统。学科导向类课程体系的逻辑关系以学科知识的系统性、关联性和先后顺序为前提，先基础、后专业，先易后难，先理论学习、后实习实践，先课堂教学、后课外学习。此类课程体系设置一般仅限于本专业领域的课程（专业基础课程和专业课程）、公共基础课和实践环节，较少涉及其他学科专业。培养目标一般较为注重本学科专业领域知识的理解和掌握，以及专业能力和素质的培养，使学生毕业时能够成为本专业领域的高级专门人才。

2. 能力导向类

能力导向类课程体系是指专业培养目标和毕业要求以专业能力培养为重点，按照知识、能力和素质要求按一定比例和逻辑关系组合在一起的课程结构、课程内容和教育教学活动过程的系统。能力导向课程体系是建立在学生专业能力培养基础之上，在强调课程专业知识学习的同时，更加强调专业能力的培养。能力导向课程体系一般以学习成果作为衡量学生学习成效的载体。课程体系设置突破了单一学科专业领域的界限，以某一专业领域学习为重点的同时兼顾其他专业的内容，以保证学生能力培养的要求。能力导向类课程体系设置一般按照"培养目标—毕业要求—课程体系"的逻辑顺序来设置课程等教学环节。

3. 功能模块类

功能模块类课程体系是指为达到专业培养目标或毕业要求中的某一项或几项特定的

目标和要求,而设计的一组课程结构、课程内容和教育教学活动过程的系统,它是整个课程体系的有机组成部分。比如,通识教育课程体系、创新创业教育课程体系等。一般而言,功能模块类课程体系是嵌入式的,将相应的课程模块嵌入整体专业课程体系中。功能模块类课程体系中的课程能够有效支撑该功能模块的毕业要求。功能模块类课程体系设置更多地由跨学科课程组成,并且与原学科专业形成互补、交叉或递进关系,重点培养学生特定的知识、能力和素养。

4. 任务导向/项目中心类

任务导向/项目中心类课程体系是指以任务或项目为中心而设计的、由一组课程结构、课程内容和教育教学活动过程的子系统,它是整个课程体系的有机组成部分。课程结构是课程内容的组织架构,是实现课程目标的纽带,体现一定的教育理念和价值取向。项目中心课程结构设计上,强调"纵向贯通、横向交叉、问题导向",打破了学科专业之间的边界,强调跨学科课程支撑,促进科教协同和校企合作。以问题为导向,采用非结构化和模块化设计,吸引本科教育各年级学生积极参与,比如 MIT 的"新工程教育转型计划"(NEET)中的项目中心课程体系,以项目为中心设置课程,鼓励项目化学习和团队学习。

二、课程体系的设计

现实中,高校课程体系设计的合理性没有引起足够重视,课程体系模块设计和课程教学设计的科学性体现不充分,这不仅影响到教师的教学,而且更重要的是影响到学生的学习。因此,需要对课程体系的设计理念、依据、结构以及教学活动进行科学的设计。

1. 课程体系的设计理念

(1)学生中心、成果导向和持续改进。课程体系设计首先需要以一定理念为指导。由于课程体系是由一组课程或教学活动组合在一起的系统,因此,厘清课程体系与培养目标和毕业要求之间的关系、课程与课程之间的相互关系,就变得十分重要。鲁道夫·魏格特纳(Rudolph Weingartner)在《本科教学:目标和方式》(1993)中提出:连续的课程体系的成功之处在于它能使学生理解那些把体系中多门独立课程串联起来的主题连接点。"学生中心、成果导向、持续改进",正成为目前高校课程体系改革的共识。以学生为中心、以学生的学习为中心、以学生的发展为中心,课程设置将为学生毕业后若干年的全面发展和职业生涯发展奠定基础;学习成果不仅成为检验学生学习成效的重要载体,而且也是课程体系设计的重要依据,课程教学目标、教学内容和教学方法、考核方式更需要以学习成果为导向进行设计;持续改进的理念一方面体现在课程体系设置的不断完善,另一方面体现在教与学过程的不断改进。

(2)专业教育和通识教育的平衡。首先,专业课程体系要体现专业的特点,将专业的核心课程纳入课程体系中,以利于培养学生适应今后专业工作岗位和进一步深造的要求。其次,通识教育在培养全面发展的人的过程中起到非常重要的作用,特别是培养学生毕业要求中的非技术能力。专业教育大多反映了教育的工具性目的,而通识教育更多地反映了教育的本质性目的,两者之间做到平衡非常重要。专业教育和通识教育的平衡应与高校的定位和特色相联系。一般而言,研究型大学本科专业的课程体系更强调建立在通识教育基础上的专业教育,以通才教育为主导,通识教育课程占有一定比例。对于应用型大学,本科专业课程体系更为强调专业性,以满足就业市场的需要,以专才教育为主导,通识教育课程占比较小。通识教育通常与专业教育形成互补,如工科学生可以选修一些人文艺术类课程,使学生的知识结构不断完善,成为一个全面发展的人。

(3)创新教育与能力培养的有机结合。从知识掌握到能力培养,教学发生了根本性转变。能力培养要求具体落实在课程等各教学环节中。专业能力培养既包括技术能力,如专业知识理解、应用、评价、创新能力,也包括非技术能力,如团队合作、沟通、终身学习、批判性思维等能力。由于创新教育与能力培养是密不可分,是通过课程、项目和实践环节等实现的,因此,创新教育也需要融入到各教学环节中。除了课堂教学之外,将创新教育渗透到第二课堂等课外活动中也不失为一种有效的方法。有一些高校,为了增加创新教育的效果,单独设置创新教育课程,并作为通识教育的一部分。也有一些高校设置一系列创新教育活动模块,作为学程,独立于专业课程体系之外。不管创新教育形式如何,培养学生创新意识和创新能力已成为本科教育的一项重要任务。

(4)基础教育与专业教育的有效衔接。基础教育和专业教育的教学内容因不同学科专业领域而异。工科学生的基础教育需要有扎实的数理基础知识,需要有厚实的专业基础知识和方法论,为今后的专业学习打下基础。随着本研一体化课程体系的开发,本科阶段的课程体系更强调专业基础的重要性,而研究生阶段的课程体系更强调某一专业领域的专业性。特别是研究型大学,本研一体化课程体系已成为高校教育教学改革的方向。另外,课程与课程之间的有效衔接也能更方便学生学习理解相关知识。高校本科课程体系设置过程中,强调"厚基础"是十分必要的,掌握扎实的基本理论、基本方法将为学生今后的专业学习打下扎实的基础。不同学校对待基础课程和专业课程比例会有所不同。就研究型大学而言,基础课程(含公共基础课、专业基础课)比例相对高一些。

(5)专业课程与学科交叉课程的有机融合。随着教育教学改革的不断深入,学科交叉课程在课程体系中将得到重视。特别是新工科、新农科、新医科、新文科的建设,把学科交叉课程列入重要的建设内容。如有的学校要求专业课程体系中必须设置一门学科交叉课程,也有的学校要求在专业课程中体现学科交叉的内容。无论哪一种形式,学科交叉、跨学科课程的设置日益成为专业课程体系设置的新趋势。另外,以任务导向或项目导向的课程体系更是以跨学科课程的学习为基础,为了完成共同的项目,组成项目团队进行跨学科学习和研究。因此,专业课程与学科交叉课程的有机融合也是课程体系设置过程应该考虑的因素。只有这样培养的学生今后更能适应全球不断变化的工作环境,更能具有应变能力。当然,交叉课程的设置需要根据培养目标而定,与毕业要求相契合。

2.课程体系的设计依据

以学习成果为导向的课程体系设计要求反向设计,才能保证课程体系能够支撑毕业要求所要求达到的专业能力,最终满足培养目标。课程体系设置须有师资队伍和教学条件予以支持,这些师资和环境条件是课程体系实现的基本保证。

(1)培养目标是建立课程体系的出发点

培养目标是指毕业生在毕业后五年左右能够达到的职业能力和专业成就的总体描

述。培养目标的确定需要考虑以下三方面：

一是符合国家发展战略和教育政策。教育是实现国家发展战略的基础，专业人才培养目标需要瞄准国家发展战略并且符合教育政策。《国家中长期教育改革和发展规划纲要(2010—2020年)》明确指出："高等教育承担着培养高级专门人才、发展科学技术文化、促进社会主义现代化建设的重大任务。提高质量是高等教育发展的核心任务，是建设高等教育强国的基本要求。""适应国家和区域经济社会发展需要，建立动态调整机制，不断优化高等教育结构。优化学科专业、类型、层次结构，促进多学科交叉和融合。"专业课程体系的设计应符合国家发展战略和大政方针，坚持立德树人，培养社会主义的合格建设者和可靠接班人。课程体系设计中要把育人放在首位，不仅需要设置一定比例的思政课程，而且还要将思想政治教育的内涵融入每门课程的教学中，促进形成"课程思政"。

二是适应社会经济发展需要。高校人才培养必须适应社会经济发展需要，课程体系的设计合理与否将关系到学生毕业就业岗位的适应性。虽然，专业人才培养不单纯以就业为目的，但是培养适应社会经济发展需要的人才一定会受到社会用人单位的欢迎。同时，随着社会经济的快速发展以及科技的不断进步，在课程体系设计过程中，需要将科技发展、学科发展的前沿知识融入到课程中，需要适时更新教学内容，丰富教学手段，使学生了解和掌握必须的知识和技能，具备良好的思维能力和实践能力以及终身学习能力。学生在本科毕业时，能够适应快速发展的经济社会的变化，主动适应就业岗位的要求，为进一步深造打下坚实基础。

三是满足人的全面发展和终身发展需要。本科阶段是人的价值观形成的重要阶段，也是为人的全面发展和终身发展奠定扎实基础的阶段。这就需要本科阶段的课程体系设置不仅体现专业能力的培养，而且要帮助学生树立正确的人生观和价值观，融育人于教学活动中。同时，课程教学不仅需要知识的传授，更重要的是能力的培养和素质的提高。通过课程的教学内容、教学方法等设计，帮助学生形成良好的职业伦理道德，帮助学生具备适应未来职业生涯发展的能力和潜力，为学生的全面发展和终身发展服务。

(2)毕业要求应能支撑培养目标和对接课程体系

毕业要求是学生在毕业时应具备的职业准备能力，是形成未来职业能力和素养的基础。对于不同的学科专业、不同学校的培养目标，毕业要求有着不同的表述。毕业要求的制订需要考虑以下两个方面：一是毕业要求要支撑培养目标。把专业的培养目标转化为学生毕业时明确、公开和可衡量的具体的能力要求，并且毕业要求能支撑培养目标的达成。具体的能力要求包括技术性要求和非技术性要求。比如，工程教育专业认证中，技术性要求包括工程知识、问题分析、设计开发、研究、使用现代工具等能力要求，非技术性要求包括工程与社会、环境和可持续发展、职业规范、个人和团队、沟通、项目管理、终身学习等能力要求。毕业要求的设计要围绕培养目标。二是毕业要求能对接课程体系。毕业要求为课程体系的设计提供依据，起到承上启下的作用。课程体系的设计需要根据毕业要求具体落实到各门课程或教学活动中，并且在课程教学目标中反映出来。为使课程目标与课程体系的对应关系更为明确，可以将某一毕业要求细化为若干指标点。

(3)体现专业特色并考虑约束条件

每个学校在制订专业课程体系时,必须体现其专业特色。专业特色应在学校办学过程中得到传承和创新。一方面,由于各个学校的办学定位不同,办学传统和学科优势不同,因而同一专业其课程体系设置不尽相同,同一门课程的教学内容也有差异;另一方面,各学校的师资队伍和教学资源配置也有明显区别,在设置课程体系时须考虑其影响专业发展的约束条件,既保证课程体系设置的合理性又保证其可行性。实事上,高校开设新专业或是改造传统专业,都应该满足专业设置的基本条件,并在此基础上改善资源条件,做精做强,努力体现专业特色。只有体现了专业特色,才能保持学校的学科优势。

3. 课程体系的结构设计及分类

课程体系结构反映了各类课程(实践环节)的设置内容、比例,以及课程之间的逻辑关系。一个完整、合理的课程体系结构是实现培养目标和毕业要求的基本保证。在课程体系设计阶段,可以借用课程图谱使课程体系可视化,形象地表示各课程体系要素之间的相互关系、内容和顺序。设计课程体系结构时,主要考虑以下几个方面:①聚焦学习成果,从培养目标、毕业要求到课程体系的反向设计,形成培养目标和毕业要求、毕业要求和课程体系、课程教学目标和毕业要求的对应关系矩阵,并且课程教学内容、教学方法、课程考核方式、考核评价标准都要有利于课程教学目标达成。②整合约束条件,包括学制、总学分、学时、理论和实践环节比例、必修与选修比例、专业方向课程群、师资队伍、实验实习等教学条件等。特别是要明确所有必修环节。③制订教学大纲,设计具体课程的各教学活动,包括讨论、作业、测试、考核等的安排,形成性和终结性考核评价。并且考虑生源质量、学习基础,安排好补修环节、免修环节等。

在课程体系结构设计前,需要收集专业层面的基本信息,包括学科知识、学生的学习基础和态度、社会需求发展等。也要收集操作层面的信息,一方面是外部评估要求、学分限制、经费和人员限制,以及现行课程体系的有效性问题、来自利益相关者的意见反馈;另一方面收集来自专业培养方案自身的信息,如培养目标、毕业要求、可利用的时间和资源、学生因素、相关研究等。

根据课程体系中不同课程类型的结构布局,可以将课程体系结构主要分为金字塔型结构、多柱状结构、嵌入式结构等。

(1) 金字塔结构

金字塔形课程体系的结构底部宽、上部窄,课程类型自底而上依次分为基础课(含通识基础、公共基础课)、专业基础课和专业课(图5-1)。这种结构的课程体系稳定,通识基础和公共基础课比例较大,专业基础课的安排也占了较多的学分,专业课比重较小,因此,培养学生具备深厚的基础知识和能力。如果金字塔形结构中,基础课、专业基础课和专业课的比例相当,该结构就演变成方形结构。当专业课比重过重时,将变成哑铃形结构或梯形结构。一般而言,研究型大学课程体系的金字塔形结构较普遍,而应用型大学则专业课比例偏高。

(2) 多柱状结构

多柱状课程体系的结构呈现多个柱状分布,每根柱子代表不同的学科领域课程,柱子的长短不一,粗细不等,由此构成的课程体系大多适用于多学科交叉的专业。各根柱子可

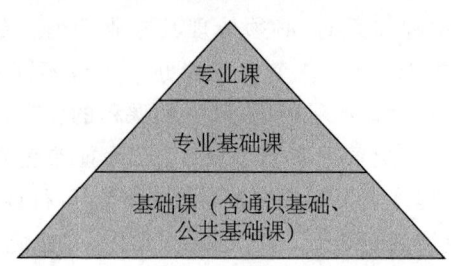

图 5-1　金字塔形课程体系结构

以由专业基础课和专业课组成。而每根柱子也需要植根于基础课(含通识基础、公共基础课)。因此,多柱状结构的课程体系强调多学科知识对于学生能力培养的贡献,强调横向的交叉渗透。这种结构多用于"项目中心"的课程体系设计,也可用于新工科、新农科、新医科、新文科等新兴专业。在专业方向课程群设计过程中,该结构不失为一种可靠的结构(图 5-2)。

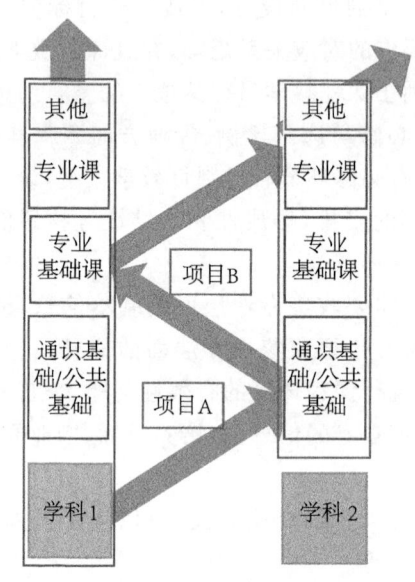

图 5-2　多柱状课程体系结构

(3)嵌入式结构

嵌入式课程体系的结构是将某些课程模块嵌入到整个课程体系中,以实现某种特定的教育功能,如创新创业课程体系、通识教育课程体系等。嵌入的母体可以是金字塔型结构,也可以是多柱状结构课程体系。嵌入的课程可以是通识课程或公共基础课,也可以是专业基础课或专业课,嵌入的课程之间相对独立,没有紧密的前后顺序关系。嵌入式结构课程占整个课程体系的比重因需而定。一般而言,嵌入式结构依附于金字塔型结构或多柱状结构而存在。

4.课程的教学活动设计

课程是教学质量保证的核心,是反映学生学习成效的载体。课程体系中的每门课程有机地组合并承担毕业要求所规定的知识、能力和素养培养的任务。也就是说,课程体系承担的毕业要求通过课程加以落实。课程、课程体系和有计划的课外活动之间的关系越紧密,学生的学习过程就会越有成效。因此,课程的教学活动设计非常重要,应在课程教学大纲中加以明确表述。主要有以下四个方面的内容。

(1)课程教学目标

课程教学目标的设计要对应毕业要求。按照课程体系与毕业要求的矩阵图,落实好每门课程的教学目标。课程教学目标设计应可达成。优质教育的产生不是偶然的;它需要周详的计划、娴熟的教学,以及能确保每位学生有机会达到所修课程之目标的总体结构安排。通过课程教学目标,指出课程对学生达到毕业要求的贡献。

(2)教学要求、教学内容和教学方法

课程教学大纲要列出学生通过学习课程预期取得的学习成果,列出课程涵盖的教学内容和教学方式,以及对应支撑的课程目标。教学方法要有利于开展教学活动,有利于学生达到预期学习成果。事实上,由各课程组成的这些预期学习成果共同构成了毕业要求。

(3)考核评价方式

考核评价方式主要是考核学生的学习成效的方法,包括形成性评价和终结性评价。形成性评价主要考核学生学习过程中的表现,它也是构成该门课程总成绩的组成部分。形成性评价的形式多样,如作业、作品、小组讨论、演讲等。终结性评价一般通过考试或考查形式完成。课程教学大纲中要明确各考核评价方式之间的比例,以及对应的课程教学目标或支撑的毕业要求指标点。

(4)评价标准

评价标准是考核学生通过课程学习达到的知识、能力和素养的价值判断依据,通常用能力评估量规表(Rubric)表示。根据不同教学活动,如作业、讨论、演讲、实验等,应制订不同的量规表。评价标准应明确教学目标要求,以及不同等级的评价标准。有了评价标准,在对学生学习成效的评价过程中就可以做到有据可依,方便评价者作出判断。

课程的教学活动设计,特别是教师的教学方式方法与学生的学习效果有密切的联系。美国学者罗伯特·M.戴尔蒙德(R. M. Diamond)研究并总结的有关教学方式的重要研究结论如下:

①讲座在传授低层次的事实性材料方面是有效的,但是讨论更加有助于信息的记忆巩固,知识向应用能力和解决问题能力的转化,以及态度的转变。

②如果在选择教学方式时能够考虑到学生不同的学习方式,教学就会更加有效。

③大学教育的效果主要取决于学生的努力和他们参与课内外活动的积极程度。

④只有在整个课程体系中不断强化他们的高级学习能力,学生才能最充分地发展这些能力。

⑤学生批判性思维能力的变化与来自教师的赞许程度、师生之间的交流、同班同学的高级认知性回应呈显著的正相关关系。

⑥师生课外交流的经常性程度与学生对所学内容的巩固性程度、他们的社会能力和智力发展呈正相关关系。

另外,学生的学习方式与学习效果也密不可分。罗伯特·M.戴尔蒙德总结的有关学习的重要研究结论包括:

①积极的学习比消极被动的学习有效。

②学习可以通过几种感官渠道发生,在学习中起作用的感官渠道越多,学习效果也就越好。

③与竞争性或个体学习方式相比,合作式(合作学习)更有助于提高学生的推理能力和自尊。

④改正已有的错误比学习新知识还要因维。认清误区,通过积极的讨论以及与其他同学的交流纠正错误是解决问题的必经之路。

⑤新信息只有和已有知识产生有意义的联通系才能被记住,只有被记住,它才有可能被学会。

⑥新的信息只有以适合个人的方式组织起来才有可能得到巩固、掌握和使用。

⑦学习时间与所有的学习成效之间有直接的相关关系。

⑧已有的知识与经验往往比智力更有助于学习的成功。

⑨高期望值带动学习成效的提高。

⑩学习动机是可以改变的;它可能因学习任务、学习环境、教师和学习者的不同而相异。

因此,良好的课程教学活动设计可以有效提高学生的学习成效。教师采用合适的教学方法,引导学生主动学习,对于提高学生的学习成效效果显著。

第二节　课程体系的组织实施

有效做好课程体系的组织实施工作,是学生的预期学习成果得以实现的重要保证。现实中,高校课程体系实施的有效性监控力度有限。因此,应强化课程体系组织实施的有效性,从而保证课程体系的实施效果。课程体系的组织实施主要依据专业培养方案,需要在课程建设、教学条件保障、教学任务安排和教学活动实施、学习成果考核等方面加以具体落实。

一、课程建设

课程建设是课程体系得以落实的根本保障。一般而言,课程建设工作需要在学院和专业负责人的统筹安排下,由课程负责人具体负责。若是通识教育等课程,则由学校层面统筹,由课程负责人具体负责。

1. 学校层面统筹规划通识教育、公共基础课以及学科交叉课程的建设工作

通识教育课程、公共基础课以及学科交叉课程依赖于学校教学管理部门统筹规划和协调。专业对应开设的通识教育课程、公共基础课以及学科交叉课程名称,课程对应的预期学习成果须由各专业提出,并经学校教学管理部门分类统筹,组织相关开课学院研讨,然后制订课程教学大纲。课程教学大纲中明确课程目标和培养的能力要求。由专业学院

选用适合自己专业的课程,并按规定的程序审核通过后执行。

2.学院层面搭建专业基础课(含专业平台课)、实验和实习等实践环节的建设平台

学院层面需要搭建本学院若干专业的专业基础平台,开设专业基础课以及相应的实验课程,同时要安排好实习等实践环节。在以学习成果为导向的课程体系中,实验、实习、毕业论文等实践环节对毕业要求起到支撑作用,并体现在每个教学环节的学习成果上。一方面,学院层面做好统筹安排,做到教学资源共享;另一方面,要为任课教师修订各实践环节的教学大纲提出要求和指导,以保证学院层面课程的质量。

3.专业层面做好专业课、毕业设计(论文)等教学环节的建设工作

专业负责人要真正负起责任,组织教师做好专业课、毕业设计(论文)等教学环节的建设工作。专业课一般安排在基础课和专业基础课完成之后,具有很强的专业性,对毕业要求中的技术性要求支撑作用大,对学生的职业发展有直接的帮助。而毕业设计(论文)是学生本科阶段学习成果的综合反映,是将所学知识和能力运用到研究或实践中的具体表现。因此,毕业设计(论文)的实施对专业人才培养至关重要,需要在选题、开题、中期、答辩等各个环节把好关,以保证毕业设计(论文)质量。

二、教学活动实施

课程体系中的各项教学任务由学校教学管理部门、学院和专业的相应教务人员负责,需要根据学校教学管理的规章制度,以及学时数、师资、教学设施等教学环境条件,合理安排落实,并由教师、实验人员等具体完成相应的教学任务。

教学活动的组织实施就是将课程教学大纲的各项内容予以具体落实的过程,以完成课程教学目标,从而为培养目标和毕业要求的达成提供支撑。教师应按照课程教学大纲的要求,认真备课,组织实施教学活动。在教学活动的实施过程中,通过适当的教学方法、合理的课内外联动,关注学生的学习成效,帮助学生专业能力的达成。

1.运用适当的教学方法提高教学效果

任何教学方法的运用,均与教学内容相关。随着信息技术的不断发展,信息技术与高等教育的深度融合已成为现实。人工智能、云计算、智慧教学、虚拟现实、大规模在线开放课程(MOOC)和小规模私人在线课程(SPOC)等已深入课堂教学中。基于问题的学习(PBL)、基于项目的学习、支架式学习、在线学习、虚拟实验等学习方式正不断地帮助学生获得更多的学习体验,在丰富课堂教学信息量的同时,也提高了学习效果。研究式学习、启发式教学、团队协作、教学互动、讨论课、小班课等形式在课堂教学中得到普遍采用。当然,有一些教学过程也需要利用板书,比如数学公式的推导和演算等。教学方法的选择要有利于课程教学目标的达成,能激发学生的学习兴趣,启发学生思考,引导学生研究性学习。

2.关注和培养学生的专业能力

由于每门课程的教学活动围绕课程教学目标而设计,因此,教师在教学活动中应始终关注学生的专业能力发展。教学内容的深度、广度适当,反映相关学科发展前沿;教学方

法注重能力培养,符合学生的认知规律和心理特点,有利于课程教学目标的达成。由于本科阶段对于学生终身学习和职业发展至关重要,因此,教师在教学活动的实施过程中,注重培养学生的专业能力,包括运用专业知识和技能解决问题的能力、研究能力、管理能力、创新思维和实践能力、批判性思维、交流沟通能力、终身学习能力等。

3. 实施合理的课内外联动机制

精心开展课程教学设计,合理安排教学活动,包括学生课内外学习时间。由于培养方案受课内学时数的限制,分配到每门课程的周学时有限,因此,教师需要根据教学大纲要求合理做好课内、课外的安排。传统的课堂教学中,教师注重课堂讲授,并布置课外作业让学生巩固学习效果。而翻转课堂这种学习模式,则要求学生在课外通过在线学习、查阅资料等方式先行学习课程内容,然后在课堂上以小组讨论、师生互动的形式解决自学过程中遇到的问题。另外,第一课堂和第二课堂在学生能力培养方面相互补充,有些能力需要在课外的社会实践中得以提升。因此,实施合理的课内外联动机制必不可少。

三、教学条件保障

课程体系的组织实施应有师资和教学设施等教学条件予以强力保障。由于课程体系按照专业培养目标和毕业要求进行设计,是课程设置理想化的体现,而其实现则离不开高质量的师资队伍和良好的教学条件,如良好的课堂、实验、实习等教学环境以及图书馆、计算机网络、信息技术条件等。

1. 教师队伍满足教学需要

教育目标的达到和改革的成功取决于教师队伍,激励教师创造条件以及作为关键因素的专业责任,在个人学习和教育系统成功,吸引教师通过适当的社会对话进行可持续教育改革。首先,课程体系中的每门课程均要落实任课教师。任课教师须具备高校教师资格,同时能胜任该门课程的教学工作。教师队伍一般以专职教师为主,也可适当聘请校外有资质的人员作为兼职教师参与教学活动。一门课程可以由一名任课教师承担,也可以由多名教师组成的教学团队承担。课程体系中的专业课和专业基础课的教学任务一般由专业学院落实,而通识课程和公共基础课程大多由学校的公共课任课教师或其他学院教师承担。专业教师队伍的数量应满足国家标准的最低要求。生师比,即学生人数与任课教师人数的比例一定程度上反映了学校教师队伍相对于教学需求的情况。生师比也决定了课堂教学的规模,教师人数相对学生人数的比例越大,越有条件开展小班化教学,也越有利于高质量地开展教学活动。

其次,任课教师参与编写课程教学大纲并做好教学设计。为保证任课教师完成本课程的教学任务,帮助学生学习成果的达成,任课教师需要深刻理解专业培养目标和毕业要求,明确本门课程的教学目标,并和课程负责人一起参与课程教学大纲的编写。课程教学大纲的主要内容包括:课程教学目标、课程教学目标与毕业要求的对应关系、教学内容和考核评价方式与教学目标的对应关系、考核评价标准、参考书目等。任课教师还需要按照本门课程教学大纲的要求,认真备课,做好教学活动的教学设计,保证通过每项教学活动,学生在知识、能力或素养方面得到增值。1962年美国密歇根大学建立全美第一个高校教师发展机构:研究学习教学中心(Center for Research on Learning and Teaching),以促进教学的卓越和创新。目前,全美约有超过20%的高校设有类似的教师发展机构。2012年,我国教育部选出30个国家示范中心启动教师教学发展中心建设。之后,许多高校建立了中心或类似机构,旨在提高教师教学能力和水平,为教师教学能力提升提供支持和服务。

2. 教学环境支撑教学需要

教学实施需要良好的课堂、实验、实习等教学环境以及图书馆、计算机网络、信息技术条件等。随着信息技术与教育的深度融合,智慧教室、在线学习平台为课堂教学和教学改革注入了新的活力。信息技术手段的运用帮助教师更好地开展教学活动,不仅丰富了教学手段和方法,也为开展课程考核评价创造了条件。虚拟实验、远程实验、在线实验等越来越多地得到运用,实验室设施和条件得到不断改善,都为开展实验教学创造了条件。

另外,高校要积极进行校企合作开展实习基地建设,为学生参与工程实践、生产实习创造条件。学生的创新意识和实践能力培养需要融入每个教学环节,特别是通过企业实习等实践教学,不断培养学生创新精神,提高学生的实践能力、解决问题能力。将理论与实践相结合,在实践中不断加深对理论的理解,培养能力、锻炼才干。同时,参与企业实习实践也为学生今后的职业发展提供经历,以便学生能够快速适应工作环境。

3. 科研成果促进教育教学改革

课程教学内容是课程教学目标得以实现的载体,课程教学内容围绕课程教学目标进行组织。为培养学生的专业能力,课程教学内容需要反映学科专业领域的前沿动态和科研成果。教师应结合自身的科研方向,将科研成果及时消化反映到课程教学中,形成高阶性、有深度和挑战度的"金课",保证良好的课堂教学效果。这就需要教师做到"产学研"相互融合,将科研成果及时转化为教学内容,积极进行课程教学改革。也就是说,要在课程深度上下功夫,具有一定的挑战度,培养学生具有运用、分析、评价、创造等高阶思维能力。

教师将科研成果融入教学过程中,也有利于激发教师上课的积极性,特别是为教授参与本科生课程教学提供了动力。目前,教授还不能完全做到百分之百为本科生上课,其中一个重要原因是教授忙于做科研,无暇顾及本科教学。如果教授及时把科研成果转化到课堂教学中,他们可以从学生获得感中得到对其科研成果的认可,也可以从教学相长中获得对科研工作的启发,使得教学与科研相互促进。同时,在课程设计、毕业设计(论文)指导过程中,教师的科研思维和方法也有助于学生创新意识和实践能力的培养,帮助学生提升专业能力。

第三节 课程体系的管理与保障

课程体系的管理和保障是高校质量保证体系的重要组成部分,也是质量管理的核心内容。课程体系设计、实施和评价离不开管理机制和保障机制这两大机制保障。课程体系的管理机制强调高校质量管理的特定任务和管理职责,学生能力的合理界定以及满足人才培养所需的资源分配等条件保障。而课程体系的保障机制主要围绕课程、课程体系所建立的系列制度、采取的措施和开展的活动,从而保证人才培养目标的实现。

一、课程体系的管理机制

合理有效的管理机制是实施教学管理、提高管理有效性的根本保证。从人才培养的需求出发,职责清晰的分级管理、学生能力的合理界定以及满足教学需要的资源分配机制是主要的管理机制。

1. 以人才培养为主线的分级管理机制

高校的功能包括人才培养、科学研究、社会服务和文化传承等方面,而人才培养是高校的根本任务。一般而言,高校应设立三级管理体系,包括学校、学院和教学基层组织,各有其特定任务和管理职责。围绕学校教育使命和办学定位,针对课程体系中的通识教育、专业教育和课程教学,合理设定任务和管理职责。具体来说,学校层面制定学校教育使命、制订通识教育建设规划并负责实施;学院层面制订专业培养方案,并负责实施;教学基层组织支持与监督教师制订课堂教学方案并负责实施。

学校教育使命要表明本校在本科教学上秉持的方向和价值观,是整个系统的核心和灵魂。教育使命反映的是学校的自我定位和目标追求,为所有利益相关者提供方向和价值观,以便凝聚各方力量办好本科教学。学校层面除了教学管理部门外,还应设立教师教学支持中心,负责为教师提供教学咨询和培训,学习与传播先进的教学理念和方法,支持教师进行教学改革和创新,健全统一的课堂教学规范,营造学校质量文化,从而提高全校教学质量。教学支持中心应设有教学设计人员,直接服务一线教师和教学改革。另外,学校层面还要设立质量管理部门,负责收集、整理、分析、汇报全校教学信息,为学校内外部教学评估提供信息支持。包括系统收集和分析全校教学运行方面的信息,以支持本校教学方面的决策;外部认证评估时,代表学校做好信息支持方面的工作。学校层面还要求做好全校所有专业的通识教育建设规划,满足不同专业学生的通识教育能力要求。学院层面应做好专业培养方案,根据专业人才培养的能力要求设置专业课程体系,并负责实施。而教学基础层组织则强调组织落实课程教学任务,保证教学质量。

上述的职能要求必须落实到责任人。学校的分管教学副校长应在教学基本制度、公共课排课、学籍管理和教学资源等方面对学校教学管理职能部门予以指导和监督。专业负责人对院长负责,可设专业秘书负责专业与课程之间的协调。院长负责监管专业质量及资源配置。专业必须符合学校规定,学校定期对专业进行审查。对于达到基本质量标准和有竞争力的专业都应给予支持,反之则停办。教学基层组织,如系或教研室的任务是支持教师做好教学工作,监督课堂教学质量,负责处理所有和课堂教学有关的问题,并负责安排教师工作、教师年度工作绩效评价,负责维持日常教学秩序。教师应认真上好每堂课,关心学生成长和发展,完成规定的教学工作量。

2. 以学生能力培养为核心的能力界定机制

对学生能力培养的清晰界定是课程体系设计的重要环节。不同层次、不同类型和不同学校的办学定位以及不同专业,决定了学生的通用能力和专业能力各有侧重。斯坦福大学于2013年提出教育改革的"斯坦福2025"计划。其中"轴翻转"(Axis Flip)是四大改革之一,将原来的"知识本位"翻转为"能力本位",认为能力培养是斯坦福大学本科生的基石。到2024年,斯坦福教学中心将建构十个本科生能力教学实体机构,包括科学分析、定量推理、社会调查、道德推理、审美解读、沟通有效性等。这些能力养成机构将分别开发交叉学科的课程。2017年8月,MIT实施的"新工程教育转型"(NEET),提出的认知思维方式包括:①制造;②发现;③人际交往技能;④个体技能与态度;⑤创造性思维;⑥系统性思维;⑦批判性思维与元认知;⑧分析性思维;⑨计算性思维;⑩实验性思维和人本主义思维。强调对学生认知思维方法的训练,使学生适应未知环境和具备解决问题的各种能力。可见,注重培养本科生能力已成为高等教育处于全球领先水平的高校十分重视的教育改革内容。

国际工程联盟(IEA)制定的《毕业生核心能力与职业专业能力标准》,定义了本科毕业生的核心能力,并且对应到《华盛顿协议》的工程教育本科毕业生应达到的12条通用标准中。除5条涉及技术能力标准外,有7条标准涉及非技术能力标准,也可以认为是通识能力要求,包括:①工程师与社会:知识与责任的水平;②环境与可持续性:解决方案的类型;③伦理:理解和实践水平;④个人和团队工作:团队的角色和多样性;⑤沟通:沟通水平依据执行的活动类型;⑥项目管理和财务:不同类型的活动所需经费的管理水平;⑦终身学习:持续学习的准备和深度。

对学生通用能力和专业能力的界定,一方面要考虑该专业的外部评估和认证标准;另一方面也要考虑学校的专业优势和特色。先确定培养目标,然后再确定毕业要求中反映的学生毕业时应达到的通用能力和专业能力要求。不仅要根据社会经济发展对人才的要求,而且还要根据用人单位、校友等调查和数据分析,科学合理地界定学生能力。这个过程也需要任课教师积极参与。能力界定需要按照一定的流程进行,确保人才培养目标的实现。

3. 满足教学需要的资源分配机制

高校内部建立满足教学需要的资源分配机制也是课程体系管理的重要保障。这里所说的资源主要包括两个方面:一是教学队伍,二是教学条件。学校的资源分配机制,一方面要满足基本的教学需要,另一方面则要向优势专业和课程倾斜。合理协调运用问责机制和市场机制,合理管控和下放办学自主权。

首先,合理运用问责机制守住底线,确保教学所必需的资源。在教学队伍方面,高校要按照《本科专业类教学质量国家标准》要求,合理配置师资规模与结构,以保证培养目标、课程设置和教学时数、学生规模对本科专业教师的数量和质量要求。同时,在保证专任教师质量的基础上,聘请一定数量的兼任教师,并保证兼任教师的教学资格和教学水平符合教学要求。高校还要为教师提高教学能力和专业发展创造条件,并确保教师的教学工作量以满足教学需要。在教学条件方面,高校应当为学生和教师提供能够满足教学科研需要的信息资源,提供必要的设施和设备,并确保生均教学经费的投入。其中,生均教学经费的投入至关重要,特别是实验、实习经费等,必须达到生均教学经费的基本要求。保证生均拨款比例占教学经费的大部分,按项目拨款的比例应占小部分,而不能本末倒置,以确保专业有足够的办学经费。高校只有运用好问责机制,才能确保满足教学需要的资源落实到位。

其次,合理运用市场机制调动专业建设的积极性,争取更多的教学资源。专业是整个内部教学质量保证体系的重点,需要运用市场机制强化优势专业,办出特色。市场机制主要表现在专业设置管理、资源配置和专业建设管理等方面。专业设置管理方面,在保证国家发展战略需求的前提下,根据学校办学定位,合理设置和调整专业结构,满足社会经济发展对人才培养的需要。对于有办学积极性又有办学实力的专业要积极鼓励,加大投入。资源配置方面,在保证每个专业基本办学资源的前提下,将资源向优势专业倾斜,从而保持学校的专业特色。专业建设方面,鼓励教师积极参与专业建设和教育教学改革,将更多的时间和精力投入本科教育教学中,上好每堂课,关爱每个学生。

二、课程体系的保障机制

高效的课程体系保障机制是实施教学管理、提高执行有效性的基础。围绕课程体系运行和课程教学,需要建立"目标、课程、教学、评价"一体化设计机制、基于大数据的课程教学过程质量常态监测机制、以"学"为中心的课程质量持续改进机制,以及教学督导、专项评价和数据监测联动机制。

1."目标、课程、教学、评价"一体化设计机制

首先,高校要提出特色鲜明的教育教学目标,在学校使命、通识教育、专业教育、课程教学等方面的目标与标准要清晰,并建立明确的质量评价要求。将质量目标、培养目标、课程教学目标有机联系起来。通过"质量目标—管理职责—资源管理—过程管理—监控分析和改进"的外循环,建立高校内部质量保证体系;通过"培养目标—毕业要求—课程体系—师资和教学条件—持续改进"的中循环,建立课程体系的质量保证;通过"课程教学目标—课程教学内容教学方法—课程教学—课程考核评价—教学改进"的内循环,建立课程的质量保证。

其次,在"目标、课程、教学、评价"一体化设计过程中,要体现系统论思想和全面质量管理思想,建立培养目标和毕业要求、毕业要求和课程体系之间的矩阵关系,同时,协调和处理好通识教育和专业教育、专业教育和课程教学之间的关系。鼓励教师参与专业培养方案的制订,确保他们对专业质量的责任心。在确保质量前提下,设置的必修课程应尽可能少,避免内容重复,并充分利用教学资源;要明确每门课程的贡献与责任;明确各门课程之间的配合关系;课程必须覆盖到专业的所有毕业要求。只有建立一体化设计机制,才能保证课程体系质量和课程质量。

2.基于大数据的课程教学过程质量常态监测机制

首先,课程教学大纲应提出明确的学习成果及衡量评价方式。各个环节,用什么方法教学,用什么途径和什么方法进行成效检验,以保证教学目标与学习成效的对应关系。课程教学过程中,学生的形成性评价由哪几部分组成?每种形成性评价的评价标准是什么?对应评价学生的哪些能力?这些都是教师在课程教学大纲和教学设计时应予以考虑的问题。

其次,应充分利用现代教育技术和信息化手段,建立基于大数据的质量常态监测机制。数据的产生、收集、分析和反馈须由一套机制予以确立。数据来源一是由课程教学过程中直接产生的数据,二是由问卷调查、访谈所得到的间接数据。通过管理信息系统反映数据收集情况,根据需求进行数据挖掘和分析,并将结果通过不同渠道反馈给教师、学生和管理者。通过常态监测机制的建立,帮助教师提高课程教学质量,帮助学生完成学业,为学生提供预警、学习支持等服务,帮助管理者提高科学决策的水平。

3. 以"学"为中心的课程质量持续改进机制

首先,以"学"为中心体现在以学生学习为中心。通过教师的"教"和学生的"学"以及师生互动,使学生获得学习成果所要求的知识、能力和素养。通过课程教学过程质量常态监测的数据分析结果不断改进课程质量。持续改进机制的建立,有利于定期开展课程评价,确定课程评价内容、评价方式、评价标准,并将评价结果用于提高课程教学质量。

其次,以"学"为中心体现在以学生学习成果为中心。通过学生的学习以及对学生学习成果评价,考查学生掌握知识、发展能力和提升素养的程度。通过学生对本门课程的访谈和问卷调查,了解学生在学习过程中遇到的困难,从而有针对性地给予学生帮扶,改进教学方法、提高教学效果。

最后,以"学"为中心体现在以学生发展为中心。通过课程学习,培养学生伦理道德、终身学习能力、沟通能力、团队合作能力、批判性思维和国际视野,使学生具备可持续发展的能力。在课程教学中融入育人的元素,为学生的可持续发展打下坚实基础。因此,课程质量的持续改进也应包含对学生非技术性毕业要求方面。

4. 教学督导、专项评价、数据监测联动机制

首先,高校要明确各级管理主体以及相应的责权利,并且要明确相应的绩效要求或是绩效考核评价标准。只有采用适当的工作机制,才能确保质量保证体系能自行发挥作用。这种工作机制应与教学督导、专项评价和数据监测联动机制相协调。教学督导的作用从"督"转向"导",从关注教师的"教"转变为关注学生的"学"。专项评价的重心从院校评估转到专业评估和课程评估。数据监测的重点也从关注结果转向关注过程和结果。因此,督导、评价、监测三者的联动是建立在绩效考核的基础上,并且真正体现以学生为中心。

其次,教学督导、专项评价、数据监测联动机制还应体现全员参与的特点。教学督导工作要覆盖全体教师和所有课程;专业评估和课程评估等专项评价工作应在一定周期内覆盖到所有专业和课程;数据监测应覆盖到所有教学环节和教学过程。督导、评价、监测三者之间不能脱节,数据要能相互印证,整体相互关联,从而保证课程体系、课程的正常运行。

第六章　课程的质量保证

第一节　课程的设计和实施

课程是教学的基本单元,也是质量保证的核心。课程的质量保证不仅应保证教学过程的质量,而且要保证课程设计的质量。通过课程教学设计、制定策略以及组织实施,以提高学生的学习能力,实现高质量的课程教学。

一、课程设计开发

课程设计开发既要满足课程教学目标,又要能够适应学生个性化发展的需要。一些课程,如思政课程、专业核心课程等还需要符合国家标准。通过合理的课程设计开发,保证课程教学目标的实现。一般而言,课程设计开发过程由设计、实施、评价三阶段构成。

1. 课程设计开发步骤

第一步,设置课程情景,为课程开发做好基础性工作。在课程设计过程中,应考虑学生和其他利益相关者的责任。课程设计只有确保合法性、责任性、实用性和支持性,才能提高教学过程的有效性,实现高质量教育。合法性是指保证课程教学内容没有意识形态和学术上的错误;责任性是指保证课程任课教师在教学过程中的主体责任以及学生学习的主体责任;实用性是指课程设计的学习成果定义有利于学生能力的培养,支撑毕业要求的达成;支持性是指保证课程实施所必要的教学设施和教学条件。

课程设计和实施的组织结构应简单、灵活,能够快速响应课程实施外部环境变化的需求。如果有必要,可设立课程顾问委员会,由同行专家、学院、学科专业负责人、教师等组成,通过课程顾问委员会定期的活动,以确立课程设计、实施和评价中的关键问题。

第二步,组建课程开发团队,开发新的课程或对现有的课程进行修订。由于个人不可能具备设计和开发高质量课程所需的全部技能、专门知识和能力,因此课程团队负责人需要确保整个团队获得完成其职责所需的知识、能力和经验。一般来说,课程团队成员应该具有创造性、创新性和远见灼识,他们应该有课程教学或教材编写的经验。在课程开发之前,应收集与课程相关的文件,包括:国家教育政策、学校相关教学要求文件和其他材料,如课程评估报告、课程内容、教材等。开发过程中,应征求利益相关者和专家的意见和建议,制订和编写课程大纲,开发课程资源和教材,并组织任课教师进行研讨。

第三步,进行课程需求评估和分析。需求评估是识别"是什么"和"应该是什么"之间差距的过程,可以在图6-1中直观地显示出来。

这里的现实情况包括:培养目标是什么?上课地点在哪里?哪些资源和支持来实施课程(课程标准、课程指南、教学大纲、财政和人力资源、教材)?教师队伍的特点(资格和

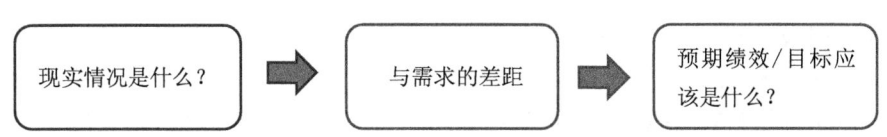

图 6-1 课程需求评估和分析

素质)和表现如何?教师如何理解课程并将其转化为课程教学活动?学生的特点和表现如何?学生如何在课程教学过程中进行互动,并将其转化为课程学习成果?

图 6-1 中的预期绩效/目标包括:课程框架和正式课程文件有哪些?课程的基本原理是什么?课程教学目标是什么?有哪些实现课程教学目标的具体目标?教学内容的顺序以及学习领域是什么?教学内容的最低标准及如何评价?任课教师资格与素质如何?教学资源与学习材料是什么?

第四步,确保新课程或修订课程所需的资源,如财力和人力资源,同时必须为课程的调整提供足够的资源保证。比如,保证上课教室、实验室数量,并根据课程教学的需要配备智慧教室或信息化设施,实验设施器材配置到位等。

第五步,确定有效实施新课程所需的教师,并且依靠有效的激励和约束机制保证教师的专业发展。教师首先应理解新课程在整个课程体系中的位置,明确课程的教学目标;教师要投入足够的时间和精力备课,上好每堂课,了解学生的基本情况;教师还应根据教学大纲要求做好学生学业考核评价工作。学校建立的激励和约束机制能够促进教师认真教学,同时,得到相应的教学支持服务,提高教学能力,促进专业发展。

2.课程支撑的专业能力确定

在课程设计过程中,应明确本门课程支撑学生预期学习成果所描述的专业能力。

第一步,专业能力应界定在特定领域内。根据本课程在课程体系中承担的毕业要求,进一步界定本领域相应的专业能力。

第二步,专业能力应解决特定领域的问题,并加以规定。

第三步,区分认知方面和实践方面的能力。在认知方面,指学生通过基础知识学习而获得的特定能力。在实践方面,指学生应掌握的运用和操作技能。

第四步,定义认知和实践方面的能力应达到的程度。也就是能力的等级或水平。能力应达到的程度可依据布卢姆教育目标分类学理论,用相应的动词加以描述。

通过上述四个步骤,确定本门课程的专业能力以及应达到的程度,这样就为本门课程的教学大纲制订奠定了基础,为课程实施和评价做好了基础性工作。同时,也为教师教学和学生学习策略生成提供了依据。

在专业能力的确定过程中,应以学生为中心,充分听取利益相关者的意见,并得到学生的理解和支持。这也是质量保证体系的一个组成部分。要确保课程内容和预期学习成果的清晰描述,要选择教学和评价方法,鼓励学生主动学习和提供灵活的学习路径,指导学生学习。除了鼓励学生参与课程设计外,还应听取外部利益相关者(例如校友和雇主)的意见。而最重要的是教师必须积极投入。学校也应支持教师参加教学培训,包括分享良好的实践,支持使用各种教学方法,并提供反馈机会。

高校应加强以专业能力为基础的高等教育和质量保证,更好地考虑到以能力为基础的高等教育的要求,并支持加强以学生为中心的学习方法,2016年,欧洲高等教育质量保证网络(ENQA)组织成立的由十所高校组成的项目组,出版《基于能力的高等教育内部质量管理手册》(Handbook for Internal Quality Management in Competence-Based Higher Education)。该手册适合于基于能力的学习和教学,该手册第二部分实施的内容(节选),详见附录C。

二、课程实施和评价

课程质量和教师教学很大程度上影响到学生的学习质量。专业应科学、合理地设计、实施和评价课程,有效组织教学,提高学生学习成效。

1.课程实施

课程实施是对完成课程设计的课程组织课程教学活动的过程。课程实施的有效性取决于课程标准、课程指南、教学大纲。在学校层面,课程实施是指通过教师与学生在真实的学习环境中互动,将设计规划好的课程付诸实施的过程。通过课程的实施,学生获得学习体验,达到预期的学习成果。

在课程实施过程中,为确保教师教学符合课程标准,教学督导通常参与监督教学质量,并承担问责(检查、控制、评估)和质量改进(建议、协助和支持教师)等职能。除了教学督导参与监督或评价之外,教师对课程的自我评价也应是质量保证体系中的一个重要组成部分。对日常教学的监督通常在课堂中进行,这样会更有效,从而实现更好的质量改进。监督是为了后续的持续改进,为改进而采取的决定和行动必须得到可靠的信息支持,及时、真实地反映教学质量。

收集课程实施过程中的有用信息包括:①在课程实施过程中,使用形成性评价和终结性评价相结合的方式定期收集数据(证据)。②通过多种渠道(教师、学生和其他利益相关者)以不同的形式(课堂观察、访谈、利益相关者调查、课程文件、学生作品以及学生考试和测试中的表现)收集证据,这些证据能够很好地代表、展示教学质量和课程实施效果。通常情况下,收集的证据应是可观察、可测量的,以便对信息进行分析、比较和评估。

课程实施成功与否的关键还在于专业是否适当地配置人力和财力资源,并为教师实施课程设计和制订计划创造空间。高校实施课程改革面临的四大挑战或实际困难:①缺乏称职的工作人员;②教师态度和潜在的阻力;③对未知事物的恐惧;④资源匮乏。因此,为课程实施所进行的能力建设和资源管理就显得很重要。高校要有效地配置人力和财力资源,离不开适当的专业自主权,将学术权利重心下移,同时也离不开对其人力和财力优势和局限性的充分了解。通过对课程实施的优势、劣势、机会和威胁等分析,分析组织及其环境总体形势,制定并实施人力资源发展规划,为课程实施提供优质的师资和条件。

2.课程评价

课程评价为课程政策、课程调整和课程实施过程的反馈提供了依据。课程评价的关注点集中在两个方面。首先,教师在教学过程中如何成功地实施课程教学大纲和制订教案?课程实施的有效性如何?按教学大纲开展的课程教学活动是否产生预期的结果?从学校管理层的角度来看,这些信息可以用于问责。第二,专业如何根据学习系统收集到的证据对课程教学活动和学生表现进行数据分析?其分析结果是如何改进课程设计和教学策略的?如何才能最好地改进课程设置,并从课程和专业发展的角度提高学生学习和教师教学的整体质量?这些信息可以用于改进,这是来自教学过程的直接证据。

在课程评价过程中,学校管理层会关心两个问题:①专业有什么机制来评估课程实施的有效性?②专业如何利用课程评价数据来进行课程的设计和规划?质量数据是任何成功的课程评估过程中的关键组成部分。一般来说,应以各种形式从多个参与者收集数据,以便准确判断和评估实施课程对学生学习(成就)的影响。以学生的学习结果为汇聚点,提供教学基本状态与学生发展的数据。通过企业、学生访谈等形式得到的信息是课程评价的间接证据(图6-2)。

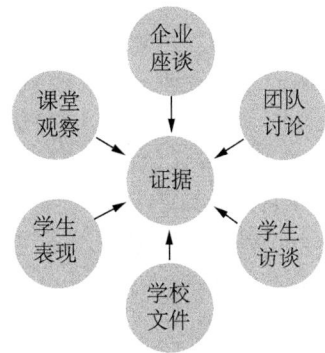

图 6-2 课程评价证据收集的途径

需要强调的是,课程评价的最终目的是为了实现教学质量改进的功能。换言之,课程评价的成功与否,取决于评价过程后做出了什么样的决策,如何将这些决策转化为课程设计开发和教学过程中持续改进的策略和行动。高校开展课程评价,应由课程负责人或专业负责人领导的小组或课程开发小组进行协调和实施,该负责人对评价过程及其与有效课程开发的关系有很好的理解,并应具备分析和解释数据的能力,评估课程及其实施的各个方面的有效性,并将评估结果转化为课程发展的具体计划,通过课程改进来提高教学质量。

课程评价过程包括四个阶段:

第一阶段,确定方案。包括确定评价的课程、所在专业、特定年级、评价标准,并明确评价活动的目标。

第二阶段,数据收集。确定要收集的信息和收集数据的评价工具,这些工具可能涉及访谈、编制问卷、测试、收集文件以及收集数据的人员等,并进行数据收集。

第三阶段,数据分析。对收集的数据进行分析,并以表格和图表的形式展现。比较显著差异,并建立变量之间的相关性或关系。

第四阶段,分析报告。编写报告,说明调查结果和数据解释。在此基础上,对课程实施工作的有效性进行研究,给出改进课程某些方面的建议。

三、课程教学模式

教师教学和学生学习的主要目的在于通过师生互动、生生互动以及学生与学习资源的互动,使学生获得预期学习成效。在这一过程中,须平衡和处理好效率、质量和公平的关系。保证"效率"就必须充分利用资源,提高单位时间内的教学效果和学习成效;保证"质量"主要反映在学生获得预期的学习成效;而保证"公平"则须确保所有学生都能从课程教学过程中受益,并享有平等受教育的机会。而要做到这些,就要教师在教学过程中采用合适的教学模式,注重对学生学习评价和反馈,并帮助学生主动学习和改善学习策略。

1.采用多样化教学模式以提高教学效果

人们普遍认为,教师是培养学生学习能力的关键。21世纪以来,教学经历了从"以教师为中心"到"以学生为中心"的范式转变,从"关注学生的知识获得"扩展到"更广泛的能力发展"。因此,教师需要采取有效的教学策略,鼓励学生在课内外主动学习,同时考虑到学生的不同需求,不断提高教师教学效果。事实上,教师在教学过程中,拷问自己五个方面的问题,将有助于教学效果的提升:一是教师是否以希望学生取得的学习成果和学生取得这些成果的能力为指导?二是教师是否会适当调整教学节奏和策略,以迎合学生不同的学习需求?三是教师是否为学生创造良好的课堂学习环境和实施有效的课堂管理?四是教师是否为学生提供各种参与和分享经验的机会以促进课堂互动和提高学习效率?五是教师是否具备扎实的学科知识和良好的教学态度?

教师可根据教学内容和学生特点,采用多样化教学模式,以提高教学效果。一类是传统的教学模式,如课堂授课、讨论课等,第二类是基于网络的教学,如网络学习、翻转课堂等,第三类是案例教学、项目式学习等。课堂授课是一种适合于传播知识,帮助学生理解定义、概念和假设的教学方法。课堂授课对于整理、评估、理解和解释信息和知识非常重要。讨论课能使学生能够加深对授课内容的了解,教师应鼓励学生更多地参与讨论。在准备讨论课时,学生个人或小组应准备相关参考资料,并通过撰写论文将该主题呈现给大家,并通过反馈进行反思。网络学习(E-learning),也称为基于网络的学习、在线学习、计算机辅助教学或基于互联网的学习,学生通过使用互联网技术来学习,这种学习形式帮助学习者获取课程内容和资源的灵活性。实现学习的"随时随地",允许学习个性化,增强了学习者之间的互动,并将教师的角色从传播者转变为促进者。翻转课堂这一模式中,学生通常通过阅读或观看课堂视频,首先在课外获得关于新材料的信息,获得知识并理解,然后利用课堂时间吸收知识,专注于更高阶的认知活动(应用、分析、综合和评价)。案例教学,包括对现实职业生活中可能出现的情况及其背景和需要解决的主要问题进行简要概述,学生可以单独或分组讨论一个特定的案例。通过案例教学,学生能够表达自己的想法,提出问题和解决方案,并制定可能适用于其他情况的原则。项目式学习则强调学习者对自己的学习和参与知识生产的责任。在进行项目式学习工作时,学生学习理解、计划和进行研究,生成原始数据,并分析和公布其结果。教师扮演引导者的角色,引导学生在项目研究工作中完成各种学习活动。

2.关注学生学习策略、学习评价和反馈

教师在课程教学过程中,要关注学生的学习策略。应鼓励学生在教师的指导下,为自

己的学习承担更为积极的角色和责任。教师要为学生开展各种有计划的学习活动提供帮助,鼓励学生积极参与学习、不断探索、分享学习体验,帮助学生主动学习并获得终身学习的能力。

为帮助学生制定有效的学习策略,加强学生学习过程的有效性,教师通常应关注以下重点问题:一是学生是否有良好的学习态度、动机和兴趣?二是学生是否能够在学习中有效地运用学习策略和资源,从而达到学习目标?三是学生是否能够利用反馈来提高他们的学习效果?四是学生是否成功地获得并应用所学的知识和技能?五是学生在学习活动和作业中表现如何?通常,有效的学习策略包括:合作学习、项目学习、基于问题学习和研究式学习等。学生只有采取有效的学习策略,才能提升学习成效,获得知识、技能和能力。

传统上,对学生课程考核评价主要以终结性评价为目的,只为检查学生的学习结果而设计,不太关注学生学习过程的形成性评价。随着教育目标从"重在知识传授"到"更关注学生能力培养"的转变过程中,教师越来越多地采用一种新的学习评价模式,即教师寻求发现和诊断学生学习问题并就如何改进向学生提供反馈的过程。也就是诊断和反馈相结合的学习评价模式。为了更全面地了解学生的学习情况,教师应在适当的时候采用不同的评价模式。通过学习评价,学生可以根据教师或其他评价者的反馈来改进学习。同时,教师可以改进课程设计和内容、教学策略和课堂组织,使之更适合学生的需要和能力培养。学习评价的内容应包括:评估目的;评估策略;评估结果;反馈和改进教学。

四、学习成果考核

学生在每门课程中获得的学习成果最终是以课程考核评价的形式得以确认。课程考核一般需要形成性评价和终结性评价相结合,考核学生达到该门课程教学目标的程度。而课程考核的方式、内容和要求应在课程教学大纲中得以体现。

1. 课程考核内容和方式与课程教学目标相匹配

课程考核内容围绕课程教学目标设计,能体现学生相关知识、能力和素养的达成情况。考核评价方式要能衡量学生的学习成果是否达成课程教学目标和毕业要求指标点。不同的考核方式起到的考核效果不同。一般而言,形成性评价是指在课程学习过程中的考核,比如大作业、作品、演讲、小设计等,通过多样化的形成性评价,对学生表现进行跟踪与评价。而终结性考核通常是指期末的考试或考查,集中检验学生达到该门课程的知识、能力以及素质的程度。将形成性评价和终结性评价相结合,就能有效考查学生的学习成效。考试形式可以是纸质考试、在线考试等,可以不拘一格。

2. 评分标准明确体现课程教学目标达成的"底线"要求

课程考核的评分标准要明确,使得形成性考核和终结性考核评分有依据。评分标准应在课程教学大纲中予以表明,课程评分标准可以用评分量规表来表示。在评分量规表中,明确不同等级的分值区间所对应的专业能力达到的程度。评价标准要能保证课程教学目标达到"底线"要求,也就是及格标准达到课程教学目标。当然,对于课程的各个教学活动的评分标准,其等级划分和具体要求是不同的。每门课程的形成性评价和终结性评价应明确各自的评分标准,并且让学生知晓。

3.课程试卷命题建立严格的预审制度

为保证课程试卷命题能衡量和检验学生的学习成果,需要建立严格的试卷命题预审制度。试卷命题过程中,要始终把握考查学生在该门课程中应达到的知识、能力和素养,也就是学生的学习成效,确保考核内容与课程教学目标的有效关联。一般由任课教师根据教学大纲进行试卷命题,并且注意到试题对应的能力要求,保证试卷合理的难易度。出卷完成后,任课教师应先试做,以检验试卷的合理性。然后交由课程负责人审核同意后实施,以保证课程试卷的规范性和质量。学生考试完成后,任课教师除了阅卷评分外,还需要进行试卷分析和课程评价,评价的结果要用于课程教学的持续改进。

第二节 教学过程及其评价

课程是为实现一定的教学目标而设计的学习计划或学习方案,课程教学过程质量保证对于完成课程教学目标具有重要作用。由于课程(广义)是专业培养方案的组成部分,课程的教学目标设计、教学过程实施以及考核评价对于专业毕业要求的达成产生重要影响,因此,一方面,需要明确每门课程在专业培养方案中支撑的毕业要求(知识、能力和素养)及其强弱程度;另一方面,需要在每门课程的教学实施过程中收集直接和间接证据,以保证达到课程教学目标。这既是高校内部教学质量保证的需要,也是外部专业认证或专业评估的要求。

一、教学过程的质量保证

教学过程的质量保证是高校内部质量保证的核心,也是保证达到课程教学目标的基础。"建立一所研究型大学的共同挑战是如何在不断提高科学研究能力的同时提高教师的教学水平,以培养学生的学习能力和科研能力。"教师教学水平的提高,除了教师自身重视专业发展外,很大程度上取决于明确的教学目标、教学要求和教学过程。并且质量保证的重点也从最初关注资源投入和教学条件,到关注学生的学习成果和教学过程。教学过程的质量保证需要秉持"学生中心、成果导向和持续改进"的核心理念,它不仅适应于外部专业认证,也同样适用于高校内部的教学过程质量保证。同时,教学过程质量保证离不开信息技术支持。

1.教学过程的质量保证应以学生为中心

课程教学过程的质量保证需要以学生为中心,根据课程教学目标监测学生的学业进步,评价学生的学习过程所获得的学习成果,确保学生毕业时最终能够获得预期的能力要求,从而达成毕业要求,符合培养目标。在教学过程的质量保证中须关注两个方面:一是充分体现学生是学习的主体,教学过程质量保证要有利于促进学生学习,提高学习成效,促进学生成长和发展。二是教学过程监测反映的学生学习成效须客观、公正,不增加学生的额外负担,促进实现高效的数据收集过程。通过教学过程的质量保证,一些关键环节的质量得以监测和保证,就能使学生的专业能力得以培养,知识和技能得到提高,有利于养成良好的人格和品质,从而有利于学生的终身学习和职业发展。

2. 教学过程的质量保证应以学习成果为导向

课程教学的过程质量保证，不仅要明确每门课程所对应的专业能力和毕业要求，而且要客观反映学生本门课程对应毕业要求的达成情况，体现在"知识、能力和素养"三个维度。考核学生每门课程的学习成果，一般通过形成性评价和终结性评价得以实现，即由学生平时参与学习过程的表现和期末考核综合评定。平时表现的直接证据来自学生个体学习过程中完成的作业、作品、项目、演讲或学生参与学习小组等活动中的学习表现。因此，课程教学过程的质量保证应以学生的学习成果为导向。这就要求课程设计、课程教学、课程考核都以学习成果为导向，帮助学生通过学习达到该门课程的专业能力培养要求。

3. 教学过程的质量保证应持续改进

课程教学过程中，通过收集反映学生学习成果的过程记录和直接证据，并对收集的数据进行深入分析，以改进教师教学。一方面，教师可以将数据分析结果作为改进课程教学、提高质量的依据，以做出基于过程记录的教学策略改进，在教学内容、方法手段和考核方式上进行改革，以提高学生的学习成效；另一方面，学校、专业可将每门课程数据分析结果作为课程、专业建设的依据，也可作为对教师管理和考核的依据，同时有助于院校接受外部专业评估和专业认证，不断提升课程、专业在院校中的口碑，从而有利于人才培养质量的不断改进。

4. 教学过程的质量保证应依托信息技术支持

有效的质量保证离不开强有力的信息技术支持。课程教学过程质量保证需要依托学习平台和质量评价系统，包括具有数据收集、检索、分析和运用的功能。比如，具有快速识别功能，支持学校、学院的质量管理；减少教师、学生和评估专业人员的负担；促进高效的数据检索过程；简化教师的课程评估；促进学习成果导向的课程考核评价；实现跨部门和跨专业自动收集测试数据和统计数据；提供强有力的统计分析，包括学生、课程和专业的整体测试、考核的可靠性等。通过包括课程教学过程在内的学习管理系统等信息化建设，为教学过程的质量保证提供技术保障。

二、教学过程的评价内容

教学过程评价的内容主要包括四个方面：一是根据每门课程在课程体系中所承担的任务，对课程教学目标进行评价；二是对课程教学大纲进行评价（含教学内容、教学方法、考核方式、评价标准和评价工具等）；三是对各门课程的课程地图进行评价；四是教学过程中收集的数据进行分析，判断课程教学目标的达成情况。根据反馈信息对课程（项目）进行调整，对课程、课程体系进行持续改进。

如前所述，教学过程与培养方案的设计、实施和评价等有密切关系。从培养方案制订、课程大纲制订、课程教学设计、课程教学和考核评价，到最后专业毕业要求的达成情况分析，形成了专业人才培养的设计、实施和评价等一系列步骤：

第一步，专业根据社会经济发展和行业发展需求，以及学校办学定位，制定专业培养目标。培养目标一般反映毕业生毕业后五年左右的专业能力。

第二步，根据专业培养目标，明确专业毕业要求，包括知识、能力和素质三个维度，也就是要明确毕业时的学习成果和能力。

第三步,建立专业课程体系,明确每门课程的课程目标以及对应的支撑强弱程度。

第四步,根据每门课程的课程教学目标,落实课程的教学活动及其目标,构建课程地图。

第五步,制订每门课程教学大纲,说明课程目标、教学方式、学习活动、考核方式和评价标准(量规)等。

第六步,进行课程教学设计,同时进一步将学习活动与目标相匹配,并且明确评价工具。学习活动包括课堂学习、实验(实习)、作业、作品、演讲等。

第七步,系统收集每个学生在课程中完成课堂学习、作业、作品、演讲等的表现,根据课程评价量规表,评价学生在该项活动中的能力,考核学生能力对课程预期目标的达成度。

第八步,基于课程数据驱动学习分析,包括:深度理解课程中的学生学习行为;识别表现差的课程,改进教与学;基于参与度有效进行课程设计;以学生视角帮助开发强大的服务;在院校内识别和分享最佳的课程实践;开发主动策略,使课程全过程运行良好;改善学习平台对学生学习和课程教学设计的影响。

第九步,课程任课教师根据系统记录的数据,分析课程教学过程中存在的问题,并不断地持续改进教学。

第十步,专业根据每门课程的教学过程的数据,分析专业毕业要求的达成情况,同时,分析课程体系设置中存在的问题,并不断地持续改进。

教学过程的评价,其实质就是对上述步骤中的第四至第八步的执行情况进行评价。

三、教学过程的评价要求

通过教学过程,学生的预期学习成果达成与否,专业能力是否达到毕业要求,这是教学过程质量自我监控和评价的重要内容。将课程教学过程的"教"与"学"行为通过学习平台进行客观记录,并据此进行评价,应该实现以下几项要求。

(1)考核环节与专业能力的匹配性。将课程教学内容与毕业要求进行关联,确保每项专业能力都有相应的课程去支撑,并有具体的考核环节来检测。这样可以梳理出具体培养某项毕业要求指标点的课程和考核环节,使任课教师对于专业毕业要求和自己讲授的这门课在实现毕业要求和专业能力上的贡献有一个清晰的认识,以便教学过程中加以落实,以有利于通过每门课程实现学生专业能力的达成。

(2)专业能力测评标准的客观性。通过在学习平台上输入课程教学内容以及对应的专业能力测评标准量规(Rubrics),并对学生作业、作品、项目进行系统随机抽样,可以根据毕业能力测评量规给学生的学习情况进行打分。同时,学习平台提供测试题评价功能,可以及时反映学生阶段性学习成果。采用测评标准量规可以将被评对象与标准相对应,从而对学生的学习成效进行更客观的评价,为学生、教师和教学管理部门提供客观的能力测评依据。同时,将客观分析每项毕业要求达成情况作为持续改进的数据来源。

(3)教学过程的持续改进。由于学习平台保存教学全过程的数据和痕迹,因此基于教学过程中直接证据的每门课程对毕业要求指标点达成情况分析结果,可以作为该门课程建设和教学质量持续改进的重要依据。如果某项毕业要求达成情况不理想,该专业就应进行分析,制定改进措施。教师根据毕业要求达成情况及时调整教学内容和教学方法,不断改进教学,帮助学生在学习过程中获得预期的专业能力。学习平台须针对每个学生的毕业要求达成情况分析,对有学习困难的学生给予提前学业预警,及时采取措施,帮助学生顺利完成学业。学生根据分析数据及时了解自己课程学习成果与预期学习成果之间的差异,就可以调整自己的学习重点,查缺补漏,实现学习目标。

(4)基于教学过程的数据促进课程质量评价。学习平台应帮助评估人员自动收集和评价基于学习平台上的学生学习表现,并提供学生跨学科学习的学习成果,方便证据库取样以及评估量规标准的设置,并促进基于学生学习成果的课程质量评价的有效性。学习平台应向学生和教师提供操作指南,明确评价方法、路线图、步骤,可根据教师需要进行深度分析,并提供评价准备和完成关键指标的计划和时间表,引导任课教师进行深入的数据分析,以作出基于证据的决策和教学改进,提高学生的学习成效。

附录 D 中的纽约州立大学石溪分校案例,较为全面地解读了学习成果、教学大纲以及评价专业课程体系等相关要求,供读者参考。

第三节 课程的人力资源保障

为确保课程教学的正常开展,高校应在人才资源方面给予必要的保障。这里所说的人才资源除了课程任课教师外,还包括其他内外部利益相关者。

一、教师教学主体责任

教师是对学生学习有直接影响的关键角色,教师在课程教学中承担主体责任。因此,高校应重视解决与教师素质、教师管理和教师发展等相关的问题。

1. 教师素质

教师素质对于保证教学质量至关重要。为提高课程教学质量,高校的教师队伍必须具备有理想信念、有道德情操、有扎实学识、有仁爱之心。任课教师首先应立德树人、教书育人,具备高水平的教学能力和强烈的责任心。不仅要圆满完成教学任务,而且也要引导学生端正学习态度,注重课内外学习的有机结合。为此,高校任课教师首先应当具备高校教师资格;其次,教师应积极参加入职和在职培训,有持续专业发展的规划;第三,高校要创造条件,为教师成长提供良好的政策支持和实现路径,鼓励教师专业发展、提高教学能力。只有教师具备良好的素质,才能切实承担起教书育人的职责,培养合格的社会主义建设者和可靠接班人。高校要充分认识教师资格和提高教师素质的重要性,确保教师队伍的高素质。

2. 教师管理

传统的教师管理强调将教师评价作为考核教师绩效的手段,以达到问责的目的。近几年来,教师管理与教师专业发展和教师支持服务相结合,更加关注教师发展而不仅仅关注问责制。一些国家开始将教师绩效管理或教师绩效评估引入高校。教师绩效管理是一个不断识别、评价和发展教师工作绩效的过程,通过绩效管理有效地实现学校的发展目标,同时在绩效的认可、专业发展和职业指导方面使教师受益。教师绩效管理依赖于绩效评估系统,以满足教师和学校的需要。学校根据绩效评价的目的来决定绩效管理的方法和标准。它可以是问责模式、专业发展模式,或者是两者的结合(图6-3)。

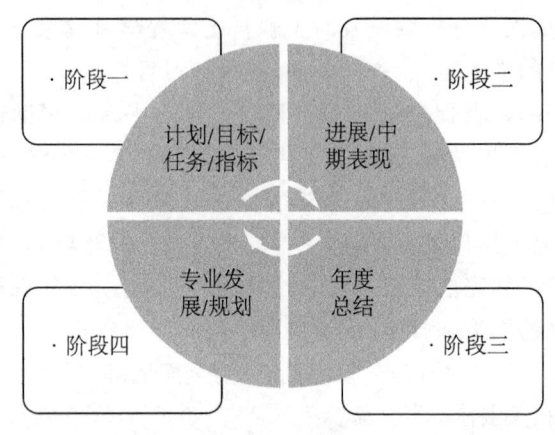

图6-3 教师管理的绩效评估过程

3.教师发展

教师发展是促进教师教学和促进学生学习的重要保障。如果没有高素质和高水平的教师,就无法成功实施教学活动。在国家教育宏观政策的大背景下,教师应坚持立德树人、教书育人,在人才培养、课程教学、实现优质教育的创新等方面发挥积极作用,通过教师培训和专业发展,加强能力建设,包括教学能力和科研能力建设,不断提高教育教学水平。教师在课程教学过程中,应认识到随着课程改革和发展,其角色也相应地发生变化:①教师从知识的传授者转变为学生学习的引导者;②教师要充分理解课程教学目标和课程标准;③教师应跟踪学科发展前沿,在讲授课程内容的同时培养学生的能力;④教师应对课程改革持积极态度,成为教学改革的推动者;⑤教师应积极融入课程教学团队,形成合力培养学生;⑥教师应具备终身学习的能力,不断提升自身的专业素养,保持自身专业能力的可持续发展。高校应建立教师专业发展的支持系统,支持和激励教师不断提高自身的专业能力和教学水平。

二、内部利益相关者治理

除了强化教师教学的主体责任外,内部利益相关者治理对于保证课程质量也十分重要,这也是高校提升治理能力的重要内容。对于与课程设计、教学过程和学生学习等有关的人员,都应规范其职责。课程的质量保证要求在学校、学院、专业、教师和学生等内部利益相关者之间统一认识、明确责任。一方面,要求教师和学生树立质量意识,营造浓厚的校园质量文化;另一方面,需要进一步明确学校、学院、专业、教师、学生等内部利益相关者的职责。随着教育信息化的发展,利用信息化手段,通过学习平台开展线上和线下混合式教学的课程也越来越多,明晰内部利益相关者的主要职责将有助于提高教与学的效果。

1. 学校的职责

(1)学校应将基于教学过程的质量保证作为学校内部质量保证的有机组成部分,加以制度化和规范化,并且明确学校、学院、专业、课程教师、学生各层级的相应职责。

(2)建立相应的规章制度,将教学过程的质量保证作为对学院、专业、教师的要求,并且有相应的激励和约束机制。基于教学过程的质量保证,不是一句空话,而是应当作为高校的一项教学基本建设任务,作为实施教学的必备条件。

(3)鼓励课程教学的线上和线下有机结合,开发具备相应功能的学习平台和信息管理平台,实现教学过程质量保证的信息化管理。将平台建设与教学实施、质量评价相联系,为教学过程质量保证提供客观、真实、可靠的数据来源。

(4)利用相关数据分析,为学校相关决策提供依据。学校教学管理部门、教学质量管理部门应利用学习平台上的数据分析结果,用于日常教学管理和质量保证工作,提高管理水平。

2. 学院的职责

(1)学院负责所辖专业的专业设置和建设规划,组织进行专业建设和课程建设。学院教务委员会、专业指导委员会、专业责任岗位、课程责任岗位教师应充分发挥各自的作用和承担相应的责任。

(2)学院定期组织开展专业自我评价和课程自我评价,并持续改进。应具体组织做好落实专业培养目标和毕业要求达成情况评价的工作。

(3)学院组织督导听课、了解课堂教学情况,并通过学习平台上的数据分析结果,发现存在的问题,督促教师加以改进,并作为教师考评的重要依据。

(4)根据教学过程质量保证机制,进一步推动专业和课程的教育教学改革,促进教学基层组织建设和教师专业发展。

3. 专业的职责

(1)根据学校办学目标定位,以及社会经济发展需要,合理设置专业培养目标。专业必须有明确、公开、可衡量的毕业要求,毕业要求应能支撑培养目标的达成。

(2)定期评价培养目标的合理性,并根据评价结果对培养目标进行修订,评价与修订过程有行业或企业专家参与。

(3)修订培养方案,合理设置课程体系,并组织教师修订课程教学大纲。

(4)利用学习平台,将课程地图上的内容输入学习平台中,包括评价量规表。

(5)让师生知晓并熟悉培养方案和学习平台。

(6)组织专业自评工作。

4. 课程教师的职责

(1)根据专业要求,课程教师参与讨论制订课程教学大纲,包括各项教学活动对应的考核评价方式。

(2)组织实施课程教学活动。对于线上课程,应熟悉学习平台功能,在课程教学过程中能熟练运用平台的各项功能,并能指导、监督学生在学习平台上提交作业、参与互动等的情况。

(3)根据学生平时学习表现和在学习平台上的参与情况,依据评价标准或量规表对作业、作品、项目等给予评分,反映学生的平时学习表现;并结合学生的终结性考核,给予学生综合评分。

(4)在完成一门课程的教学任务后,应进行课程自我评价,评价学生的预期学习成果是否达成。

(5)对课程教学过程进行持续改进,同时对专业课程体系完善提出建设性的意见和建议。

5.学生的职责

(1)熟悉了解专业培养方案和各课程的教学大纲,包括考核评价标准。

(2)积极参与各类课程教学活动并主动学习。可根据教师要求,将作业、作品、项目等在学习平台上提交,并完成相应的学习要求。

(3)参与课程评价,对提高课程学习成效提出建设性意见和建议。

三、外部利益相关者参与

对高校而言,除了内部利益相关者以外,外部利益相关者参与高校的质量活动对于高校内部质量保证至关重要。特别是课程的质量保证,不仅需要听取来自外部利益相关者的声音,以利于不断改进课程的教学活动,而且需要外部利益相关者参与课程教学活动以及质量活动。从利益相关者理论的视角看,利益相关者方法强调组织需要了解利益相关者关系以及所起到的作用,并将利益相关者考虑到结构、流程和业务功能中去,同时要考虑利益相关者的利益需要,并随着时间的推移保持平衡。因此,在课程的质量保证过程中,需要外部利益相关者参与,主要表现在两个方面:

1.参与相关课程的教学活动

课程教学活动是由任课教师主导并组织开展的。高校的一些课程教学团队除了本校教师外,还聘请资深的行业企业人员担任兼职教师;一些企业实习、社会调查、毕业设计(论文)等实践环节也需要聘请相关校外人员担任指导教师。为保证外部利益相关者参与课程教学活动的质量,高校须加强对校外兼职教师的管理和培训,一方面使他们了解熟悉学校的相关教学要求;另一方面要充分发挥他们在行业企业的资源、实践背景的优势,为我所用。高校应与企业联合建立实践教学基地,形成稳定的校企合作人才培养机制。

2.参与相关课程的质量活动

高校应积极鼓励外部利益相关者参与相关课程的质量活动,如定期对用人单位、毕业生、校友等开展问卷调查或召开座谈会,听取他们对学校教学和教学管理方面的意见和建议。特别是要让毕业生参与课程的质量活动,如课程评价、教师评价等,以帮助任课教师改进教学,提高教学质量。高校还应让行业企业代表参与课程教学大纲修订的讨论会,从社会需求的视角以及外部行业企业的背景来审视课程教学大纲的合理性。

为了保持外部利益相关者参与高校课程质量活动的可持续性,高校应该建立相应的激励机制,要充分了解不同利益相关者的价值观和背景,以及他们的优势和特长,了解这些外部利益相关者的需求,考虑他们的利益,做到互利共赢。同时,有关质量活动的结果应及时反馈给他们,尊重他们的劳动成果,提高他们参与质量活动的积极性,从而增强荣誉感和社会责任感。

附录 E 反映了我国部分高校在培养方案制订和评价以及课程评价中的案例,供读者参考。

第七章 课程体系预评价的指标体系构建

第一节 课程体系预评价的分类

高校开展课程体系预评价是高等教育内涵式发展的必然选择,也是保证人才培养质量的重要手段和评价工具。就高校而言,课程体系预评价是事前评价,一般可以分为两类:第一类,专业培养方案实施前的预评价;第二类,外部专业评估(认证)实施前的预评价。

一、专业培养方案实施前的预评价

专业培养方案实施前的预评价主要是指两种评价:一是新专业开设前的预评价,二是专业培养方案实施前的预评价。

1. 新专业开设前的预评价

高校开设本科新专业之前,首先需要了解社会经济发展以及国家、区域发展对该专业的人才需求,分析本校开设该新专业的师资队伍、办学条件等情况,了解该专业在全国高校的布点情况等。其次,根据学校办学定位和社会需求,制定新专业的培养目标和毕业要求,明确学生的学习成果,设置课程体系和课程教学大纲,配置教师队伍和教学条件。最后,组织开展新专业课程体系的论证性评价,评价结果一方面用于新专业申请材料的修改,另一方面用于指导新专业建设的各项筹备工作。

2. 专业培养方案实施前的预评价

专业培养方案制订后、实施前,高校需要按有关规定组织由专业教学指导委员会成员、同行专家、行业代表、教师和毕业生代表等利益相关者进行预评价,旨在判断专业培养目标的设计是否合理,毕业要求是否能满足培养目标,课程体系的设计是否能够支撑毕业要求的达成,以及课程教学大纲的设计能否实现课程教学目标。同时,也考虑教师队伍和资源条件的配置情况。这种专业课程体系实施前的论证性评价,其实质是对专业人才培养蓝图的设计合理性进行评价,以保证其实施后学生的学习成果能达到毕业要求,最终满足人才培养目标。

二、外部专业评估(认证)实施前的预评价

外部专业评估(认证)是由政府、社会或第三方机构按照相应的专业评估(认证)指标对专业的办学质量进行评估或认证。在专业评估(认证)实施前,专业需要对课程体系进行自我评价,从而为正式接受外部专业评估(认证)做好准备。一般而言,有两种情况:一是专业在评估(认证)前的自我评价,二是专业持续改进后的论证性评价。

1. 专业在评估(认证)前的自我评价

专业在正式参加外部专业评估(认证)前,需要对照外部评估或认证标准开展自我评价,撰写自评报告,找到专业自身与标准之间的差距,进行持续改进。通过专业自我评估,一方面为撰写自评报告提供依据,另一方面也为专家现场考查做好准备。外部认证一般由高校外部第三方机构组织实施,以检验申请认证的专业是否达到评估(认证)标准。专业开展外部评估(认证)前的预评价工作,应对照评估(认证)标准的同时,明确专业自身的特色。外部认证实际上是实现各校专业间的实质等效互认,重在保证学生的学习成效。在外部认证前开展课程体系预评价,对专业顺利通过认证具有积极意义。

2. 专业持续改进后的论证性评价

持续改进是质量保证的核心理念之一。一方面,通过对在校生、毕业生和用人单位等不同利益相关者的调查反馈,形成对培养目标、毕业要求和课程体系的改进要求;另一方面,通过对教与学过程质量保证的数据收集分析,也需要持续改进。正如斯坦菲尔比姆所说,评价不是为了证明,而是为了改进。综合起来,通过对持续改进后的专业课程体系进行论证性评价,从而确定其是否已在原有的问题方面得到改进,改进的情况是否符合要求,课程体系实施的可行性以及达到毕业要求和培养目标的适切性如何,等等。然而现实中,此类评价往往被专业所忽视,闭合循环的最后一段往往没有做到位。

第二节 课程体系预评价的理念和原则

一、课程体系预评价的理念

国际上,越来越多的高校已将定期开展课程体系预评价作为高校内部质量保证的重要内容。就高校内部而言,普遍将课程体系预评价与专业评估相结合,凸显学习成果导向;利用直接或间接的评价工具,收集、分析定量和定性的数据信息,客观评价课程体系;重视监控、分析和反馈,以自我评价推动专业建设和持续改进;建立内外部利益相关者参与的协同模式,提高大学治理能力。就高校外部而言,一些国际组织和第三方认证机构通过开展专业认证或质量保证体系认证服务,为高校课程体系预评价提供标准参照;国家层面组织制定的学科基准,成为高校课程体系预评价的基本要求;区域资格框架、国家资格框架的构建,为专业的跨境互认和校际互认提供依据。概言之,在质量保证视域下高校开展课程体系预评价主要聚焦目标适切、能力递进、协同治理和持续改进等理念的贯彻落实上。

1. 目标适切:课程体系设置是否符合学校定位、培养目标和毕业要求

高校类型、层次和定位不同,其人才培养目标和质量标准也不相同。质量是个多维的概念,正如美国高等教育认证委员会(CHEA)对质量的定义,"适切于目的(Fitness for Purpose)",或者符合普遍公认的由鉴定或质量保证机构定义的标准。课程体系设置应与高校的办学定位相符合,围绕专业人才培养目标,能够支撑毕业要求,实现分类指导、注重特色,从而达到目标适切。

2. 能力递进：课程体系设置是否以学生为中心、以学习成果为导向

学生通过本科阶段的专业学习，保证毕业时达到设定的专业能力要求，实现预期学习成果。正如英国高等教育质量保证署（QAA）对学习成果（Learning Outcomes）的定义：完成一个学习过程后，学习者期望知道、理解和/或能够证明什么。通过课程体系预评价，重在判断专业所定义的预期学习成果是否能够实现，课程体系设置中关注能力达成是否有递进过程，学生完成课程体系所设置的课程学习和教学过程实施后，其专业能力的预期是否达到毕业要求。

3. 协同治理：课程体系设置及预评价是否有利益相关者的多元参与

所谓利益相关者（stakeholder）是指，在组织内外部环境中受组织的决策和政策影响的任何相关者，反过来，这些群体也可能影响到组织。课程体系设置不仅需要社会、用人单位、教师、学生、校友和同行等内外部利益相关者参与，而且课程体系预评价也需要内外部利益相关者的信息反馈，在机制上确保课程体系预评价的有效开展。通过内外部利益相关者的协同治理，从而切实提高高校治理能力和治理水平。

4. 持续改进：课程体系设置是否基于教与学过程的数据分析和满意度调查

持续改进是全面质量管理（TQM）"计划、执行、检查、改进"（PDCA）的重要环节。持续改进过程具有顺序性和连续性的特征。全面质量管理强调质量的保持、改进、提高的过程始终是一个螺旋上升的过程，不能停留在原有的水平上。持续改进从教学基层组织开始，依赖于持续、小规模、渐进的变革。基于教学过程数据分析以及学生、毕业生、用人单位等满意度调查，为课程体系设置以及教学组织实施提供持续改进的依据。

二、课程体系预评价的原则

高校课程体系预评价属于教育评价的范畴，它的设计和运行既要符合评价对象的发展规律，也要考虑内外部利益相关者的利益诉求。由于课程体系预评价目的是自下而上保证课程体系合理性和科学性的实践要求，也是改进和提高学生学习成效的现实需要，因此，评价过程中必须遵循一系列原则，使评价有理有据、真实可信。归纳起来，高校开展课程体系预评价工作应当遵循逻辑性、导向性、透明性和公平性原则。

1. 逻辑性原则

以学习成果导向为逻辑起点，从学生毕业后五年左右应达到的培养目标来设计学生本科毕业时应达到的毕业要求，分解到知识、能力和素养等方面，并将其对应到每门课程（或实践环节）中，制订课程教学大纲，明确相应的教学内容和考核要求。同时，课程与课程之间的衔接和递进关系应清晰。课程体系预评价重在考查、预测学生完成专业培养方案后，是否能达到毕业要求所定义的专业能力。

2. 导向性原则

课程体系设置需要有明确的指导思想，坚持立德树人的根本任务，明确专业培养目标和毕业要求，体现学校以人才培养质量为核心的价值观。不仅让人知晓专业为谁培养人、培养什么样的人和如何培养人的问题，而且需要引导学生主动学习，在规定的时间段内完

成学业,达到毕业要求;同时,也进一步引导教师开展课程教学设计和组织教学,有效帮助学生达到预期学习成果。

3. 透明性原则

专业培养方案、教学大纲等资料应对外公开,做到信息透明,在方便学生选课的同时,也接受社会监督。专业定期开展课程体系预评价的信息应向内外部利益相关者公开,鼓励他们积极参与,为课程体系的持续改进提出意见和建议。开展课程体系预评价之前,专业需要收集来自不同利益相关者的信息,以及教与学过程的各类信息,并将信息的分析结果运用于课程体系预评价。

4. 公平性原则

公平性主要表现在标准公平、学习机会公平和教学资源公平上。标准化是在教育教学、行政管理等价值生成和创造的过程中以及价值交换的过程中的有限标准的制定、颁行及实施过程。它可以促进现代高等教育的教育教学过程以及结果评价手段等实现程序化和规范化,从而获得最佳的教育秩序和社会效益。课程体系设置首先要达到专业和课程标准,同时要找到专业教育和通识教育之间的平衡点,在满足专业基本要求的前提下,满足学生个性化需求。开出多样的、灵活性的课程,给予学生公平的选课和学习机会。同时,在专业学科之间,在师资配备、教学资源条件方面兼顾公平,为各专业课程体系的实施给予充分的条件保障。

第三节 预评价指标体系的设计思路

开展课程体系预评价工作,需要建立清晰、有效的预评价模型,需要构建合理、有效的预评价指标体系,需要规范、高效的预评价方法和程序,更需要健全、有效的制度保障。无论哪种课程体系预评价类型,都离不开对其精心设计,并有效组织实施。

一、预评价模型

课程体系预评价模型的建立首先应立足于其逻辑性,要清晰、简明。评价理念上,不仅突出以学生为中心、利益相关者参与,而且还要以学生的学习成果为导向、着力培养学生专业能力,并持续改进。评价内容上,关注于课程体系的设计和实施过程的预期。包括培养目标、毕业要求、课程体系、教学大纲、师资队伍、教学条件,以及教学过程和持续改进。而所有这些内容,须建立在学校适宜的评价环境中。评价环境主要由学校发展战略、质量政策和质量文化、组织机构以及绩效考核等构成,是开展课程体系预评价的基础,详见图7-1所示。课程体系预评价模型中的各项内容将在后文描述。

课程体系预评价模型的建立还必须是行之有效的。这就要求高校根据各自的办学定位和专业特色,根据评价目标和类型,设置合理有效的预评价指标和运行机制。本书提供的预评价模型只是一般意义上的通用模型,供高校在设计预评价模型时参考。为保证评价的有效性,不仅需要保证参与评价人员具有专业性水平,而且还需要保证评价数据来源的真实可靠。数据来源一方面可以来自教与学过程的直接数据,另一方面也可以来自不同利益相关者对人才培养质量评价的调查数据等间接数据,并做到定量分析和定性分析相结合。另外,理想化的状态是能够将课程体系预评价工作进行信息化建设和信息化管理,保证其定期开展和数据的有效利用(图7-1)。

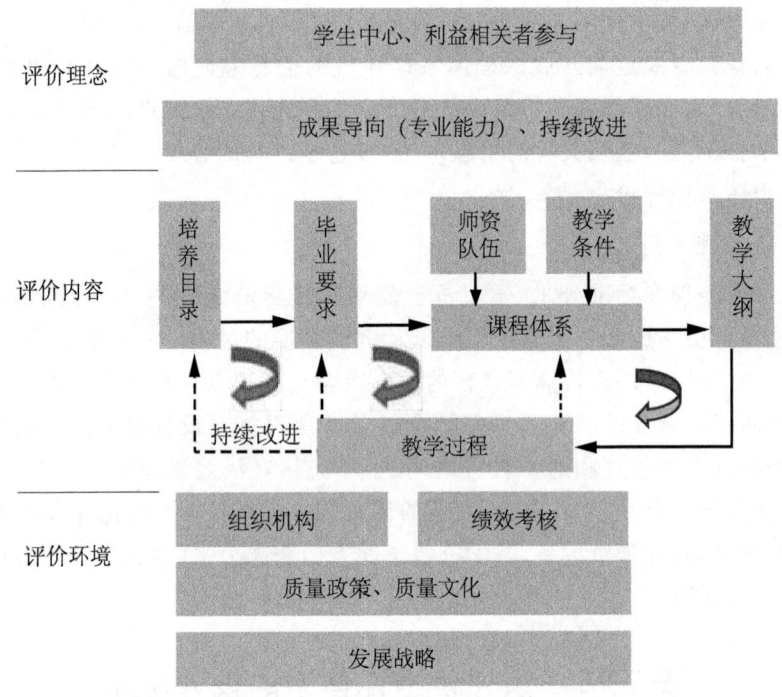

图7-1 课程体系预评价机制通用模型示意图

二、预评价指标体系

合理、有效的预评价指标体系是开展课程体系预评价的前提。指标体系由评价内容、指标项内涵和权重构成。

就评价内容而言,包括专业培养目标、毕业要求、专业能力、教学大纲、课程比例、教学过程以及设计审批等方面,并具有其内在逻辑性,主要体现在知识导向、问题导向和任务导向等三个层面。知识导向的课程体系是指课程体系中各门课程的知识结构是按其内在逻辑系统地组合起来,它强调知识的递进关系,由浅入深。并且,课程与课程之间也是相互关联,从基础知识、专业基础知识到专业知识,逐步深入。知识导向的逻辑与金字塔型课程体系结构相对应。问题导向的课程体系是指课程体系中的各门课程组合以解决某一领域的问题而专门设置,课程与课程之间的关系是围绕解决问题而设置。任务导向的课程体系是指课程体系中各门课程的组合以任务为导向,重在培养学生完成某项任务的相关能力。问题导向和任务导向的逻辑一般与多柱状结构和嵌入式结构相对应。

就评价指标而言,不同专业领域、不同学校办学定位,其评价指标的侧重点也会有所不同。本书仅给出原则性的评价指标项供参考。专业应根据自身特点,确定具体评价指标项和权重。指标项一般反映专业培养目标、毕业要求、专业能力、教学大纲、课程比例、教学过程以及设计审批等方面的具体指标内涵。评价指标的7个主要方面包括：①培养目标适应性；②毕业要求可达成；③专业能力可衡量；④教学大纲具体化；⑤课程结构须恰当；⑥教学过程重引导；⑦设计审批规范性。该指标体系共设7个主要方面23个子项。培养目标方面包括4个子项，即：①学校定位；②社会和国家需求；③个人发展；④专业领域和职业特征。毕业要求方面包括2个子项，即：①预期学习成果描述，涵盖知识、能力和素质等维度；②支撑培养目标。专业能力方面包括3个子项，即：①支撑矩阵（含培养目标与毕业要求矩阵、毕业要求与课程体系矩阵、课程教学目标与毕业要求指标点矩阵等）；②布卢姆教育目标分类法；③能力评估量规表。教学大纲方面包括4个子项，即：①课程目标；②课程目标对毕业要求指标点的支撑；③教学内容和方法；④考核评价标准。课程结构方面包括4个子项，即：①通识教育与专业教育；②理论与实践；③必修与选修；④课内与课外学时。教学过程方面包括3个子项，即：①教学自评；②学习评价；③形成性和终结性考核评价。设计审批方面包括3个子项，即：①定期评价；②利益相关者参与；③持续改进。

各评价指标项具有独立性、协调性、可测性和可行性。预评价指标体系要求指标的设置既是合理的，又是有效的。所谓合理性是指设置的指标体系能否用以评价课程体系，指标项不缺项，也不多项。而所谓有效性是指设置的指标体系能否对课程体系设置科学做出有效评价，能否达到评价目的。课程体系预评价指标体系的指标项及内涵要点详见表7-1。各专业可根据学校自身特点，合理确定每个子项的评价要点。

就评价指标项权重而言，由各专业根据自身专业特点及评价的重点确定。表7-1给出的评价指标项权重相同。

表7-1 课程体系预评价指标体系的指标项内涵要点

序号	评价内容	评价指标项的内涵要点
1	培养目标	培养目标适应性：①学校定位；②社会和国家需求；③个人发展；④专业领域和职业特征
2	毕业要求	毕业要求可达成：①预期学习成果描述，涵盖知识、能力和素质等维度；②支撑培养目标
3	专业能力	专业能力可衡量：①支撑矩阵；②布卢姆教育目标分类法；③能力评估量规表
4	教学大纲	教学大纲具体化：①课程目标；②课程目标对毕业要求指标点的支撑；③教学内容和方法；④考核评价标准
5	课程结构	课程结构须恰当：①通识教育与专业教育；②理论与实践；③必修与选修；④课内与课外学时
6	教学过程	教学过程重引导：①教学自评；②学习评价；③形成性和终结性考核评价
7	设计审批	设计审批规范性：①定期评价；②利益相关者参与；③持续改进

三、预评价方法和程序

由于参与课程体系预评价的评价主体不同，课程体系预评价的方法和程序也不同。就评价主体而言，包括三个层面：学院专业负责人、教研室或课程群负责人、任课教师。这三个层面应做好相应的自评工作,为课程体系预评价收集、分析并提供相应的信息。

1. 任课教师开展教学过程评价

在任课教师层面,主要开展教学过程评价,包括教学自评、学习评价、考核评价及课程目标达成情况评价。评价方法有两种:一种是直接源于教与学过程中产生的反映学生学习成效的数据,进行定量评价;另一种是通过对本门课程学生的问卷调查或访谈而得到的数据和结果,进行定量或定性评价。这两种评价,均由任课教师组织实施。

对于教与学过程产生的学习成果进行定量评价的程序如下:

(1)确定课程目标对应的毕业要求指标点;

(2)确定每项毕业要求指标点的教学内容对应的考核评价方法,包括形成性评价和终结性评价;

(3)教学自评:对自身的教案、教学内容和方法,以及教学效果进行自我评价;

(4)学习评价:对形成性评价的每项内容进行考核评价,一般采用量规表;

(5)考核评价:通过期末考试等方式进行终结性评价;

(6)课程目标达成情况评价:将形成性评价和终结性评价结果进行整合,确定该门课程学生的最终考核评价成绩;根据每项毕业要求指标点对应的权重及考核评价成绩,最终得到该门课程的课程目标达成情况评价结果。

对于学生问卷调查或访谈结果进行评价的程序如下:

(1)设计本门课程学生问卷调查的量表或访谈提纲,内容主要聚焦学生学习本门课程的学习成效,包括知识、能力和素养方面的收获,同时,对课程的课堂教学、课后作业、考核环节、教学资源等各方面提出意见和建议。

(2)问卷调查或访谈可以在学期中,也可以在学期末或课程结束后,可以多次也可以一次进行。一般可利用学习平台实施调查。

(3)对问卷或访谈结果进行统计分析。

(4)将分析结果作为课程评价报告的重要内容,并对课程教学进行持续改进。

2. 教研室或课程群负责人开展课程模块、课程教学大纲评价

教研室或课程群负责人层面,主要组织开展课程模块、课程教学大纲的评价,包括确定课程模块中的课程之间衔接关系,跨学科课程群中课程的确定,以及对应的课程教学大纲。

课程模块和跨学科课程群的评价方法可以采用专业能力矩阵图,具体程序如下:

(1)确定课程模块对应的毕业要求指标点,即专业能力要求;

(2)确定课程模块中的各课程对应的毕业要求指标点,包括跨学科课程;

(3)确定各课程教学大纲;

(4)评价课程教学大纲的合理性、可行性;

(5)评价结果用于改进课程模块和跨学科课程群。

课程教学大纲评价的目的是评价其合理性和可行性,具体程序如下:

(1)课程教学目标与毕业要求指标点的对应关系是否明确?

(2)毕业要求指标点与教学内容、教学方式和考核评价方式是否对应？
(3)形成性考核和终结性考核的评价标准是否明确？
(4)学习成果是否可衡量？

3.学院专业负责人开展课程体系预评价

学院专业层面的专业负责人做好专业建设，并负责专业课程体系设置，开展课程体系预评价工作。专业建设是学校办学的基础性工作，对专业质量产生直接影响。而专业课程体系设置是专业培养方案的核心，也是开展课程体系预评价的基础。

专业层面做好专业建设可从以下几个方面加以考虑：

(1)根据学校办学定位，做好本专业建设规划；
(2)向学校、学院充分争取和利用教学资源，做好师资队伍建设和教学条件保障工作；
(3)对拟开设的课程(环节)制订建设方案；
(4)带领任课教师参与并组织实施；
(5)听取行业企业、同行专家、用人单位、校友等利益相关者的意见和建议；
(6)总结并持续改进和做好专业建设工作。

专业层面做好课程体系设置，并开展预评价工作。主要程序包括：

(1)做好课程体系整体性矩阵，包括：培养目标与毕业要求矩阵，毕业要求与课程体系矩阵，课程教学目标与毕业要求指标点矩阵等，保证培养目标、毕业要求都有若干课程支撑，并达到专业能力培养的要求；
(2)落实课程负责人和教学团队，组织做好课程教学大纲的制(修)订工作；
(3)课程体系设置过程中听取校内外利益相关者的意见和建议；
(4)汇总各方意见，用于修订毕业要求和培养目标，持续改进；
(5)撰写专业课程体系预评价的自评报告。

四、预评价制度保障

课程体系预评价指标体系的构建，需要有健全、有效的制度作保障。这些制度对于课程体系预评价的开展起到决定性作用。一是需要在学校质量政策上予以支持；二是在学校管理制度上予以保障；三是学校制度设计上有效衔接。

1.学校质量政策予以支持

高校的质量保证主要基于高校内部的质量政策。高校的使命和愿景决定高校的办学定位，而办学定位又决定学校的质量政策，包括质量目标、管理职责。所谓质量目标，就是高校质量保证应达到的总体目标，各项质量标准或质量要求应与之相符。现代大学建立的大学章程中应体现质量目标，以保证学校内部质量保证体系的建立有法可依。管理职责则是强调在质量保证体系中，相应的职责由不同部门(学院、专业)予以承担，既保证执行项目的落实，又保证监督项目的落实。而质量政策则是高校围绕办学定位、质量目标和管理职责，制定相应的政策制度，从而保证各项质量管理活动的规范性。

2.学校管理制度予以保障

课程体系预评价也是一项质量管理活动，需要学校、学院层面建立健全、有效的管理制度予以保障。通过制度规范和约束评价行为,明确要求、落实责任。这些制度应是具体的、可衡量、可实现的、真实的、有时限的。也就是说,课程体系预评价制度应相对具体,特别是在学院、专业层面要具有可操作性;预评价的相关指标要可衡量;预评价的方法和程序是可以实现的;预评价的数据来源和过程是真实的;而预评价需要定期开展,形成制度,减少随意性。只有将课程体系预评价活动形成制度,才能得到有效的实施和保证,否则,只能是一句空话。

3. 学校制度设计有效衔接

从高校内部来看,课程体系预评价不仅涉及学校、学院、专业和教师层面等内部利益相关者,而且涉及教师、学生、校友、用人单位、企业行业等外部利益相关者,评价主体多元,因此,在制度设计上应做到相互有效衔接,保证评价工作顺利开展。从课程体系设置、组织实施和教学过程等各环节,应实现"设计—实施—检查—反馈"过程的闭合循环。课程体系预评价涉及到的指标须与外部专业认证或专业评估标准相契合,但又要高于外部的标准。只有做到制度上相互衔接,才不致出现漏洞和混乱,保证预评价工作的有效进行。

第四节 预评价指标体系的相关内涵

根据前节所述,课程体系预评价指标体系的指标项包括培养目标、毕业要求、专业能力、课程大纲、课程结构、教学过程和设计审批等 7 项评价内容的 23 个子项。由于预评价工作需要对评价内容和评价指标项逐一进行评价,深入理解各评价指标项的内涵要点,有利于开展预评价工作。因此,有必要对评价指标项的内涵要点进行解释,对预期学习成果、专业能力以及支撑矩阵等进行描述。

一、指标项内涵

1. 培养目标

培养目标适应性。培养目标应与学校定位(研究型、应用型)相吻合。培养目标不仅满足社会需求和服务国家及区域发展战略,同时考虑学生毕业后的个人可持续发展。培养目标应反映学生毕业 5 年左右可服务的专业领域和职业特征。

2. 毕业要求

毕业要求可达成。毕业要求是反映学生通过本科阶段学习,在毕业时具备的知识、能力和素质等专业能力。毕业要求以预期学习成果来具体描述,涵盖知识、能力和素养等三个维度,并与专业的层次和类型相关。毕业要求与培养目标相对应,并通过培养目标与毕业要求支撑矩阵反映,毕业要求应能支撑培养目标的达成。

3. 专业能力

专业能力分层次。专业应做好对学生专业能力的定义和设计,可采用支撑矩阵(含培养目标与毕业要求矩阵、毕业要求与课程体系矩阵、课程教学目标与毕业要求指标点矩阵等)表示相应的支撑关系。毕业要求与课程体系矩阵,又称课程取向矩阵,表示课程体系支撑毕业要求的程度(高、中、低);课程教学目标与毕业要求指标点矩阵,又称课程地图,表示课程教学目标对应支撑的毕业要求指标点。

采用布卢姆教育目标分类法,以适当动词进行专业能力描述,表示其能力层次。美国纽约州立大学石溪分校,用布卢姆分类法及对应动词对学生的专业能力层次进行描述(表7-2)。布卢姆教育目标分类法将学习类型分为记忆、理解、应用、分析、综合、评价等六个层次,并且呈现递进关系。其中,"应用""分析""综合""评价"具有高阶性的能力特征。

表 7-2　　　　　　　　　　布卢姆教育目标分类法及能力描述动词

学习类型	对应的动词
记忆:记忆信息	识别、命名、检索、描述、定义、标识、概述、排列、定位、选择等
理解:解释想法或概念	解释、总结、分类、区分、讨论、指出、组织、说明、翻译、比较等
应用:在其他情况下使用信息	使用、执行、实施、分类、解决、演示、计算、构建、评估、对比等
分析:将信息分成若干部分,以探索理解及其关系	分析、组织、比较、解构、解剖、区分、图表、组合、求解、检查等
综合:产生新的想法、产品或观察事物的方式	设计、建造、计划、发明、生成、转换、整合、安排、组合、制定等
评价:决策或行动的正当性	判断、批判、实验、假设、评价、评估、论证、辩论、预测等

采用能力评估量规表,作为能力评判的标准,来评价某项能力达成的程度。在能力评估量表中,体现课程教学目标及支撑的毕业要求指标点,以及各评价等级标准,以便设计和评估学生通过课程学习达到毕业要求的程度。

4.教学大纲

课程教学大纲具体化。课程(指广义的课程,含实践环节)教学大纲应以学生学习成果为导向,明确通过课程学习培养学生的专业能力。教学大纲包含的核心要素有:课程教学目标、课程教学目标对毕业要求指标点的支撑、教学内容和方法、学习成果、考核评价标准等。教学大纲是指导教师教学和学生学习的重要文件,须让教师和学生知晓。

5.课程结构

课程结构须恰当。一系列课程以一定的结构比例组合在一起,形成课程体系。课程结构要合理,根据学校定位和专业类型、培养目标和毕业要求,合理设计各类课程的比例,包括通识教育与专业教育、理论与实践、必修与选修、课内与课外学时的学分比例,既满足外部专业认证的底线要求,又反映专业特色和满足学生个性化发展需要。

6.教学过程

教学过程重引导。引导教师积极进行教学设计和教学模式改革;引导学生积极学习、主动学习,提高学习成效;引导教师设计合理的课程考核评价环节,将作业、项目等形成性评价与期末考试等终结性评价相结合,反映学生的学习成果。

7. 设计审批

设计审批规范性。专业应有规范的培养方案设计和审批流程；定期开展培养方案评价，并且有毕业生、用人单位、校友及同行专家等利益相关者参与；评价结果用于持续改进。

二、预期学习成果描述

预期学习成果是高校课程体系预评价的核心要素。相关国际组织或学术团体对本科阶段学生预期学习成果的定义或描述不尽相同，主要体现在知识、能力（技能）、素养（态度）等三个维度上。

1. 资格框架中对学习成果的描述

学习成果是指学习者知道、理解并完成学习过程的结果。全球已有150余个国家建立了资格框架。通过设置学习成果等级，使学习者不仅从正规教育体系中而且从正规教育之外获取的知识、技能和能力得到认可。资格框架是最为透明的学习成果认证工具。欧洲终身学习资格框架（EQF）、欧洲高等教育区资格框架（QF-EHEA），这两个框架都明确定义了不同层次的学习过程的预期学习成果。

欧洲终身学习资格框架（EQF）的第六级（Level 6）对学习成果在知识、技能和能力维度上给予的定义：

(1) 知识。工作或学习领域的高级知识，包括对理论和原理的批判性理解；

(2) 技能。在工作或学习专业领域，具有先进技能，显示精通和创新，以满足解决复杂和不可预见性问题；

(3) 能力。在不可预见的工作和学习背景下，管理复杂技术、专业活动或项目，承担决策责任；承担管理个人或团队专业发展的责任。

欧洲高等教育区资格框架（QF-EHEA）第一周期，其学习成果涵盖以下5个方面：

(1) 在中等教育基础之上的学习领域的知识和理解，包括一些学习领域前沿知识；

(2) 能够将知识和理解以专业的方式应用到工作或职业中，并具有通过设计解决其研究领域问题的能力；

(3) 收集和解释相关数据（通常在其研究领域内）和作出判断的能力，包括对社会、科学或道德问题的反思；

(4) 能够向专业和非专业人员传达信息、想法、问题和解决方案；

(5) 具有高度自主学习所必需的继续学习能力。

2. 专业认证（评估）中对学习成果的描述

对学习成果的描述在专业认证标准中得以充分体现。比如，德国专业认证基本框架（FASPG）要求培养方案明确界定所要实现的培养目标，要求涵盖对就业能力和学生个性发展的培养；要求培养方案涵盖专业知识、跨学科知识以及技术程序和通用能力。另外，高等教育学习成果评估工具也对学习成果进行描述。2016年12月，欧盟推出测量比较欧洲高等教育学习成果的评估框架（CALOHEE），用于评估高等教育学习成果。"评估框架"包含作为学科领域资格框架部分定义的学习成果或描述符，以及其中每一个更精确的学习成果子集。每个子集加在一起,都详细描述了学习成果陈述所涵盖的关键要素和主题。"评估框架"旨在为评估每个学习成果的构成要素提供最适当的战略和方法。CALOHEE定义的学习成果包括知识、技能和更广泛的能力。

(1)理论和方法。通过学习吸收信息的结果,即与工作或研究领域相关的事实、原则、理论和实践;

(2)知识和技能应用。运用知识完成任务和解决问题的能力;

(3)就业能力以及公民、社会参与。在工作或学习环节中以及专业和个人发展中运用知识、技能以及个人、社会的方法和能力。

3.指标项中预期学习成果的内涵解释

在本书设计的课程体系预评价指标体系中,认为预期学习成果是专业培养方案的核心。预期学习成果是指学生通过课程体系或课程学习,获得知识、能力和素养的成果,达到预期学习成效。它是教师"教"和学生"学"的核心,也是对课程体系进行评价的重要载体。知识是指特定学科专业领域的核心知识(基础知识和专业知识),包括理论和方法论;能力是指学习应用知识和技能的能力,包括解决复杂问题和综合问题的能力、批判性思维能力等;素养是指更广泛的能力和素质,包括提升就业能力、促进个人发展和社会参与能力等。

各专业的预期学习成果可根据学校定位、办学层次、专业类别、培养目标和毕业要求等情况自行定义和描述。

三、专业能力描述和评估

专业能力是描述学生学习成果的核心,准确理解和描述专业能力十分必要。学生的专业能力包括以自主的、专业的、适当的和有条理的方式处理任务和问题并评估结果的能力和准备。专业能力不仅指向课程教学目标,而且指向培养目标。

1.专业能力及其指标点的界定

在以学习成果为导向理念下,学生毕业时的学习成果反映了学生通过专业学习所必备的知识、能力和素养。因此,需要根据培养目标,界定学生毕业时的毕业要求,即毕业时达到的专业能力要求。毕业要求应能支撑培养目标的达成,二者之间有明确的对应关系。并且清楚地表明支撑知识、能力和素养的教育目标层次。

毕业要求指标点就是对毕业要求的逐条分解、细化,使毕业要求反映的专业能力更为具体和可测量。毕业要求指标点是课程结束时应展现的绩效标准,与毕业要求的专业能力应有明确的对应关系。描述毕业要求指标点可由高层次动词和相应内容组成,应呈现具体可测量的预期结果,便于对其进行评价,从而检验毕业要求指标点的达成情况。

在界定毕业要求指标点时,首先应确定专业培养目标,然后再确定毕业要求(专业能力),再将专业能力分解成若干指标点。这就需要综合国家要求、行业需求、学校定位、校友意见、学生发展,参考国际标准并满足国家标准。

2.本科毕业生应具备的专业能力

本科生在毕业时须具备的专业能力,可分为基本能力和职业能力。基本能力是从事所有工作都必须具备的能力,职业能力则是从事某一职业所需要的特殊能力。

基本能力是毕业生毕业后一生受用的软实力,也是本科阶段应着力培养的能力。基本能力着重体现一个人的全面素质和能力,是一个人发展潜力的反映。通常,基本能力反映了个体对待社会发展、人际关系、自我发展、多元文化等方面的态度和作为。美国劳工部技能委员会(Secretary Commission on Achieving Necessary Skills,SCANS)标准,把基本工作能力分为五种能力,划归为五大类型,分别为资源能力、人际交往能力、信息能力、系统能力和技术能力。领英(Linkedin)《2019 全球人才趋势报告》(*2019 Global Talent Trends Report*)认为,创造力、说服力、协作能力、适应能力、时间管理能力是目前需求量最大的 5 个软技能。联合国教科文组织发布的教育国际标准分类——2013 教育和培训领域(ISCED-F 2013),对个人技能进行了定义,个人技能的定义是指对个人能力(心理、社交等)的影响,为个人提供关键能力和可转移技能。主要内容包括:论证和陈述、自信训练、沟通技巧、合作、行为能力的发展、心理技能的发展、求职计划、育儿课程、公开演讲、自尊技巧、社会能力、时间管理。

随着科技的迅猛发展,21 世纪人类正面临着重大挑战。特别是在工程领域,非技术能力越来越显示其重要性。中国工程教育专业认证协会的 12 条毕业要求通用标准中,有 7 条涉及非技术性指标,即:工程与社会、环境与可持续性、职业规范、个人和团队、沟通、项目管理、终身学习。美国国家工程学会(National Academy of Engineering)分析认为,重大挑战涵盖可持续发展、安全、全球健康和生活乐趣四个方面的 14 项"重大挑战"。2009 年,该学会面向大学工科教育设计了重大挑战项目(Grand Challenge Scholars Program),对学生提出五方面的要求。一是基本能力:在教师指导下参与并完成重大挑战领域的研究工作;二是学科交叉:理解多学科背景的工程方案并参与其中;三是企业家精神:在研究和设计方案过程中充分考虑相关方的文化背景;四是多元文化:具有多元文化体验经历,在研究或设计方案过程中充分考虑相关方的文化背景;五是社会意识:充分理解所设计的工程方案将要服务的社会和人群的特征。由此可见,基本能力在高校人才培养过程中将变得越来越重要。

职业能力是毕业生从事某一领域工作所应具备的特殊能力,它与专业的联系更为密切。不同的专业领域所要具备的特殊能力是不同的,但无外乎取决于对专业知识以及专业技能方法的掌握和深入程度。在工程教育领域,职业能力反映在毕业要求中通常是技术性指标,包括应用数学、自然科学及工程知识解决复杂工程问题的能力,问题分析能力,设计/开发解决方案的能力,研究能力,使用现代工具的能力等。中国工程教育专业认证协会的 12 条毕业要求通用标准中,有 5 条涉及技术性指标,即毕业生应达到的职业能力,包括:工程知识、问题分析、设计/开发解决方案、研究、使用现代工具。专业应根据高校自身定位和专业特色来定义毕业生的职业能力。高校的专业培养方案要确保学生在未来职业领域所需的职业能力,高校内部质量保证的作用是确保学生完成培养方案的学习成效。培养方案中的课程应以问题为导向在提供高水平的专业知识的同时,提高毕业生的职业能力。

3. 评估专业能力

如何实施有效的专业能力评估,对于评价学生学习成效至关重要。在学习过程中,一种直接评价方法是用形成性评价的量规表来进行质性评价,对学生在整个学习过程中的表现进行跟踪和评估;另一种评估专业能力的方法是量化评价方法。即基于学生学习过程中数据的形成性评价方法和终结性评价方法。

量规表可以对学生作品、成果等进行等级评定,有助于学生重视平时表现,发挥学习主动性。能力评估量规表应是针对不同能力要求分别进行设计。比如,日本工程教育认证协会关于"应用多样性、与其他领域人协作"能力方面给出了能力评估量表(表7-3)。通过能力量规表评估的过程作用,不仅能促进学生能够主动学习,而且还能促进教师改进教学工作。量规表的设计编制需要教师投入大量的精力,它又是一项系统工程。在能力编制量规表过程中还需要不断讨论和听取意见。

表 7-3　日本工程教育认证协会关于"应用多样性、与其他领域人协作"能力评估量表

	水平 4	水平 3	水平 2	水平 1
应用多样性	通过与各类背景的人交换意见,吸收与自己不同的想法,理解、解决问题。 通过自己的思考,有机运用知识、经验解决复杂问题	通过与各类背景的人交换意见,吸收与自己不同的想法并充分理解。 通过自己的思考,选择运用知识、经验解决问题	通过与各类背景的人交换意见,吸收与自己不同的思考方式,并且能够部分地理解。 通过自己的思考,可以用知识、经验解决一部分问题	与各类背景的人接触,了解不同想法。 不明白他人的想法、知识、经验的方法
与其他领域人协作	对自己专业以外的领域有好奇心,系统理解相关专业特征和自己专业的关系	对自己专业以外的领域很关心,积极地理解	对自己专业以外的领域关心	不关心自己专业以外的领域,不想理解

为保证专业能力评价结果的合理性,教师应充分利用信息化手段,基于学生的学习平台,记录学生学习的轨迹,及时反馈信息。通过数据采集、分析和反馈,以利于教学的持续改进。国外使用较多的电子学习档案(e-portfolio)就是一种信息化的学习评估系统。如美国杜克大学的电子学习档案系统,能客观收集和反映学生平时的学习成果,从而判断其专业能力。

四、支撑矩阵描述

课程体系预评价指标中,至少应考察三个支撑矩阵的合理性,即:培养目标与毕业要求矩阵;毕业要求与课程体系矩阵;课程教学目标与毕业要求指标点矩阵。

1. 培养目标与毕业要求矩阵

毕业要求对于培养目标的支撑作用,用培养目标与毕业要求矩阵图表示(表7-4)。该矩阵用于明确培养目标子目标与若干毕业要求的对应关系。

表 7-4　　　　　　　　　　培养目标与毕业要求矩阵图

	培养目标 1	培养目标 2	……	培养目标 n
毕业要求 1	√			√
毕业要求 2		√		
……				
毕业要求 n	√			√

2.毕业要求与课程体系矩阵

课程体系对毕业要求的支撑作用,用毕业要求与课程体系矩阵图表示,即课程取向矩阵(表 7-5)。通过该矩阵,明确每门课程对毕业要求(指标点)的对应关系的程度,是强支撑、中支撑,还是弱支撑。

表 7-5　　　　　　　　　　毕业要求与课程体系矩阵图

	毕业要求 1	毕业要求 2	……	毕业要求 n
课程 1	强支撑	中支撑		
课程 2		强支撑		中支撑
……				
课程 n	弱支撑			强支撑

3.课程教学目标与毕业要求指标点矩阵

课程教学目标对毕业要求指标点的支撑作用,用课程教学目标与毕业要求指标点矩阵图表示。课程教学目标与毕业要求指标点矩阵又称课程地图。它为学生顺利完成学业提供向导,帮助教师优化课程教学,明确教学活动形式以及对应期待学生的学习成效。

课程地图,它是一种使教学目标和学习成效相匹配的一种方法。教师通常用课程地图来设计如何进行授课,以达到课程教学目标。课程地图反映了"记录学什么""学到什么程度",有助于教师"教"和学生"学",并能用于对学习成效的评估。课程地图中,每一列表示学习成效,每一行表示课程教学活动(表 7-6)。

表 7-6　　　　　　　　　　某门课程的课程地图

课程教学活动	期待的学生学习成效			
	运用科学的方法	提高实验技能	用图表示说明流程	职业意识和工作机会
课程讲授	R	I		I
实验	M	M	R	
实习	M		R	R
研讨活动	R		M	R

注:I 表示"介绍",能了解和理解;R 表示"强化",能掌握和运用;M 表示"精通",能分析和评价。

一般课程地图在课程教学大纲中反映出来。教师在创建课程地图时,首先要明确期待学生达到的学习成效;其次列出与课程相关的每个教学活动或教学环节,并与学习成效对应,标注相应的学习程度;再补充其他事项,覆盖所有学习成效,最终达到课程教学目标支撑毕业要求指标点的作用。另外,在课程地图中,还要标注哪些教学活动须收集学生学习数据,以便进行课程评价。

第八章 课程体系预评价的运行机制

第一节 课程体系预评价的运行环境

课程体系预评价是高校内部质量保证体系的一个重要组成部分。高校质量保证体系的建立与高校的内外部环境,如学校发展战略、质量政策以及组织机构等有密切的关系。在现代大学制度以及外部质量保证的推动下,高校内部质量保证体系得以建立和不断完善,课程体系预评价机制的建立也是大势所趋。事实上,学校的发展战略、质量政策、组织机构以及绩效考核等共同构成了课程体系预评价的运行环境,并对课程体系预评价的运行产生影响。

一、发展战略的导向机制

高校的发展战略对高校质量保证将产生根本性影响,对质量保证和课程体系预评价起到导向作用。高校发展战略规划中应明确体现质量目标。并且因高校办学定位不同,其质量目标也不相同。应用型大学强调培养毕业生的就业能力,而研究型大学则强调学生学术研究和就业能力培养的平衡。就业能力导向和学术研究能力导向被视为需要利益相关者之间持续协商的问题。就业能力导向反映了教育的工具性目的,而学术研究能力导向则反映了教育的本质性目的。内部质量保证的一个任务就是确保利益相关者(如学生和用人单位代表)参与培养方案、课程设计和其他学术研讨过程。高校需要根据自身的战略发展规划对人才培养进行准确定位,把毕业生就业能力达成作为基本要求,把培养学术研究能力达成作为更高要求。在满足经济、社会发展和个人职业发展要求的前提下,提高学生的就业能力和学术研究能力。

为实现现代大学治理能力和治理体系现代化,高校制定的《大学章程》应向社会公布。《大学章程》中规定高校的发展战略规划、目标、愿景和使命,明确了大学的战略方针和办学定位,描绘了指导大学在教学、科学、社会服务、国际交流和文化传承等方面的发展方向。由于高校发展战略的导向机制,可以为课程体系预评价工作的设计、运行机制的建立指明方向。高校根据《大学章程》,制定长期、中期和近期建设方案、本科教育综合改革方案等,实现高质量本科教育,这就需要建立完善的质量保证体系,为课程体系预评价机制的建立提供依据。同时,高校在治理理念上,从传统的公共治理逐步走向新公共治理,强调竞争、分权和产出,以提高高校的办学绩效。强调资金投入与关键绩效指标之间的联系。因此,质量保证将有利于高校的绩效管理,特别是课程体系预评价工作的开展将有助于专业之间在合作的基础上形成竞争,切实提高本科教学质量和水平。

二、质量政策的保证机制

质量政策反映学校层面教学质量管理和质量保证的制度。一般而言,高校应将质量政策纳入学校的发展战略规划。质量政策不仅限于教学质量方面,在研究领域、经费管理方面也都有所涉及。从国际上看,高校都十分重视从制度建设上确保质量政策的落实,一些研究型大学坚持研究与教学相统一。一方面,高校承诺多学科具有同等质量,为所有学科和专业创造最佳的学习和工作条件,严格执行质量标准的一致性政策;另一方面,高校又将教师和学生视为异质性的个体,通过管理措施促进多样性,保持教育公平和追求学术卓越。例如,奥地利的公立大学普遍将支持教学和研究、国际化和就业能力培养及学科多样性等列入大学战略目标,并制定质量政策。将提高学士学位课程质量作为提高教学质量的基础,缩小班级规模、重视学习过程质量保证。同时,大学重视研究和以研究为导向的教学,保证学术自由、学术诚信和公平以及多样性和开放性。质量政策已成为高校发展战略的重要组成部分,成为指导大学质量保证的行动纲领。

质量政策是落实战略发展规划、实现质量保证的重要基础。高校在质量政策制定过程中,首先需要明确质量目标;其次要做好质量保证的制度设计,包括课程体系预评价的设计和实施等文件;再次要定期组织实施并形成闭合回路,做到强制性和自主性相结合;最后将评价结果反馈并持续改进教学、课程教学大纲以及课程体系的修订和完善。只有在质量政策上加以制度约束,才能对课程体系预评价工作的开展起到保证作用。同时,学校层面和专业层面的管理和责任应保持适当的平衡。学校与学院的目标和绩效协议、预算管理和教师发展等制度和措施都将有助于质量政策的制定。另外,高校应将培育质量文化作为质量政策的重要内容,将培育质量文化作为质量保证的理想境界,作为全校教师的共同价值观渗透到教师的行为中,并内化为日常教学的自觉行动。

三、组织机构的协调机制

组织机构的协调机制是质量保证和课程体系预评价实施的必要条件。组织机构的协调机制主要包括三个方面:一是组织质量文化的传播,二是组织质量保证的实施,三是组织质量改进的落实。通过这三个方面的相互作用、协调发展,从而为质量保证工作奠定了基础。一般而言,学校质量保证机构及学院管理人员等构成了协调网格,发挥着协调作用。组织质量文化的传播旨在帮助教师具备质量意识,帮助学院和其他单位负责各自的战略发展规划和质量目标,帮助学生理解质量要求并主动学习。组织质量保证的实施为接受外部认证和实行内部质量保证提供组织保证,开展新教师入职培训、课程教学设计、评价调查工具开发以及课程评估、专业评估,并承担课程体系预评价等任务。组织质量改进的落实主要包括通过教学过程以及问卷调查、访谈等,对数据信息进行收集、分析和结果运用,以不断促进质量改进工作,持续提高教学质量。

课程体系预评价的组织机构协调机制涉及课程、课程体系和专业三个层面。就课程层面而言,任课教师需要在本门课程完成以后,对自身教学和学生学习成效进行评价,检验学生学习成果是否达到课程教学目标所规定的知识、能力和素养要求。这时候,学校质量保证机构和学院相关管理人员应做好指导和敦促工作,保证任课教师能顺利完成课程评价工作。就课程体系层面而言,一方面需要定期检验毕业生通过该课程体系的学习,其学习成果是否能达到毕业要求所规定的知识、能力和素养要求,也是对毕业要求的达成情况进行评价;另一方面,需要在课程体系实施前进行预评价,从而预判课程体系设置的合理性。这时候,学校质量保证机构应与学院专业负责人、教研室之间进一步协调,需要课程与课程负责人的协调,需要基础课与专业课负责人之间的协调,也需要学校与企业之间的协调。只有建立定期、有效的协调机制,才能保证此项工作的顺利完成。就专业层面而言,需要定期检讨专业建设的成效,是否为保证课程体系的实施做好基本建设工作,提供优秀的师资队伍和必备的教学设施。这时候,学院与学校各职能部门的协调机制就显得十分重要,包括与教学管理部门、发展规划部门、人事部门以及财务控制部门等,以确保专业的人财物方面的投入,并产生应有的绩效。

四、绩效考核的奖惩机制

绩效考核是根据考核对象的业绩表现做出的一种问责、奖惩的机制或办法。一些国家,政府通过对高校的绩效指标确定政府对高校的拨款或资助额度,其实质是引入问责和竞争机制,提高单位资金投入的效益,使资金投入发挥最大的作用。对于高校而言,通过内部绩效考核,引导二级学院围绕先前确定的目标开展工作,以最终的结果是否达到目标为依据。在质量保证和课程体系预评价过程中,也需要引入绩效考核的奖惩机制,使既定的质量目标得以实现。高校内部与质量相关的绩效考核包含两个方面:一是学校对二级学院工作开展绩效考核评价,二是学院对专业负责人、课程负责人和任课教师等开展绩效考核。

学校对二级学院工作开展绩效考核,强调竞争、分权和产出,以提高学院绩效,有助于改进对教学目标和绩效指标的定义,并加强资金与关键绩效指标实现之间的联系。通过使用绩效指标影响学校对学院的拨款,鼓励学院制定自己的发展规划和工作目标,加强学院自我管理和责任担当。同时,目标和绩效协议也有助于质量保证政策的落实。就质量保证而言,绩效考核指标应聚焦人才培养,特别是学生发展、师资队伍、人才培养过程、教学成果、招生就业等方面。在学校内部,学院的发展规划要与学校的总体战略规划相协调,同时促进创新。在学院的目标和绩效协议中,应列出长期发展规划、中期规划以及发展路线图,采取的教学、学习和研究等方面的各项措施以及所需资源,并承诺到期完成的水平。学院的绩效指标要有利于学校关键绩效指标的完成,并给予学院发挥自主性的空间。自主性和问责制对于学校内部绩效考核的成功与否至关重要。

学院对专业负责人、课程负责人和任课教师等开展绩效考核,需要明确责任和义务,坚守底线的同时追求卓越。对于专业负责人、课程负责人和任课教师的绩效考核指标不尽相同,但又有共性。专业负责人需要承担起专业建设和课程体系建设的责任,了解专业发展趋势,充分听取不同利益相关者的意见和建议,积极争取资源,充分调动课程负责人和任课教师的积极性,并保持与学院相关职能部门和学院领导的沟通。专业负责人应负责组织确定本专业的课程体系,明确各门课程对专业的支撑作用。课程体系预评价工作的主体是学院专业,并将落实到专业负责人身上。课程负责人是教学团队或是课程群的核心人物,需要对本课程在课程体系中的支撑作用有个清醒的认识。应该带领本课程教师一起进行课程教学研讨,制订课程教学大纲,明确课程教学目标、教学内容和方法以及考核方式,落实本门课程在课程体系中的支撑作用,定义本课程的学生学习成果。而任课教师则需要按课程教学大纲的要求,认真进行教学设计、备好课、上好课,布置和批阅作业,与学生深入交流和研讨,保证课程的教学效果,对学生的学习成果进行形成性考核评价。学院根据专业负责人、课程负责人和任课教师的绩效考核结果,进行物质和精神奖励,或必要的谈话等,为质量保证和课程体系预评价创造良好的氛围。

第二节 课程体系预评价的运行过程

为保证课程体系预评价运行机制的正常运转,需要建立逻辑清晰的运行过程、机构职责和工作程序。课程体系的控制与改进不可或缺,需要放在高校内部质量保证的整个环境中予以考虑,需要明确学校不同层面角色的相应职责和程序要求,且有管理信息系统予以支持。

一、课程体系预评价的逻辑

以学生为中心,课程体系预评价、内部质量保证和外部质量保证这三个体系之间,既自成体系、又相互影响。第一,课程体系预评价自身构成一个子系统。在这一子系统中,围绕专业培养目标,进行整体的专业课程体系设置,需要对每门课程进行课程地图设计,反映在学习成果的知识、能力和素质三个维度上,并通过课程体系预评价检查该课程体系是否满足毕业要求,符合人才培养目标。课程体系预评价子系统需要持续改进。第二,课程体系预评价子系统是高校内部质量保证体系(IQA)众多子系统之一。内部质量保证体系由质量目标、资源管理、教学过程以及监控、分析和改进等四个方面组成。课程体系预评价子系统中的培养目标与IQA中的质量目标相衔接,而课程体系需要通过IQA中的教学过程得以实现。IQA需要持续改进。第三,内部质量保证和外部质量保证之间需要相互联动和协同。为满足专业认证、专业评估等外部质量保证(EQA)的要求,高校的内部质量保证体系会受到外部质量保证的影响,在满足外部质量保证的同时,适时调整内部质量保证的质量目标,满足高校的高质量人才培养需要,保证教学质量(图8-1)。

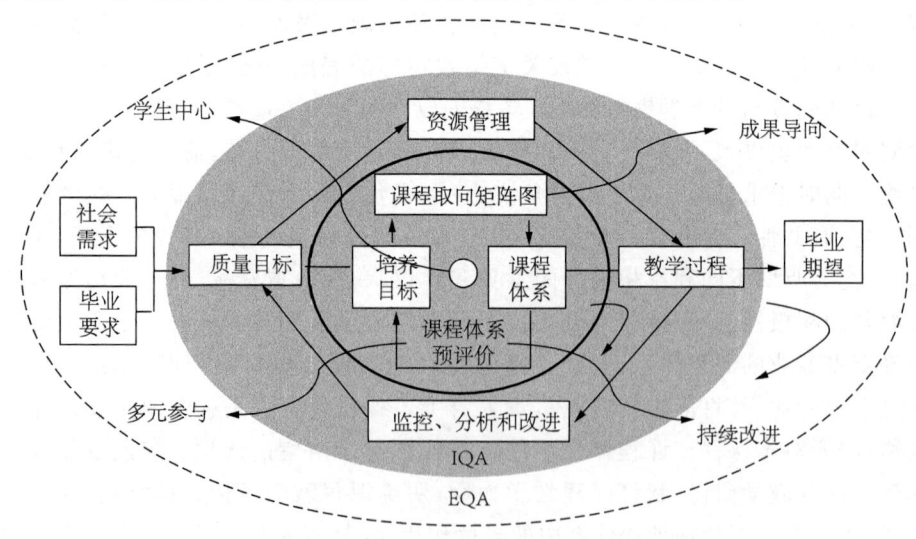

图8-1 课程体系预评价与质量保证的逻辑关系图

课程体系预评价的逻辑主线主要包括：

(1)逆向设计：评价专业培养方案制(修)订过程中，是否按"培养目标—毕业要求—课程体系—师资队伍和教学条件"的逻辑关系设计课程体系。

(2)正向实施：专业培养方案实施是否能实现预期学习成果。

(3)资料齐全：提供必要的教学资料支撑，如：专业培养方案、三类支撑矩阵图、课程教学大纲等。

(4)多元参与：评价过程有企业、行业或校外同行专家、教师代表、学生代表参与。

(5)持续改进：评价结果用于专业课程体系的完善和持续改进。

二、课程体系预评价的职责

课程体系预评价工作的开展，有赖于学校质量保证体系中组织机构和相关职责的落实。学校、学院两个层面明确和承担相应的责任，通力协作，形成良好的课程体系预评价机制，并保证其有效运行。

学校层面负责课程体系预评价的职能部门可以是教学管理部门，也可以是教学质量管理部门。首先，学校应将课程体系预评价工作纳入学校内部质量保证体系，进行制度化和规范化建设。其次，对培养方案的设计和审批提出具体要求，建立评价程序。再次，建立相应的问责和激励机制，保证课程体系预评价工作的落实。最后，搭建信息管理平台，充分利用相关数据分析结果，为实现课程体系预评价的信息化管理提供支持。

学院负责组织所辖专业培养方案的制订、预评价以及专业建设，保证专业人才培养质量。一是充分发挥学院教务委员会、专业指导委员会、专业负责人、课程负责人等各自的作用，并承担相应的责任；二是定期组织专业做好专业自我评价和课程自我评价，为课程体系设计和评价做好准备；三是针对教与学过程以及考核评价过程中发现的问题，及时督促任课教师加以改进，并作为教师考评的重要依据；四是做好教学过程质量监控和学生学习体验满意度调查工作；五是组织做好持续改进工作，进一步推动专业、课程的教育教学改革，促进教学基层组织建设和教师专业发展。

专业负责人具体落实专业培养方案的制订和教学过程的实施。首先，专业对照学校办学定位，结合社会经济发展对人才培养的需求，对培养目标和毕业要求进行合理设置。其次，合理设置课程体系，明确各课程对毕业要求的支撑作用，并组织教师修订课程教学大纲。再次，组织教师将课程地图的内容落实到教学过程中，并制订相应的考核评价量规表。最后，定期评价毕业要求的达成情况以及培养目标的合理性，并依据评价结果对培养目标进行修订，评价与修订过程有行业或企业专家参与。

任课教师将主要时间和精力投入教学工作的同时，教师代表应积极参与课程体系预评价工作。一是任课教师参与讨论制订课程教学大纲，包括各项教学活动对应的考核评价方式；二是教师在教学过程中，根据学生学习表现，以及形成性评价标准或量规表对作业、作品、项目等给予评分，并做好终结性考核工作；三是根据学生的学习成效以及对教学过程的意见和建议，进行分析，并将结果用于对课程教学过程的持续改进，同时对专业课程体系完善提出建设性的意见和建议。

课程体系预评价过程中，应鼓励内外部利益相关者积极参与。外部利益相关者包括政府、用人单位、校友、同行专家等,内部利益相关者包括教师、学生、管理人员等。评价过程中,可以对利益相关者有针对性地进行访谈、问卷调查,特别是要倾听各方的声音,了解他们对专业课程体系设置的意见和建议,了解社会经济发展需求,并将这些意见和建议反馈到课程体系设计和评价过程中。只有根据学校发展定位,各方协同治理,才能制订既符合社会发展需要又能满足学生个人发展需求的专业课程体系。

另外,学校职能部门应建立相应的质量监控网络,监督检查是否定期开展课程体系预评价工作。对于未按要求开展此项工作的单位,应督促整改,并运用协调和奖惩机制推动课程体系预评价工作的开展。

三、课程体系预评价的程序

课程体系预评价工作应有一定的工作程序。各高校可根据自身实际,制定相应的工作程序。特别是在资料准备、利益相关者参与的基础上开展课程体系预评价工作。

首先,将准备充分作为评价的前提条件。在课程体系预评价开始之前,需要准备好各相关资料,主要包括:专业培养方案、课程教学大纲、社会需求调查报告、毕业生和用人单位满意度调查报告、教学过程监控报告、矩阵图系列(培养目标与毕业要求、毕业要求与课程体系、课程教学目标与毕业要求指标点)。课程体系预评价过程要公开、透明。主要评价过程包括:①专业负责人进行汇报;②评审人员查阅资料并提问;③形成预评价的具体意见;④专业修改培养方案;⑤修改后的培养方案经学院教务委员会审核后,正式提交学校主管部门;⑥学校教务委员会审批后执行。课程体系预评价一方面要强化质量意识,顺应外部质量政策;另一方面要通过内部质量分析、质量对话和质量发展,形成质量文化,适应内部质量环境。

其次,将利益相关者参与作为评价的必备条件。除了学院和专业负责人、教师代表外,学生、毕业生、用人单位、校友及同行专家等利益相关者代表应参与到课程体系预评价中。国际公认的质量保证标准均将利益相关者有效参与高校质量活动列入其中。《欧洲高等教育区质量保证标准与指南》(ESG)要求:"外部质量保证应考虑相关规定的同时明确定义和设计,以确保实现为其设定的目标。利益相关者应该参与设计和持续改进。"德国工程科学、信息科学、自然科学及数学专业认证机构(ASIIN)作为德国10家认证代理机构之一,认为高等学校的利益相关方参与专业培养方案制订、指导和实施的过程至关重要。利益相关者有效参与在一定程度上会影响课程体系预评价的预期目标,从而帮助高等学校准确定义相关活动的质量目标。

四、课程体系的控制与改进

控制与改进是质量保证中必不可少的环节,也是质量保证的目的所在。控制是保证各项质量活动达到预期效果的职能。控制程序中,第一步是制定工作标准,第二步是对照这些标准衡量实际工作,第三步是根据标准鉴别偏差、采取行动纠正偏差。课程体系的控制就是对照预评价指标,找到实际课程体系与标准中存在的差距,并采取行动进行改进。

课程体系的控制与改进工作首先因课程体系预评价的分类而异,其次应保证质量环的闭合循环,最终的目的是为了持续改进。由于本书将课程体系预评价分为两类:一类是专业培养方案实施前的预评价,另一类是专业评估(认证)前的预评价。因此,控制与改进机制也相应地分为两类,一类是前馈控制与改进,另一类是反馈控制与改进。

1. 前馈控制与预防偏差

专业培养方案实施前的预评价,指的是两个方面的预评价:一是新专业开设前的课程体系预评价,二是专业培养方案实施前的预评价。从控制论的角度看,由控制系统输送的信息作用结果返送回来,并对信息的再输送产生影响,即根据上一个信息的结果成为下一个信息的一部分。在实施前对即将出现的偏差有所认识,及时采取措施预止问题称为前馈控制。通过前馈控制,把控制工作做在事前,不是纠正偏差,而是防止出现偏差。因此对于课程体系的前馈控制,必须对整个课程体系有透彻的分析,建立前馈控制的模式,注意它与现实情况的吻合,并输入变量数据,估算和预测它对预期目标和成果的影响,并采取措施以保证最后的结果符合需要。

课程体系的前馈控制十分重要。对于实施该课程体系的学生而言,开弓没有回头箭,人才培养过程中产生的问题不能从头再来,因此,在培养方案实施前开展课程体系预评价,就能预先发现问题,并采取预防措施,保证人才培养目标、毕业要求和课程体系设置的合理性,从而保证人才培养的质量。

2. 反馈控制与持续改进

专业评估(认证)实施前的预评价,也有两个方面的预评价:一是专业在评估(认证)前所进行的自我评价;二是专业持续改进后的论证性评价。这时,控制是发生在执行之后,与控制标准进行比较,发现偏差、分析原因,并拟定纠正措施以防止偏差进一步发展,这就是反馈控制。

对于课程体系的反馈控制,在高校管理中较为常见。比如,高校在进行专业评估或专业认证之前,对照评估(认证)指标进行自我评估,发现问题及时改进。相比前馈控制而言,反馈控制不是最好的控制,但是被广泛使用。高校通常利用反馈控制的结果通常形成专业自评报告、质量报告或绩效评估报告,并及时采取改进措施,为高校正式迎接外部专业评估(认证)做好铺垫,也下一步的科学决策和持续改进提供依据。

对课程体系的前馈控制与反馈控制进行比较,可以更好地理解两种反馈机制的作用(图 8-2)。

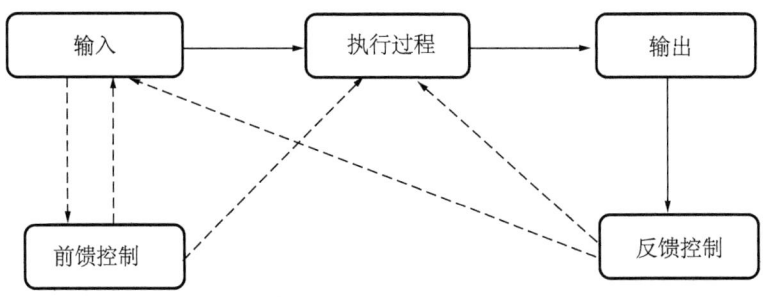

图 8-2 课程体系的前馈控制和反馈控制

五、课程体系预评价的管理信息系统

课程体系预评价工作需要管理信息系统的技术支持。一般而言,该系统应由三部分组成:一是学习管理系统,二是问卷调查系统,三是课程体系评价系统。昆山杜克大学(Kunshan Duke University)认为,评估工作要始于对教学的关心和好奇心,以提高学生学习成果为目的,用信息收集和教学研究为依托,积极调动和促进校内各部门有效的交流和合作,让评估成为提高教学的助力和分享成功的平台。

1.学习管理系统

学习管理系统主要的功能是记录、分析、评价学生在教与学过程中的学习成果和学习表现。学习管理系统在很多情况下也被称为虚拟学习环境(Virtual Learning Environments,VLE),是一套用来管理教务、文案、跟踪、报告和实施教学课程或培训内容的软件应用。该系统用以帮助教师把教学材料传递给学生,管理考试或者作业,跟踪学习者学习进展以及管理整个学习记录过程,是链接高校、教师和学生的信息系统。通常,学习管理系统主要包含以下功能:网上注册报名;课程管理;课程分配;整合多种格式的知识、信息资源;学习评估;学习活动及结果跟踪;生成学习报告;提供学员与学员、学员与教师间的交互沟通渠道;面授培训的管理等。

学习管理系统具备一整套的功能,旨在传递、跟踪、报告和管理学习内容,掌握学生学习进度以及参与互动。该系统由相对独立的功能松散地集成在一起,使用哪些工具来完成学习,完全由学生来掌控,属于自主式学习模式。所谓自主式学习模式强调的是学习者自主学习的行为,更多的是以人本主义的思想为基础,其实质仍然属于自学。自主式学习模式最大的优势是学习者可以享有充分的自由,数字化学习资源可以充分复用,可大幅度节约有限的师资资源。国外比较成熟的学习管理系统如 Sakai、Blackboard、Canvas 系统等,为学生学习、学习成果评价、早期预警等发挥积极作用。另外,学生电子作品集(ePortfolios)、视频共享系统也受到欢迎。纽约州立大学石溪分校(Stony Brook University)、杜克大学(Duke University)等大学利用这些系统收集学生平时的学习成果,支持学生学习,并为学生学习成果形成性评价提供依据。

2.问卷调查系统

问卷调查系统主要的功能是向用人单位、校友、在校生等利益相关者发放、统计、分析问卷数据。数据采集渠道应多样,包括手机端实时采集数据、手工录入数据、其他管理信息系统对接和导入数据等。数据可按要求和时间节点进行同步、异步更新。数据分析功能要强大,各类数据支持便捷查询、组合分析。可进行历史比较和同类比较、排名,分析结果以图、表等形式展示,实现可视化。可按要求进行量化分析和质性分析。支持多主题、多维度展现报表、报告、图形等。数据应用方面,一是依据数据客观、实时反映各级教学质量状态,为教师改进教学提供依据;二是让各项指标实现常态化、可视化监测,发现问题及时反馈,督促整改,为校内教学质量监控、分析和改进提供数据服务,提高学校管理信息化水平;三是对变化趋势进行分析,实现管理的实时性、准确性、持续性,为学校教学改革和发展提供决策支持。一些高校的问卷调查系统由高校自主研发,根据高校的实际情况赋

于一些特殊的分析功能。也有一些高校利用第三方机构开发的调查系统开展问卷调查。

3. 课程体系评价系统

专业应建立面向产出的"两个内部机制":课程质量评价机制、毕业要求达成情况评价机制。而这两个机制的落实,需要由课程体系评价系统来支撑。评价系统的功能主要包含两个方面:一是对专业毕业要求的达成情况进行评价,二是对课程质量进行评价。系统应针对不同角色设置权限,包括教师、课程教学团队负责人、专业负责人、学院负责人等。通过课程体系支撑毕业要求达成矩阵、课程教学目标与毕业要求指标点关联矩阵等设置,以及培养方案、课程教学大纲、学生学习成果形成性评价和终结性评价的成绩录入等,以帮助课程评价、课程体系评价,找出学生的专业能力与预期目标的差距。评价结果,以可视化的方式展现,方便教师改进课程教学,也方便进一步修订专业培养方案和课程教学大纲。通过课程体系评价系统,一方面进行课程目标达成度评价,从课程的视角对学生的学习效果进行评价,证明课程对指标点的贡献是否达成;另一方面,进行毕业要求达成情况评价,从跟踪某届学生的学习轨迹对毕业时的学习成果进行评价,证明学生的能力是否达成。国外针对课程的教学设计开发了相应的教学设计评估系统,如 Quality Matters 等。

第三节 质量文化

课程体系预评价是高校内部质量保证体系的重要组成部分。高校的质量保证过程与质量文化之间相互影响、相互作用。质量保证过程推进质量文化发展,而质量文化反过来又促进质量保证过程的规范化和有效性。建设以高质量人才培养为核心的高校质量文化,将有利于内部质量保证体系的完善,特别是促进包括课程体系预评价在内的质量保证活动的开展,并使质量意识转化为师生的共同价值观和自觉行动。

一、从质量保证过程到质量文化形成

质量文化指的是一种组织文化,表现在师生行为中自觉、自律地坚持、维护并不断提高质量。其特征表现出两个不同的要素:一方面,是一种对文化价值或心理要素的共同价值观、信念、期望和对质量的承诺;另一方面,是一种结构或管理要素,具有提高质量和协调个人努力的作用。首先,质量文化促使高校内部师生形成共同的质量价值观,秉持共同的质量信念和期望,并且认可高校对社会的质量承诺。由于质量文化是组织文化的一种表现,它是由独特的文化传统、价值观念和行为规范所形成的氛围,反映出组织最基本的特征,是基于长期坚持的传统和价值观对师生行为的一种韧性约束,因此,师生在日常工作和学习中都自觉或不自觉地融入质量文化,形成共同的质量意识并且规范和约束自身的行为。其次,在质量保证过程中,由于质量文化潜移默化的影响,促使师生为了共同的质量目标努力协调个人的行为。在这里,可以把质量文化看成是质量保证过程的有机组成部分和管理要素。由于质量文化的存在,弥补了质量保证制度某些方面的缺失和不足,起到规范师生行为和保证质量的作用。正如哈维所说,在高等教育质量保证领域讨论一致,提倡的质量文化通常被认为是"发展和遵守内部质量保证过程"的同义词。

质量保证属于高校质量管理方面的范畴,以保证教学质量符合质量目标,这是有形的、可具体实施的活动和过程。而质量文化是师生共享的价值观、信念、期望和承诺,通常是无形的、抽象的但又确实能影响到质量保证过程的实施和价值认同。现实当中,往往有人会认为,质量保证是独立存在的、不受周围环境和制度影响,这种想法是非常危险的。事实上,质量保证体系受到学校质量文化、管理制度和运行环境等各种因素影响,是一个高度相互依赖的复杂系统。由于质量文化属于组织文化的范畴,质量文化的核心是价值观、质量目标、制度和观念、思维方式、价值准则和发展方向等,因此通过质量文化就能影响质量保证的制度设计、过程实施,最终影响到质量保证的结果。

质量文化和质量保证过程是相互关联的。质量文化可以通过刺激共同价值观和信念的结构性决策来实施,而质量保证可以通过质量文化得以有效落实,需要有可感知的价值作为引导。质量文化和质量保证不是一回事,一所高校可能有很好的质量保证,但不一定有高质量的质量文化。将质量保证的结果与提高学生学习体验的质量文化发展联系起来,对于高校来说具有相当大的难度和挑战度。当高校引入质量保证体系后,就意味着新的价值观必须融入组织文化中,形成共识。而质量保证的创建也将从现有的质量文化开始,重新影响和渗透,一旦完成质量保证活动,也将反过来影响和修正已有的质量文化,从而形成新的质量文化。质量保证过程的最终目标就是追求改进质量文化。因此,可以说,质量文化和质量保证过程是相关影响、相互作用的。

就质量保证过程中的课程体系预评价而言,始终需要营造师生共同的质量文化,形成共同的价值观和信念,主要包括:①开展课程体系预评价的必要性形成共识;②内外部利益相关者应积极参与课程体系预评价过程;③将成果导向的理念落实到课程体系和教与学过程是评价的核心;④以学生为中心,形成持续改进的质量环;⑤定期开展质量对话和质量决策。只有形成了共同的质量文化,才能在日常教学活动和质量保证活动中,一以贯之地坚守,最终达成质量目标。

二、从质量文化功能到质量文化营造

质量文化代表学校师生的共同意识、价值观和行为规范和准则,它对学校师生的行为和态度具有持久的、顽强的和有效的影响作用,最终使高校形成总体的行为倾向,有利于实现高校的办学目标。就质量文化功能而言,质量文化一般具有导向性、规范性、约束性、凝聚性等功能。第一,质量文化的导向性是指学校的师生具有共同的质量价值取向和行为取向,对师生产生感召力,从而促进学校质量目标的实现。第二,质量文化的规范性是指与质量相关的规章制度和师生的行为准则符合学校整体战略规划和质量目标。大家为了共同的目标而具有共同的价值取向和行为规范。第三,质量文化的约束性是指对学校师生的行为有约束和示范作用,将质量意识内化为大家的自觉行动,保证行为的有效性。对于违反共同的行为规范和准则的行为,都会受到大家的不屑和否定,难以融入集体。第四,质量文化的凝聚性是指使师生对质量目标、准则、价值观念有"认同感",并为实现学校目标而产生很强的凝聚力、吸引力,从而会有集体荣誉感,并珍视已有的成果。同时,质量文化也促使师生的个人行为与学校的整体目标保持一致性。另外,质量文化也不是一成不变的,随着社会经济文化的发展,学校质量文化也会随之发生变化。

质量文化对课程体系预评价等质量保证活动将发挥积极作用。高校通过质量文化的营造,促进课程体系预评价等质量保证活动的有效开展,在增强师生的凝聚力、提高质量管理水平、宏扬大学精神、提高教师的教学质量、增强社会责任方面起到积极的作用。一是质量文化成为高校的生存基础和发展动力。高校在坚守质量底线的同时,倡导师生共同追求卓越,这为学校的生存和发展筑牢了根基。二是质量文化成为高校久盛不衰、不断提升质量的重要条件。在传承与创新中,高校的质量文化得以不断延续和发展。三是质量文化成为现代大学治理的灵魂和最终目标。大学治理需要融入质量文化,并且以形成师生共同追求的质量文化为终极目标。四是质量文化成为大学师生共同的行为准则和核心认识。通过质量文化建设,提高高校内部对质量文化的认识,并促进开展内部质量保证活动以提高质量水平。质量文化的营造,势必有利于课程体系预评价等质量保证工作的开展,比如:教师将会更关注评价工作,通过课程体系预评价从而有利于自身课程教学的改进;专业负责人将会主动要求开展课程体系预评价活动,以保证专业培养目标的实现;学院将会支持开展课程体系评价工作的开展,为专业建设提供强力支撑;学校职能部门也将课程体系预评价视为质量保证的重要内容,督促和支持学院专业定期开展。同时,质量文化的氛围也会促使质量保证活动分散到日常教学和管理活动中,变为师生的自觉行动。

三、从质量意识树立到质量文化培育

高校在建立质量保证体系过程中,需要引导全体师生共同树立质量意识,营造和培育质量文化氛围。全体师生树立质量意识,是建设校园质量文化的必经之路。首先,需要解决大家对于质量定义的理解问题。通常,教学人员、研究人员与质量保证人员对"质量"会有不同的定义。管理者在质量意识的形成过程中,需要谨慎对待教师使用的相当直观的质量定义,并与在质量保证中使用的质量定义结合起来,这样才不致于教条化、官僚化。其次,需要引导高校逐步从质量意识过渡到质量文化。在质量文化的形成和培育过程中,应该主要关注以下几个方面:①形成以提高人才培养水平为核心的质量文化;②形成反馈和持续改进的质量文化;③质量文化应尊重规范性、多样性和透明度;④鼓励内部全面质量管理而不仅是符合外部要求的质量文化;⑤培育为学院和部门的分层次质量保证需求留出空间的质量文化。最后,从质量意识到质量文化的形成,意味着从个体到整体、从朦胧到清晰、从临时到定期的演变过程,需要长期的坚守和实践,不断总结和提炼,形成符合大学自身特点的质量文化。当然,质量文化的培育过程与高校所处的环境、传统和办学特色还是有很大的联系,培育的关注点也不能一概而论。

高校质量文化培育是深层次问题。由于质量文化是无形的、抽象的,将质量文化应该内化为全体师生的内生意识,变为师生的自觉行动,会存在相当大的困难。高校需要调动师生的积极性,增加师生的责任感和荣誉感,把动力传导到师生身上,关注内部质量保证体系建设,扭转质量保证完全依赖外部评估(认证)的局面。质量文化必须阐明高校在教学、研究和社会服务等方面的质量责任,并且需要依赖于制度、政治和文化背景建立质量目标。要让师生明白,没有一种绝对正确的质量文化存在,因为文化总是与环境紧密相关,在一所高校内部可能有几种质量的亚文化。另外,高校要兑现质量承诺,质量保证过程的后续活动如果没有实施,那么建立和维持高质量的质量文化将是非常困难的。比如,

师生如果没有看到来自内部质量保证过程的积极结果,他们会产生沮丧和愤世嫉俗的情绪,导致对质量文化的不利影响。现实中,学生正式参与质量保证过程的程度会有所不同,学生不愿参与的现象较普遍。他们认为,自己对课程和课程体系的反馈,受益者往往是下一届学生,他们自己可能并不会从调查反馈和建议中获益。因此,鼓励学生参与质量保证活动对于高校质量管理部门来说也是一种挑战。

四、从质量活动到质量文化发展

高校应将质量文化理念嵌入日常活动中。质量文化意味着所有利益相关者都认为自己对质量负责,并参与高校所有的质量保证活动。质量保证的目的、方法和工具可以支持学生、教师和管理层之间形成质量文化。高校的质量政策要特别关注校级质量保证部门与学院、行政部门之间的责任平衡,并通过各自的目标和绩效协议落实责任。学院负责并实施专业培养方案的质量保证,并在教与学过程中体现创造性,在提高质量的过程中建立信任。高校质量管理不是一个单独的过程,而是高校管理的一个组成部分。高校应将质量与学位课程紧密联系起来,改进学位课程要成为高校质量活动的关键。高校在课程设计、开发和管理以及质量保证方面要建立清晰的共享治理流程,学校和学院共同负责培养方案的日常管理。对高校而言,真正的挑战是把质量放在日常工作的每个阶段,这样对工作的影响就更为均衡。学校要将标准管理过程与质量保证活动相关联,并嵌入日常活动中,从制度约束走向质量文化。

持续的沟通是质量文化的基本原则,定期讨论和循证决策有利于质量文化发展。首先,定期讨论质量会培养一种面向质量的组织态度,即"质量文化"。通过质量管理部门与学院、专业负责人的质量讨论,通过专业负责人与任课教师的质量讨论,进一步明确问题、分析问题、达成共识。其次,使所有利益相关者的管理决策过程更加全面,体现管理决策的循证特征。当内部质量保证系统有新的变化时,必须重新启动质量对话。当内部质量保证在促进高校关于质量发展的思想和讨论方面的作用时,质量对话"是发展质量和思考改进措施的良好基础"。通过质量对话、基于事实证据进行决策活动,就能保证决策的科学性、可操作性,也为大家统一思想、达成一致提供了有效途径。

五、从整合内部力量到质量文化建设

质量文化建设需要整合高校内部力量。在质量保证过程中,应促进所有利益相关者参与,提高高校对质量的承诺仍是一项具有挑战性的任务。《欧洲高等教育区质量保证标准与指南》(ESG,2015)指出,质量保证不是由特定的方法和工具来定义的,而是由其目的来定义的:问责和加强。这两者被认为是相互关联的,可以支持学生、学术人员和管理层之间的质量文化的发展。质量文化意味着所有这些利益相关者都认为自己对质量负责,并参与机构所有部分的质量保证。质量文化实施的最大挑战是将自上而下的领导和管理方法与自下而上的方法相结合。同时,大学要为学生创造良好的学习环境,要使教师有发展教学和研究的空间,增强他们的主动性和责任感,参与质量保证活动和质量文化建设。教师的"教"归根到底是为了学生的"学",教师可以是教师教学发展活动的事实主体,但价值主体仍是学生。高校要营造教师学习群体,形成共同反思、分享、提高的文化氛围。然

而，自上而下的领导和管理方法在高校中做得还不够充分，高校领导需要正式参与质量保证过程，质量文化需要克服"纸上谈兵"的弊病，从简单的质量保证评估结果转移到真正有效的管理决策和承诺上。另外，质量文化的"共享价值观、信念和承诺"意味着需要整个高校师生共同参与。

为提高高校内部质量保证的有效性，需要全员参与质量文化建设。学校的内部质量保证要有强有力的管理信息系统支持和浓厚的质量文化氛围。一方面，高校内部信息收集过程需关注内在文化冲突对于信息收集的博弈。大学通过管理信息系统收集来自教与学过程的信息、问卷调查的信息以及教学管理过程产生的信息，并且是合法、有效和循证的信息。收集、处理和有效利用信息，进行数据分析，增加信息的透明度，为质量改进和科学决策提供支撑。另一方面，质量保证和持续改进的责任在于高校本身，强调大学重视质量文化建设。质量文化是一种价值观，所有的利益相关者都对质量负有责任，把保证质量作为自觉意识和行动。高校内部质量保证体系旨在创造一种质量文化，通过各种反馈循环确保沟通和学习，并以质量分析、质量对话和质量发展为基础，以质量对话为核心。另外，将质量保证纳入日常活动中，也有利于质量文化的形成。我国高校质量保证体系建设过程中，应强调质量文化建设，并质量保证融入日常管理，形成质量文化和价值观。

高校教学改革的实施效果取决于创造持续质量对话空间的能力。质量文化的形成必须解决三个层次问题：一是方案、组织过程和结构；二是价值观、战略、目标和哲学；三是无意识的、被公认为是理所当然的信仰和观念。高校内部质量保证只有服务于这三个层次，鼓励内部成员积极参与质量活动，才有机会真正形成质量文化。也就是说，建设质量文化的唯一途径是通过说服高校内部成员，通过分析他们日常教学工作的过程，使他们可以有所收获。高校要将其战略目标以及如何实现这些目标的信息公开，确定一个有效和透明的沟通战略，尤其是除了内部成员外，还要与外部利益相关者进行有效沟通，以推进他们认同高校追求的质量文化。另外，就课程体系预评价而言，专业培养方案及其组织单位要接受持续的质量保证，仔细检查其内容和结构，采取学生评估、教师调查、跟踪研究和机构评估等工具，为评价过程提供信息，确保高质量的质量文化建设。

第九章 结论和展望

第一节 研究结论

高等教育质量保证是高校人才培养的重要基石。当前,我国高等教育正面临着前所未有的挑战和变革,无论是外部挑战和内部变革,都要求高校建立更为完善的内部质量保证体系,特别是强化对专业、课程的质量保证。正如联合国教科文组织在《反思教育:走向全球共同利益》一书上所谈到的那样,高等教育的格局将随着高等教育机构的结构和机构的多样化、高等教育国际化、慕课(Mooc)的发展、评估学习质量及其相关的新文化以及不断发展的伙伴关系而改变。评估学生的学习质量须植根于专业课程体系和课程,聚焦学生学习成效。在迅速变化的内外部环境中持续保证高等教育高质量的发展,推进高校积极开展科学、有效的课程体系预评价工作,正是本书的初衷所在。本书有以下几点主要结论:

第一,高校内部质量保证和外部质量保证的关系密不可分。外部质量保证与内部质量保证是相互联系又相互促进的两个系统。政府、社会和第三方机构组织等外部质量保证正向推动高校内部质量保证体系建设,同时,政府、社会等外部利益相关者需求和期望会影响到高校内部质量保证。而高校内部质量保证又会反向对外部质量保证产生一定影响,不仅会影响政府的教育政策制定,而且将直接影响高校向社会输出的人才质量。正是由于内外部质量保证的相互影响和相互作用,以及密不可分的互动和衔接关系,不断推进内外部质量保证的相互适应和不断完善。具有代表性的《欧洲高等教育区质量保证标准与指南》(ESG),包含的内部质量保证标准、外部质量保证标准和质量保证机构标准等三部分内容,生动地诠释了内部和外部质量保证的关系。对于高校而言,积极参与专业认证、体系认证等外部质量保证工作,将有效促进高校课程体系预评价等内部质量保证工作。

第二,高校内部质量保证体系、课程体系质量保证和课程质量保证共同构成三层内嵌式质量环,每层环既自成循环体系又相互联系。并遵循"学生中心、成果导向和持续改进"的理念,从目标、设计、实施、评价等方面着手建立循环体系,从而保证人才培养质量、课程体系质量和课程质量。随着人们对教育和学习的研究不断深入,由知识、能力和素养所构成的学习成果被看成是衡量学生学习成效的主要载体。一些观点正在被人们所认识和接受:能力的培养比知识的传授更为重要;知识的创造和控制比知识的获取、验证和使用更为重要;教育应该促使学习者做好准备,以应对持续存在且缺乏明确解决方案的协作性问题。正如辛西娅·卢娜·斯科特(Cynthia Luna Scott)所说:现实世界的挑战是高度复杂的,往往定义不清,跨学科,跨领域(社会、经济、政治、环境、法律和道德),学习者必须有机会反思他们的想法,磨炼他们的分析技能,增强他们的批判性和创造性思维能力,展示主动性,尤其是评估新观点、建立新能力和加强自主能力至关重要。

第三,课程体系预评价着眼于人才培养过程的前馈控制。人才培养的质量很大程度上与专业课程体系和课程设计以及教与学过程有密切的关系。首先,专业培养目标应符合高校办学定位和人才培养目标。课程体系设置需要围绕专业培养目标,支撑毕业要求,科学、合理地定义每门课程、每个实践环节在课程体系中的作用,并且将考核方式与教学内容和课程目标相联系。其次,课程体系预评价指标要以学习成果为导向。指标体系应可衡量、可预测,重在预测学生通过课程体系设置、教学过程实施,体现学生在知识、能力和素养三个方面的达成情况。最后,课程的教学设计、教学过程实施以及考核评价对于专业人才培养质量产生重要影响。教师应积极进行教学法研究,鼓励学生采用协作学习、个性化学习、转移教学、基于项目的学习等形式,刺激和提高学生的学习成效。正如有学者提出,高校应将教育创新和支持结合起来,以提高每位学生的水平。通过应用以学习者为中心的教学法,如基于问题和项目的学习,个人将通过处理现实世界中的问题获得洞察力、理解力,增强能力和信心。

最后,制度建设和质量文化是课程体系预评价机制有效运行的土壤。高校质量保证体系的建立与高校的内外部环境,如学校发展战略、质量政策以及机构设置等有密切的关系。在现代大学制度以及外部质量保证的推动下,高校内部质量保证体系得以建立和不断完善,课程体系预评价机制的建立也是大势所趋。学校发展战略的导向机制、质量政策的保证机制、组织机构的协调机制以及绩效考核的奖惩机制等共同构成了课程体系预评价运行的制度环境,并对课程体系预评价的运行产生重要影响。高校制度建设本身需要随着内外部环境的变化而进行改进,使之既符合国家层面的刚性要求,又符合高校实际情况的柔性需要。同时,质量文化建设为课程体系预评价工作的开展提供了发自主体内部的动力。表现为:①它是一种基于长期坚持的传统和价值观对师生行为的一种韧性约束;②它对学校师生的行为和态度具有持久的、顽强的和有效的影响作用;③高校需要引导师生逐步从质量意识过渡到质量文化;④将标准管理过程与质量保证过程相关联,并嵌入日常活动中,从制度约束走向质量文化;⑤以质量分析、质量对话和质量发展为基础,促进质量文化建设。要想在高等教育领域建立起质量保证的长效机制,以质量管理实践为基础,培育出能够融入组织内部、深入组织中所有人内心的质量文化是必然选择。

随着我国高校治理体系和治理能力现代化程度的不断提高,高校开展课程体系预评价势在必行。国际通行的做法和经验为我国高校课程体系预评价提供了新视野:课程体系预评价与内外部质量保证的关系更明确;将质量保证从传统的事中、事后监控提前到事前;将以能力导向的预期学习成果作为评价课程体系合理性的核心要素;课程体系预评价离不开外部质量政策和内部质量环境。由此而知,开展高校课程体系预评价机制的研究与实践具有广阔的前景。

第二节 研究展望

课程体系预评价机制的建立要求高校既要植根于中国高等教育改革发展的土壤,同时又要吸取国际上的有益经验,具有全球视野和前瞻性,在高校内部质量保证体系的框架内建立具有高校自身特色的课程体系预评价指标和机制。本书强调多维的质量观,强调内部质量保证体系的高校特色,在此基础上试图给出高校课程体系预评价的通用模型、评价指标和运行机制。展望未来,仍有一些问题需要深入研究和探讨。

一、能力建设是高校实现质量管理和质量保证的关键

能力建设表现为两个方面:一是高校内部质量保证体系中涉及的学校、学院、职能部门以及教师、学生等内部利益相关者的能力建设问题。高校内部利益相关者,应各自实现自身的角色定位和能力要求。对于职能部门而言,科学、有效的治理体系和治理能力将会更加有利于质量管理和质量保证目标的实现。加强沟通、协商和协调,调动全员参与办学和治学的积极性,充分发挥其作用,保证高等教育治理目的的实现。教师和学生是主要的内部利益相关者,如何调动教师投入教学的积极性,以及如何调动学生主动学习和提高学习成效,也需要进一步深入研究探讨。二是高校内部质量保证体系中涉及的用人单位、校友、第三方机构等外部利益相关者的能力建设问题。对于这些外部利益相关者而言,高校如何制定相应的政策鼓励他们积极主动参与高校的质量保证活动,关心、理解、支持高等教育质量发展,并具有沟通、监督和评价能力,承担起应有的社会责任。特别是随着政府职能的转变,政府将在质量保证中扮演更为重要的角色。政府应在制定宏观教育政策、合理配置教育资源、运用评价外部评价工具、落实监督和问责机制方面合理作为,不断推进高等教育治理体系和治理能力现代化。

高校课程体系预评价工作离不开内部和外部利益相关者的能力建设。虽然本书在第四章中探讨了高校与政府、社会在质量保证中的关系问题,但是如何从高校实现治理体系和治理能力现代化的角度出发,充分发挥内部和外部不同利益相关者的各自作用,深入研究和探讨能力建设的内涵、内容、方法和途径等深层次问题仍显不足。从高等教育质量管理的发展趋势看,能力建设研究将成为高校质量保证研究的热点,能力建设如何进一步推动高校课程体系预评价工作也是今后的研究方向。

二、质量文化建设是高校实现质量保证和治理体系现代化的内生动力

质量文化是促进大学人才培养质量不断提升的最持久和最深沉的力量。如何促使高校进一步树立质量保证的主体意识,形成"自觉、自省、自律、自查、自纠"的质量文化,这是高校质量保证的根本所在。现实中,将"质量文化"内化为高校师生的内生意识和行为自觉,从制度约束走向"以人才培养水平为核心"的共同价值和自觉行动,仍是高校今后努力的方向。高校内部质量保证应更能有利于促使质量文化的形成,积极引导教师重视本科教学、关心学生成长发展的同时,引导学生积极主动学习、关注自身能力提升。高校把教学质量的不断提升作为治理的重要内容,将质量文化渗透到人才培养和管理决策过程中。

高校一方面要不断注入质量提升内生动力,注重营造浓厚的校园质量文化;另一方面要积极引导各方共同参与,形成以提高人才培养水平为核心的质量文化,从而实现高校治理体系和治理能力现代化。

　　高校课程课程预评价工作需要沉浸在质量文化的肥沃土壤中。本书在第八章着重分析了课程体系预评价与质量文化建设的关系,并就质量文化内涵、功能、发展等方面进行了剖析。然而,质量文化还涉及教育哲学、教育心理学、组织管理学等学科领域,如何从更深层的角度诠释质量文化的作用进行跨学科研究,将是今后质量保证研究的重要内容。

　　概而言之,高校开展课程体系预评价工作还刚刚起步,相应的研究工作也有待于学者们深入探讨。扎根中国、放眼世界,高校质量保证和课程体系预评价也需要形成可行的"中国方案",努力促进高等教育内涵式发展,不断提高高等教育教学质量,推动质量文化建设。高校责任重大、使命光荣!

附 录

附录 A
测量和比较欧洲高等教育的学习成果(CALOHEE)

(Measuring and Comparing Achievements of Learning Outcomes in Higher Education in Europe)

评估模式的问卷结果

(Outcomes Questionnaire MODES OF ASSESSMENT)

介绍

本报告提供了关于评估模式问卷调查的主要结果,由内部和外部教育机构共同完成。这是对先前两份 CALOHEE 问卷的后续调查:第一份问卷与相关学科领域提供的学位相关,第二份问卷与毕业生获得和持有的典型职业以及在职业生涯中完成的典型任务相关。这些问卷的结果摘要已在 CALOHEE 网站上公布:https://www.calohee.eu。

本调查的目的是为 CALOHEE 评估框架的制订提供输入,并最终通过评估帮助各利益相关者获得关于学生在学习课程后实际知道和可以做什么的有用(即有效和可靠)信息。这些结果提供了目前使用评估类型的初步信息,以及在 CALOHEE 项目中各合作伙伴最有可能获得认可的政策、制度和教育背景。

本报告不包括五个专业领域的回答。我们已经准备了单独的报告,在第二次 CALOHEE 会议上公开。在会上,将为涉及的五个专业领域制订各自的评估框架。

在调查问卷中,区分了第一和第二周期学位方案(学士和硕士)和本硕贯通方案。

基本情况

本问卷共有 109 名受访者完成了以下五个专业领域的调查:土木工程、教育和教师培训、历史、护理、物理。并非所有受访者都回答了所有问题。

问题选项	回答
土木工程	20.18%, 22
教育	23.85%, 26
历史	25.69%, 28
护理	19.27%, 21
物理	15.60%, 17
总计	109

问卷中的学位方案包括

问题选项	回答
学士学位	82.41%, 89
硕士学位	72.22%, 78
本硕贯通学位	10.19%, 11
总计	108

高等教育机构类型包括

问题选项	回答
综合型大学	73.39%, 80
研究型大学	17.43%, 19
应用型大学	9.17%, 10
总计	109

高等教育的代表性

问题选项	回答
是	97.22%, 105
否	2.78%, 3
总计	108

学位方案在该国专业领域的可比性的代表性

问题选项	回答
是	92.66%, 101
否	3.67%, 4
如果否,请解释(不是必须的)	3.67%, 4
总计	109

评价的现行模式

问卷的这一部分深入理解和概述目前机构采用的典型评价模式,这些模式适用于CALOHEE项目涉及的五个专业领域,以及如何在高等教育机构涉及的专业领域中组织评价。

(Q9)国家层面建立评价的规则和规范

问题选项	回答
是	50.00%,53
否	50.00%,53
总计	106

(Q10)高等教育机构建立评价的规则和规范,与政策文件的一致性

问题选项	回答
是	69.8%,74
否	30.19%,32
总计	106

(Q11)公开可行性

问题选项	回答
是	90.54%,67
否	9.46%,7
总计	74

(Q12)学位方案基于评价计划或模板

问题选项	回答
是	60.19%,62
否	39.81%,41
总计	103

(Q13)每个课程单元所采用的评价方法由以下因素决定

问题选项	回答
考核与设计委员会	13.59%,14
教师团队	21.36%,22
教师个人	51.46%,53
其他	13.59%,14
总计	103

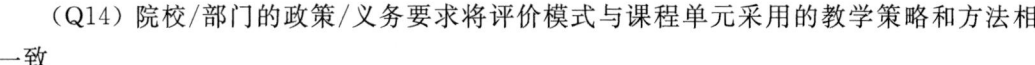

(Q14) 院校/部门的政策/义务要求将评价模式与课程单元采用的教学策略和方法相一致

问题选项	回答
是	66.67%,68
否	33.33%,34
总计	102

(Q15) 评价的参考框架是

问题选项	回答
基于规范(对比学生表现)	5.83%,6
基于标准	47.57%,49
同时基于规范和标准	46.60%,48
总计	103

(Q16) 如果参考框架是基于标准的

问题选项	回答
在评价前,学生已知晓评价标准	85.19%,69
在评价后,学生知晓评价标准	1.23%,1
相关教学人员应用视为标准的不同政策	18.52%,15
不知道标准	1.23%,1
总计	81

(Q17) 教师在课程中应用量规表或评分卡

问题选项	回答
是,每门课	23.53%,20
是,有些课	38.82%,33
否	37.65%,32
总计	85

(Q18) 在方案的一个或多个单元中,采用形成性或终结性的方式或两者兼而有之的连续评价或评估

	形成性	终结性	形成性+终结性	总计
学士第一学年(含本硕贯通第一学年)	6.25%,5	38.75%,31	55.00%,44	80
学士其他学年(含本硕贯通其他两年)	2.50%,2	40.00%,32	57.50%,46	80
硕士(含本硕贯通最后一年)	2.67%,2	38.67%,29	58.67%,44	75

(Q19) 方案中使用的评价模式,区分学士或硕士或本硕贯通

	学士学位	硕士学位	本硕贯通学位	总计
案例教学	72.92%,35	66.67%,32	8.33%,4	48
临床活动报告	61.54%,8	53.85%,7	0.00%,0	13
写作	76.00%,19	60.00%,15	20.00%,5	25
上机考试	78.38%,29	48.65%,18	18.92%,7	37
院系课程考试	94.74%,18	73.68%,14	21.05%,4	19
专题论文	43.28%,29	85.07%,57	14.93%,10	67
试验	82.46%,47	71.93%,41	8.77%,5	57
团队评价	74.55%,41	65.45%,36	12.73%,7	55
现场和实验室记录	73.53%,25	55.88%,19	17.65%,6	34
团队演讲	71.19%,42	64.41%,38	13.56%,8	59
团队项目报告	78.26%,36	67.39%,31	15.22%,7	46
文献报告	76.92%,30	71.79%,28	17.95%,7	39
文献综述	84.09%,37	63.64%,28	9.09%,4	44
长期论文	56.52%,13	86.96%,20	4.35%,1	23
多项选择题	85.45%,47	34.56%,19	12.73%,7	55
开卷(笔记)考试	73.91%,17	65.22%,15	13.04%,3	23
开卷(书)考试	79.31%,23	51.72%,15	10.34%,3	29
口头考试	85.48%,53	70.97%,44	12.90%,8	62
表现性任务	83.33%,20	50.00%,12	8.33%,2	24
文件夹	81.25%,26	50.00%,16	15.63%,5	32
海报展示	82.86%,29	60.00%,21	11.43%,4	35
摘要(论文概要)	50.00%,12	79.17%,19	0.00%,0	24
演讲	82.61%,57	75.36%,52	11.59%,8	69
项目报告	65.31%,32	77.55%,38	14.29%,7	49
报告	64.52%,20	67.74%,21	19.35%,6	31
研究期刊	29.41%,5	88.24%,15	0.00%,0	17
研究演讲	31.91%,15	91.49%,43	4.26%,2	47
短期论文	89.29%,25	57.14%,16	7.14%,2	28
管理者报告	63.64%,14	59.09%,13	13.64%,3	22
教师出题的课程考试	89.19%,33	67.57%,25	16.22%,6	37
教学实践	60.87%,14	60.87%,14	13.04%,3	23
测试	85.11%,40	57.45%,27	19.15%,9	47

	学士学位	硕士学位	本硕贯通学位	总计
导师报告	69.23%,9	38.46%,5	15.38%,2	13
毕业论文	95.92%,47	20.41%,10	6.12%,3	49
视频	81.82%,9	36.36%,4	9.09%,1	11
视频和报告	53.85%,7	46.15%,6	30.77%,4	13
写作考试	88.46%,69	69.23%,54	14.10%,11	78

#	其他
1	作业和小测验
2	创建播客,上述一些选项表述不清,如我不知道"短期论文"是什么意思
3	请注意,回答仅指本硕贯通的小学教师教育硕士学位
4	在护理学期刊或我校期刊上发表文章,在会议上发表海报或作口头发言
5	导师报告仅针对接受选修课辅导的学生,导师数量有限
6	学士学位规范评价模型
7	当回答关于本硕贯通学位的问题时,我指的是PME课程。当学生有其他学位(水平8)如想成为小学教师时,可申请该课程并接受培训。这个PME课程与四年制的BED相拟,在两年内完成,并给予学生硕士学位
8	专业会议:学生参与指定主题时观察其表现。OSPE:客观结构化专业考试
9	课程计划(小学教育)
10	工作安排和报告
11	SIMLAB:案例学习,示范教学
12	临床领域的导师评价,形成性评价。本科生需完成实践考试,由护理专业的2个考试者进行评价
13	可观察的结构化临床考试,实践性评价

(Q20) 常用的学位方案中的评价方法,用于学士第一年和本硕贯通第一年(略)

(Q21) 常用的学位方案中的评价方法,用于学士以后几年和本硕贯通第二年(略)

(Q22) 常用的学位方案中的评价方法,用于硕士和本硕贯通最后一年(略)

附录 B
高校课程体系预评价现状调查分析报告

调查问卷分析报告

为进一步了解目前学校专业培养方案制订和评价的现状,听取各专业对本科专业课程体系评价的设想和建议,课题组设计了调查问卷,涉及三方面内容:一是填表人基本情况;二是目前本科专业培养方案制订和评价现状;三是对本科专业课程体系设置和评价的设想和建议。

课题组分三次发放了问卷,分别是在 2018 年 3 月 23 日召开的专业认证工作交流会,2018 年 4 月 10 日召开的专业评估工作交流会,以及 2018 年 10 月 11 日工程教育专业认证辅导报告会。参会者包括上海市部分高校的教师和教学管理人员等。共发放问卷 66 份,回收 66 份,有效问卷 65 份。

一、汇总统计情况
(一)被调查者基本情况

1. 岗位属性

表 1　　　　　　　　　　　被调查者的岗位属性

岗位属性	频数	百分比
A. 专任教师	44	67.7%
B. 行政人员	16	24.6%
C. 教辅人员	4	6.2%
D. 其他	1	1.5%
合计	65	100.0%

2. 专业技术职务

表 2　　　　　　　　　　　被调查者的专业技术职务

专业技术职务	频数	百分比
A. 正高级	19	29.2%
B. 副高级	26	40.0%
C. 中级	13	20.0%
D. 初级	1	1.5%
E. 无	6	9.2%
合计	65	100.0%

3. 承担的教学管理岗位

表3　　　　　　　　　　被调查者承担的教学管理岗位

教学管理岗位	频数	百分比
A. 学院分管教学副院长	3	4.6%
B. 系教学副主任	8	12.3%
C. 教学秘书	4	6.2%
D. 教务员	4	6.2%
E. 校级教学督导	6	9.2%
F. 院级教学督导	1	1.5%
G. 质管员	6	9.2%
H. 其他	31	47.7%
未作答	2	3.1%
合计	65	100.0%

(二) 目前本科专业培养方案制订和评价现状

4. 所在学院本科专业培养方案修订的时间间隔

表4　　　　　　　　所在学院本科专业培养方案修订的时间间隔

修订的时间间隔	频数	百分比
A. 四年修订一次	30	46.1%
B. 两年修订一次	10	15.4%
C. 根据需要随时调整	12	18.5%
D. 其他	12	18.5%
未作答	1	1.5%
合计	65	100.0%

5. 所在学院制(修)订专业培养方案的负责人

表5　　　　　　　　　学院制(修)订专业培养方案的负责人

学院制(修)订专业培养方案的负责人	频数	百分比
A. 学院分管教学副院长	23	35.4%
B. 系教学副主任	11	16.9%
C. 专业负责人	26	40.0%
D. 教学秘书或教务员	2	3.1%
E. 其他	2	3.1%
未作答	1	1.5%
合计	65	100.0%

6.制(修)订专业培养方案过程中的参与人员

表6　　　　　　　　制(修)订专业培养方案过程中的参与人员

制(修)订专业培养方案过程中的参与人员	频数	样本百分比	频数百分比
A.学院教学副院长	49	18.0%	76.6%
B.教学系副主任	38	14.0%	59.4%
C.专业负责人	60	22.1%	93.8%
D.教师代表	54	19.9%	84.4%
E.学生代表	20	7.4%	31.3%
F.行业代表	21	7.7%	32.8%
G.校外同行专家	28	10.3%	43.8%
H.其他	2	0.7%	3.1%
合计	272	100.0%	425.0%

7.制(修)订后的专业培养方案是否经学院教务委员会讨论通过后再报学校

表7　　　　制(修)订后的专业培养方案经学院教务委员会讨论通过后再报学校的情况

制(修)订后的专业培养方案是否经学院教务委员会讨论通过后再报学校	频数	百分比
A.是	61	93.8%
B.否	3	4.6%
未作答	1	1.5%
合计	65	100.0%

8.目前在专业培养方案制(修)订过程中,设置课程体系的逻辑关系

表8　　　　　　　　　设置课程体系的逻辑

设置课程体系的逻辑	频数	百分比
A.培养目标——毕业要求——课程体系——师资队伍	53	20.0%
B.培养目标——毕业要求——师资队伍——课程体系	4	56.9%
C.培养目标——课程体系——师资队伍	5	20.0%
D.培养目标——师资队伍——课程体系	2	1.5%
未作答	1	1.5%
合计	65	100.0%

9. 目前专业培养方案是否强调课程设置对毕业要求指标点支撑和对应关系

表9　　　　专业培养方案是否强调课程设置对毕业要求指标点支撑和对应关系

专业培养方案是否强调课程设置对毕业要求指标点支撑和对应关系	频数	百分比
A. 非常强调	13	20.0%
B. 强调	37	56.9%
C. 一般	13	20.0%
D. 没有	1	1.5%
未作答	1	1.5%
合计	65	100.0%

10. 专业培养方案制（修）订后是否进行相应的课程教学大纲制（修）订

表10　　　　专业培养方案制（修）订后是否进行相应的课程教学大纲制（修）订

专业培养方案制（修）订后是否进行相应的课程教学大纲制（修）订	频数	百分比
A. 有相应的课程教学大纲制（修）订制度，并有效执行	40	61.5%
B. 有相应的课程教学大纲制（修）订制度，但不及时制（修）订	22	33.8%
C. 没有相应的课程教学大纲制（修）订制度	1	1.5%
D. 没必要制（修）订课程教学大纲	0	0.0%
未作答	2	3.1%
合计	65	100.0%

11. 目前专业是否定期开展对课程的自我评价

表11　　　　专业是否定期开展对课程的自我评价

专业是否定期开展对课程的自我评价	频数	百分比
A. 定期开展	17	26.2%
B. 不定期开展	34	52.3%
C. 有必要，但没有开展	13	20.0%
D. 没必要	0	0.0%
未作答	1	1.5%
合计	65	100.0%

12. 专业培养方案在制（修）订后、正式实施前，是否对课程体系进行评价

表 12　专业培养方案在制(修)订后、正式实施前,是否对课程体系进行评价

专业培养方案在制(修)订后、正式实施前,是否对课程体系进行评价	频数	百分比
A.有	25	38.5%
B.没有	37	56.9%
未作答	3	4.6%
合计	65	100.0%

注:对课程体系进行评价的形式包括召集教师进行课程建设讨论、专委会会议、学科组会议、学生问卷调查等。

(三)对本科专业课程体系设置和评价的设想和建议

13.您认为课程体系评价的核心理念所包含的内容

表 13　课程体系评价的核心理念

课程体系评价的核心理念	频数	样本百分比	频数百分比
A.学生中心	56	31.6%	87.5%
B.成果导向	52	29.4%	81.3%
C.持续改进	56	31.6%	87.5%
D.利益相关者参与	12	6.8%	18.8%
E.其他	1	0.6%	1.6%
合计	177	100.0%	276.6%

14.您认为课程体系评价的评价依据有哪些

表 14　课程体系评价的评价依据

课程体系评价的评价依据	频数	样本百分比	频数百分比
A.学校办学定位	48	22.4%	75.0%
B.政治、经济、社会等外部环境需要	39	18.2%	60.9%
C.人才培养目标	63	29.4%	98.4%
D.利益相关者需要	15	7.0%	23.4%
E.学生个人成长需要	49	22.9%	76.6%
F.其他	0	0.0%	0.0%
合计	214	100.0%	334.4%

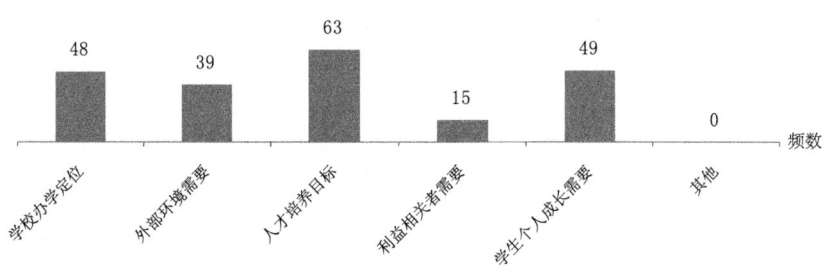

图 1 课程体系评价的评价依据

15. 您认为课程体系的评价标准是什么

表 15　　　　　　　　　课程体系的评价标准

课程体系的评价标准	频数	样本百分比	频数百分比
A. 学校内部质量标准	60	52.6%	92.3%
B. 外部专业认证标准	52	45.6%	80.0%
C. 其他	2	1.8%	3.1%
合计	114	100.0%	175.4%

16. 您认为有哪些必要的教学资料用于支撑课程体系评价

表 16　　　　　　　用于支撑课程体系评价的教学资料

用于支撑课程体系评价的教学资料	频数	样本百分比	频数百分比
A. 专业培养方案	61	27.0%	93.8%
B. 毕业要求关联度矩阵	55	24.3%	84.6%
C. 课程教学大纲	54	23.9%	83.1%
D. 教师教学行为规范	30	13.3%	46.2%
E. 学生学习行为规范	25	11.1%	38.5%
F. 其他	1	0.4%	1.5%
合计	226	100.0%	347.7%

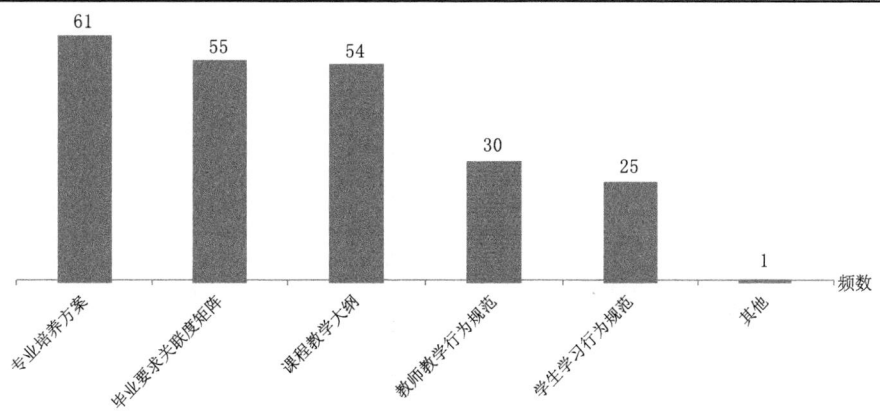

图 2 用于支撑课程体系评价的教学资料

17. 您认为课程体系评价的必要程序有哪些

表 17　　课程体系评价的必要程序

课程体系评价的必要程序	频数	样本百分比	频数百分比
A. 专业自评	59	35.3%	90.8%
B. 同行评审	63	37.7%	96.9%
C. 第三方评价	42	25.1%	64.6%
D. 其他	3	1.8%	4.6%
合计	167	100.0%	256.9%

18. 您认为课程体系评价的主要评价内容有哪些

表 18　　课程体系评价的主要评价内容

课程体系评价的主要评价内容	频数	样本百分比	频数百分比
A. 培养目标是否符合学校定位、符合社会经济发展需要？	60	16.1%	93.8%
B. 毕业要求（知识、能力、素质）是否可衡量，且支持培养目标的达成？	60	16.1%	93.8%
C. 课程设置是否能覆盖全部毕业要求的实现？	57	15.3%	89.1%
D. 课程、实践类环节是否支持毕业要求的达成？	57	15.3%	89.1%
E. 承担支持毕业要求指标点的课程大纲是否明确反映相关要求？	46	12.4%	71.9%
F. 课程内容与授课方式是否确定能够实现目标？	49	13.2%	76.6%
G. 作业要求是否有与课程目标相适应的量与深度？	43	11.6%	67.2%
H. 其他	0	0.0%	0.0%
合计	372	100.0%	581.3%

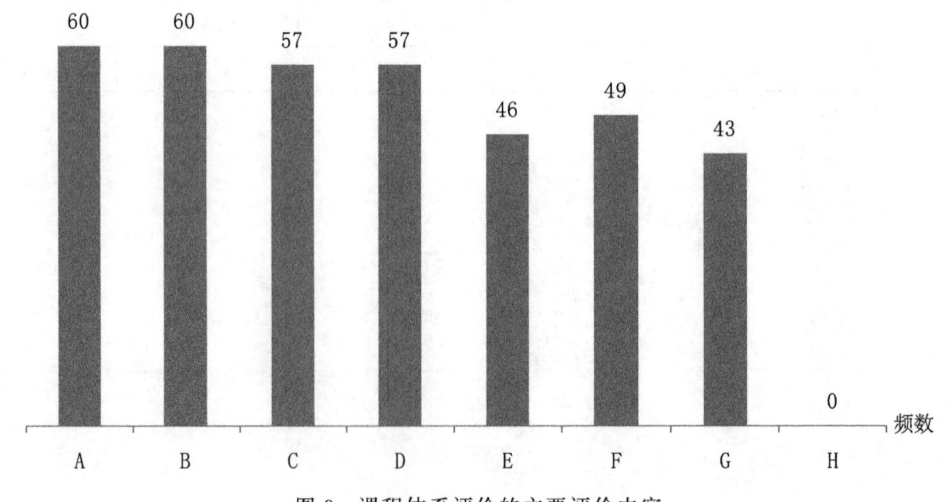

图 3　课程体系评价的主要评价内容

注:A-培养目标是否符合学校定位、符合社会经济发展需要？B-毕业要求(知识、能力、素质)是否可衡量,且支持培养目标的达成？C-课程设置是否能覆盖全部毕业要求的实现？D-课程、实践类环节是否支持毕业要求的达成？E-承担支持毕业要求指标点的课程大纲是否明确反映相关要求？F-课程内容与授课方式是否确定能够实现目标？G-作业要求是否有与课程目标相适应的量与深度？H-其他

19. 您认为怎样做好毕业要求达成情况评价

表19　　做好毕业要求达成情况评价的方法

做好毕业要求达成情况评价的方法	频数	样本百分比	频数百分比
A. 毕业要求(知识、能力、素质)全覆盖	55	18.2%	85.9%
B. 毕业要求指标点分解合理	52	17.2%	81.3%
C. 毕业要求指标点判定能达成	47	15.6%	73.4%
D. 课程内容对毕业要求指标点支撑有逻辑	53	17.5%	82.8%
E. 为课程、实践类环节等分配实现方式和合理的权重	46	15.2%	71.9%
F. 课程的考核内容和方式与课程目标一致	48	15.9%	75.0%
G. 其他	1	0.3%	1.6%
合计	302	100.0%	471.9%

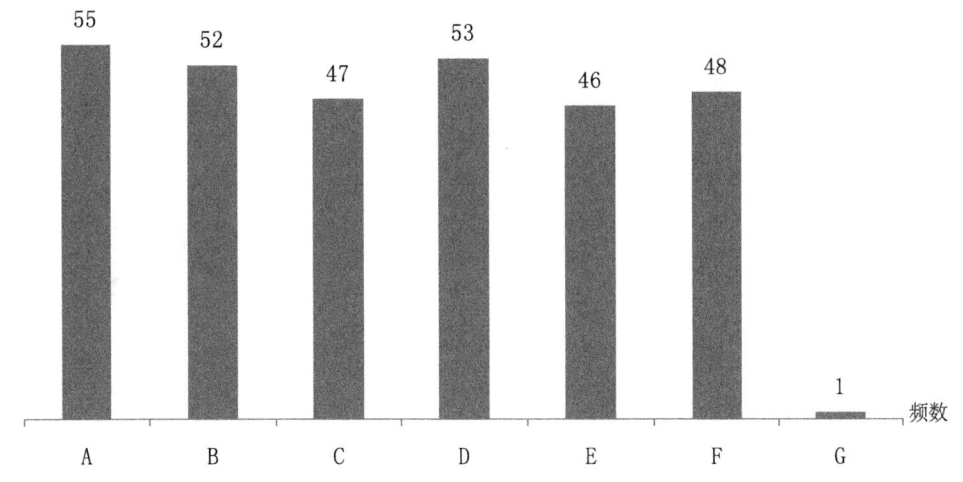

图4　做好毕业要求达成情况评价的方法

注:A-毕业要求(知识、能力、素质)全覆盖;B-毕业要求指标点分解合理;C-毕业要求指标点判定能达成;D-课程内容对毕业要求指标点支撑有逻辑;E-为课程、实践类环节等分配实现方式和合理的权重;F-课程的考核内容和方式与课程目标一致;G-其他

20. 您认为参与课程体系评价的主体有哪些

表20 参与课程体系评价的主体

参与课程体系评价的主体	频数	样本百分比	频数百分比
A. 专业	57	18.8%	87.7%
B. 学院	46	15.1%	70.8%
C. 学校	40	13.2%	61.5%
D. 政府	11	3.6%	16.9%
E. 第三方机构	20	6.6%	30.8%
F. 学生	48	15.8%	73.8%
G. 教师	54	17.8%	83.1%
H. 雇主	28	9.2%	43.1%
I. 其他	0	0.0%	0.0%
合计	304	100.0%	467.7%

21. 您认为课程体系评价应该在事前、事中还是事后进行评价?

表21 课程体系评价在事前、事中和事后评价的情况

课程体系评价应该在事前、事中还是事后进行评价	频数	样本百分比	频数百分比
A. 事前(培养方案执行前)	34	25.2%	54.0%
B. 事中(执行中)	31	23.0%	49.2%
C. 事后(执行后)	33	24.4%	52.4%
D. 都需要	37	27.4%	58.7%
合计	135	100.0%	214.3%

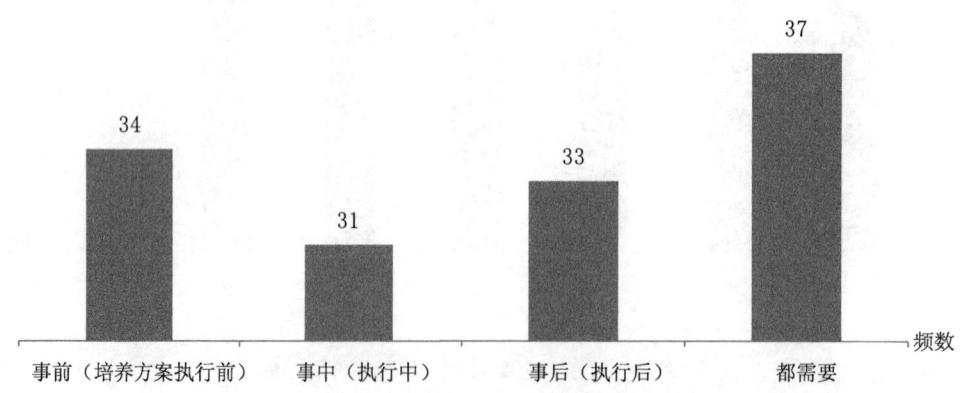

图5 课程体系评价在事前、事中和事后评价的情况

22.您认为如何有效利用评价结果?

表22　　　　　　　　　　如何有效利用评价结果

如何有效利用评价结果	频数	样本百分比	频数百分比
A.课程体系调整	55	27.6%	85.9%
B.课程教学大纲调整	55	27.6%	85.9%
C.任课教师的教学质量评价	41	20.6%	64.1%
D.课程、实践环节考核	47	23.6%	73.4%
F.其他	1	0.5%	1.6%
合计	199	100.0%	310.9%

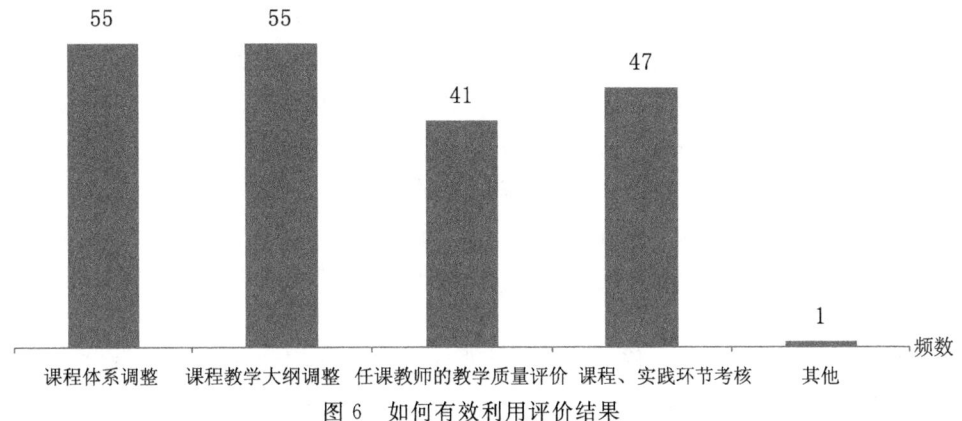

图6　如何有效利用评价结果

二、数据分析

（一）被调查者基本情况

本项目调查的有效问卷共65份。被调查者基本情况方面有3道题，涉及被调查者的工作岗位、专业技术职务以及承担教学管理工作情况等内容。被调查者中专任教师占了大多数，占比为67.7%，行政人员占到24.6%；专业技术职务情况：正高为29.2%，副高为40.0%；被调查者中，超过半数(52.3%)也承担教学管理工作，有学院分管教学副院长、系教学副主任、教学秘书、教务员、校级教学督导、院级教学督导和质管员等。说明本项目调查的对象覆盖面还是很广泛的，从不同的视角可以较为全面地反映有关课程体系设置和评价的现状。

（二）目前本科专业培养方案制订和评价现状

关于目前本科专业培养方案制订和评价现状，共设9道题。从调查数据看，主要反映了以下几方面的情况：

1.关于本科专业培养方案修订的时间间隔，四年修订一次的占46.1%，两年修订一次的占15.4%，也有18.5%的人认为培养方案可根据需要随时调整，认为有其他情况的也占到18.5%。说明有近半数的被调查者认为学校四年修订一次本科培养方案，有超过半数的被调查者认为专业存在两年、一年或随时调整的情况。

2. 关于所在学院制（修）订专业培养方案的负责人，选"学院分管教学副院长"的占35.4%，"副系主任"的占16.9%，"专业负责人"的占40%。说明负责培养方案修订得到院、系和专业负责人的高度重视，但各专业的情况又不尽相同。

3. 关于制（修）订专业培养方案过程中的参与人员，学院教学副院长参加的占76.6%，教学系副主任参加的占59.4%，专业负责人参加的占93.8%，教师代表参加的占84.4%，学生代表参加的占31.3%，行业代表参加的占32.8%，校外同行专家参加的占43.8%。说明学生、行业代表、校外同行专家等利益相关者参与培养方案修订的情况还不容乐观。

4. 关于制（修）订后的专业培养方案是否经学院教务委员会讨论通过后再报学校，有93.8%的被调查者认为现状是这样。说明不是全部的专业培养方案都经学院教务委员会讨论通过后再报学校。

5. 关于目前在专业培养方案制（修）订过程中设置课程体系的逻辑关系问题，选"培养目标—毕业要求—课程体系—师资队伍"占20.0%，选择"培养目标—毕业要求—师资队伍—课程体系"占56.9%，选择"培养目标—课程体系—师资队伍"占20.0%，选择"培养目标—师资队伍—课程体系"占1.5%。说明大多数被调查知晓必须根据培养目标、毕业要求来设置课程体系，但其中还是受到师资队伍的影响。

6. 关于目前专业培养方案是否强调课程设置对毕业要求指标点支撑和对应关系，认为"非常强调""强调"分别占20.0%、56.9%。说明大多数专业强调了课程设置对毕业要求指标点支撑和对应关系。

7. 关于专业培养方案制（修）订后是否进行相应的课程教学大纲制（修）订问题，有61.5%的被调查者认为有相应的课程教学大纲制（修）订制度，并有效执行；有33.8%的人认为有相应的课程教学大纲制（修）订制度，但不及时制（修）订。说明培养方案和课程教学大纲的修订是一个系统工程，得到普遍认可。

8. 关于目前专业是否定期开展对课程的自我评价，有26.2%的被调查者认为"定期开展"，认为"不定期开展"的有52.3%，也有20.0%认为"有必要，但没有开展"。说明在现实情况中，有一小部分课程尚未开展课程评价。

9. 关于专业培养方案在制（修）订后、正式实施前，是否对课程体系进行评价，只有38.5%的被调查者认为"有"，而56.9%认为"没有"。说明大多数专业没有开展课程体系评价工作。

（三）对本科专业课程体系设置和评价的设想和建议

关于本科专业课程体系设置和评价的设想和建议，共设10道题。

1. 关于课程体系评价的核心理念所包含的内容，被调查者认为"学生中心""成果导向""持续改进"有分别占87.5%、81.3%和87.5%，选择"利益相关者参与"仅占18.8%。说明工程教育专业认证的"学生中心、成果导向、持续改进"的理念已深入人心，但大家对利益相关者参与课程体系设置和评价的意识还没有建立。

2. 关于课程体系评价的评价依据问题，被调查者中认为依据人才培养目标的占98.4%，考虑学生个人成长需要的占76.6%，符合学校办学定位的占75.0%，适应政治、经济、社会等外部环境需要的占60.9%，反映利益相关者需要的占23.4%。说明人才培养目标是课程体系评价依据的首选。

3. 关于课程体系的评价标准,有92.3%的受访者认为应是"学校内部质量标准",而80.0%的受访者认为课程体系评价标准应是"外部专业认证标准"。

4. 关于有哪些必要的教学资料用于支撑课程体系评价的问题,认为专业培养方案、毕业要求关联度矩阵、课程教学大纲、教师教学行为规范和学生学习行为规范的分别占93.8%、84.6%、83.1%、46.2%和38.5%。可见,专业培养方案、毕业要求关联度矩阵、课程教学大纲是大多数受访者认为开展课程体系评价的必备教学资料。

5. 关于课程体系评价有哪些必要程序的问题,认为专业自评和同行评审分别占到90.8%和96.9%,认为需要第三方评价的占64.6%。说明专业自评和同行评审得到广泛认可。

6. 关于课程体系评价的主要评价内容,认为"培养目标是否符合学校定位、符合社会经济发展需要"占93.8%,认为"毕业要求(知识、能力、素质)是否可衡量,且支持培养目标的达成"占93.8%,认为"课程设置是否能覆盖全部毕业要求的实现"占89.1%,认为"课程、实践类环节是否支持毕业要求的达成"占89.1%,认为"承担毕业要求指标点支持的课程大纲是否明确反映相关要求"占71.9%,认为"课程内容与授课方式是否确定能够实现目标"占76.6%,认为"作业要求是否有与课程目标相适应的量与深度"占67.2%。可见,评价内容涉及到培养目标、毕业要求、教学大纲、课程内容、授课方式、作业要求等方面,但前三项是重点。

7. 关于毕业要求达成情况评价的方法,认为"毕业要求(知识、能力、素质)全覆盖"占85.9%,认为"毕业要求指标点分解合理"占81.3%,认为"毕业要求指标点判定能达成"占73.4%,认为"课程内容对毕业要求指标点支撑有逻辑"占82.8%,认为"为课程、实践类环节等分配实现方式和合理的权重"占71.9%,认为"课程的考核内容和方式与课程目标一致"占75.0%。说明毕业要求达成情况评价的上述内容和方法得到大多数受访者的认可。

8. 关于参与课程体系评价的主体,占比从高到低依次为:专业(87.7%)、教师(83.1%)、学生(73.8%)、学院(70.8%)、学校(61.5%)、雇主(43.1%)、第三方机构(30.8%)、政府(16.9%)。说明受访者认为主体首先是专业及学校内部的利益相关者,其次是雇主和第三方机构,认为政府为主体的占比最低。

9. 关于课程体系评价应该在事前、事中还是事后进行评价的问题,认为"事前(培养方案执行前)"占54.0%,"事中(执行中)"占49.2%,事后(执行后)占52.4%。说明课程体系评价无论在哪个阶段都重要。

10. 关于如何有效利用评价结果的问题,受访者认为评价结果可用于"课程体系调整"的占85.9%,认为评价结果可用于"课程教学大纲调整"占85.9%,认为评价结果可用于"任课教师的教学质量评价"的占64.1%,认为评价结果可用于"课程、实践环节考核"的占73.4%。

11. 关于回答"您认为在专业课程体系设置和评价方面还需要做好哪些工作"的问题时,有如下建议:

(1)多注重培养过程及过程追踪,并做好持续改进;

(2)同行院校之间多交流,进一步明确评价标准;
(3)增加反馈与建议;
(4)制度化建设,加强落实,产生实效;
(5)专业设置再聚焦,评价定时且灵活;
(6)学校职能部门要履行自己的职责;
(7)校院两级协调配合提供支持;
(8)加强日常教学相关数据的汇总与开放,尽可能降低基层数据收集、统计和重复上报;
(9)尽量细致、到位,诊出具体措施;
(10)不设学分上限;
(11)社会评价;
(12)教师职业发展不清晰,大部分教师无动力投入大量时间改进教学,需要明确改善平衡教学和科研,且要覆盖足够比例教师而不是着重少数明星教授。

三、结论

1.目前专业培养方案制(修)订和课程体系评价的现状仍有改进的空间。特别是在设置课程体系的逻辑关系,课程设置对毕业要求指标点支撑和对应关系,课程教学大纲修订、课程自我评价方面需要做深入的工作。

2.专业课程体系设置和评价应从理念、依据、标准、程序、内容、主体和评价结果利用等方面进行科学、合理、规范的制度设计和实施,以保证培养方案的科学性和有效性,保证本科专业人才培养质量。

3.课程体系评价不仅是高校内部质量保证体系的重要组成部分,而且应满足高校外部专业认证的需要。

4.基于学习成果构建人才培养的核心能力,贯穿于培养目标、课程体系和教学实践的全过程。

5."学生中心、成果导向、持续改进"以及"利益相关者参与"也是课程体系评价的指导思想。

附录

调查问卷量表

为进一步了解目前专业培养方案制订和评价的现状,听取各专业对本科专业课程体系评价的设想和建议,设计了本问卷,仅用于课题研究。请您根据您所了解的实际情况如实填写。非常感谢您给予的支持和协助!

课题组
2018 年 3 月

一、填表人基本情况

1. 您的岗位属性：
☐ 专任教师　　☐ 行政人员　　☐ 教辅人员　　☐ 其他

2. 您的专业技术职务：
☐ 正高级　　☐ 副高级　　☐ 中级　　☐ 初级　　☐ 无

3. 您承担的教学管理岗位：
☐ 学院分管教学副院长　　☐ 系教学副主任　　☐ 教学秘书　　☐ 教务员
☐ 校级教学督导　　☐ 院级教学督导　　☐ 质管员　　☐ 其他

二、目前本科专业培养方案制订和评价现状

4. 您所在学院本科专业培养方案修订的时间间隔：（单选）
☐ 四年修订一次　　☐ 两年修订一次　　☐ 根据需要随时调整　　☐ 其他：____

5. 您所在学院专业培养方案一般由谁负责制（修）订？（单选）
☐ 由学院分管教学副院长负责
☐ 由专业所在系的教学系副主任负责
☐ 由专业负责人负责
☐ 由教学秘书或教务员负责
☐ 其他：_____

6. 制（修）订专业培养方案过程中，由哪些人员参与？（可多选）
☐ 学院教学副院长　　☐ 教学系副主任　　☐ 专业负责人　　☐ 教师代表
☐ 学生代表　　☐ 行业代表　　☐ 校外同行专家　　☐ 其他

7. 制（修）订后的专业培养方案是否经学院教务委员会讨论通过后再报学校？（单选）
☐ 是　　　　☐ 否

8. 目前专业培养方案制（修）订过程中，按怎样逻辑关系顺序确定课程体系设置？（单选）
☐ 培养目标—毕业要求—课程体系—师资队伍
☐ 培养目标—毕业要求—师资队伍—课程体系
☐ 培养目标—课程体系—师资队伍
☐ 培养目标—师资队伍—课程体系

9. 目前专业培养方案是否强调课程设置对毕业要求指标点支撑和对应关系？（单选）
☐ 非常强调　　☐ 强调　　☐ 一般　　☐ 没有

10. 目前专业培养方案制（修）订后，进行相应的课程教学大纲制（修）订吗？
☐ 有相应的课程教学大纲制（修）订制度，并有效执行
☐ 有相应的课程教学大纲制（修）订制度，但不及时制（修）订
☐ 没有相应的课程教学大纲制（修）订制度
☐ 没必要制（修）订课程教学大纲

11. 目前专业定期开展对课程的自我评价吗？（单选）
   □ 定期开展　　□ 不定期开展　　□ 有必要,但没有开展　　□ 没必要
12. 目前专业培养方案在制（修）订后、正式实施前,对课程体系进行评价吗？（单选）
   □ 有,形式为：_____
   □ 没有

三、对本科专业课程体系设置和评价的设想和建议

13. 您认为课程体系评价的核心理念有哪些？（可多选）
   □ 以学生为中心　　□ 成果导向　　□ 持续改进　　□ 利益相关者参与
   □ 其他：_____
14. 您认为课程体系评价的评价依据有哪些？（可多选）
   □ 学校办学定位　　□ 政治、经济、社会等外部环境需要　　□ 人才培养目标
   □ 利益相关者需要　　□ 学生个人成长需要　　□ 其他：_____
15. 您认为课程体系的评价标准是什么？（可多选）
   □ 学校内部质量标准　　□ 外部专业认证标准　　□ 其他：_____
16. 您认为有哪些必要的教学资料用于支撑课程体系评价？（可多选）
   □ 专业培养方案　　□ 毕业要求关联度矩阵　　□ 课程教学大纲
   □ 教师教学行为规范　　□ 学生学习行为规范　　□ 其他 _____
17. 您认为课程体系评价的必要程序有哪些？（可多选）
   □ 专业自评　　□ 同行评审　　□ 第三方评价　　□ 其他：_____
18. 您认为课程体系评价的主要评价内容有哪些？（可多选）
   □ 培养目标是否符合学校定位、符合社会经济发展需要
   □ 毕业要求（知识、能力、素质）是否可衡量,且支持培养目标的达成
   □ 课程设置是否能覆盖全部毕业要求的实现
   □ 课程、实践类环节是否支持毕业要求的达成
   □ 承担支持毕业要求指标点的课程大纲是否明确反映相关要求
   □ 课程内容与授课方式是否确定能够实现目标
   □ 作业要求是否有与课程目标相适应的量与深度
   □ 其他：_____
19. 您认为怎样做好毕业要求达成情况评价？（可多选）
   □ 毕业要求（知识、能力、素质）全覆盖
   □ 毕业要求指标点分解合理
   □ 毕业要求指标点判定能达成
   □ 课程内容对毕业要求指标点支撑有逻辑
   □ 为课程、实践类环节等分配实现方式和合理的权重
   □ 课程的考核内容和方式与课程目标一致
   □ 其他：_____
20. 您认为参与课程体系评价的主体有哪些？（可多选）

☐ 专业　　☐ 学院　　☐ 学校　　☐ 政府　　☐ 第三方机构
☐ 学生　　☐ 教师　　☐ 雇主　　☐ 其他：_____

21. 您认为课程体系评价应该在事前、事中还是事后进行评价？（可多选）
☐ 事前(培养方案执行前)　☐ 事中(执行中)　☐ 事后(执行后)　☐ 都需要

22. 您认为如何有效利用评价结果？（可多选）
☐ 课程体系调整　　　　　☐ 课程教学大纲调整
☐ 任课教师的教学质量评价　☐ 课程、实践环节考核
☐ 其他：_____

23. 您认为在专业课程体系设置和评价方面还需要做好哪些工作？（简答）
答：

附录 C
欧洲基于能力的高等教育内部质量管理手册(节选)

Handbook for Internal Quality Management in Competence-Based Higher Education

介绍

在过去的十年里,博洛尼亚进程给欧洲高等教育带来了一些重要的变革。这些措施包括学位结构的趋同、建立共同的学分转移和积累制度,以及使用文凭补充,以实现透明度、流动性,并促进对学位和学习阶段的认可。在博洛尼亚进程的同时,欧洲质量保证环境也发生了变化,最重要的里程碑之一是在整个欧洲采用了一个共同的质量保证框架,即2005年的《欧洲高等教育区质量保证标准与指南》(ESG)。

博洛尼亚进程带来了从注重教学和投入措施到注重学生及其学习成果的转变。这反映在2015年通过的 ESG 修订版中。因此,许多高等教育机构已经开始探索和使用以学生为中心的新的教学方法,并在教学中实施基于能力的方法。考虑到这一最新趋势,高等教育内部质量管理程序也需要现代化。

根据高校办学自主权制定内部质量管理程序一直是每个高等教育机构的责任。虽然这一方法仍然有效,但是一种模式永远不可能适合所有机构。为了支持高等教育机构在这一领域的努力,欧洲高等教育质量保证网络(ENQA)组织成立了由十所高校组成的项目组,着手编写基于能力的高等教育内部质量管理手册。该手册向各高等教育机构提供了实践建议,思考如何以最佳方式实施内部质量管理体系。该体系通过一种全面的方法,特别适合于基于能力的学习和教学,该方法涉及基于能力的教学和学习过程的不同要素,如课程、教学评价方法、学生学习策略。

手册所提出的内部质量管理程序是灵活的,适用于不同国家、不同高等教育机构,希望加强以能力为基础的教学和质量保证。该手册是改进高校质量管理体系的有用工具,以便更好地考虑基于能力的高等教育要求,支持和加强以学生为中心的学习方法。

(下面节选了手册中第二部分"实施"的内容,供读者参考。)

第二部分 实施
IQM 程序如何运作以及如何在高等教育机构实施

在本章中,将介绍内部质量管理程序,以改进学习计划的教学和学习过程,特别是与学生的能力有关。下面将使用缩写词 IQM 程序来代表"基于能力的高等教育内部质量管理程序"。本章还提供了如何在高等教育机构实施 IQM 程序的信息。IQM 程序可以集成到现有的内部质量管理系统中。

如本手册第一部分所述,IQM 程序是第一个明确整合内部质量管理三个主要观点的程序:首先,该程序解决了欧洲高等教育区的影响;其次,考虑了不同学习领域的影响;第三,本程序旨在积极整合利益相关者的信息需求。

IQM 程序适用于欧洲高等教育区的任何高等教育机构。它不考虑国家法律、专业特定建议或高等教育机构的特定质量管理文化。然而,高等教育机构实施 IQM 程序时,有必要考虑这些因素。此外,建议考虑高等教育机构现有的质量管理框架,以及如何将 IQM 程序集成到现有框架中。

在下文中,概述了 IQM 程序以及实施过程,并补充了时间表。之后,提供了关于如何执行 IQM 程序非常具体的信息。建议在对整个组织实施新程序之前,先从试点项目开始。因此,我们将把重点放在高等教育机构实施 IQM 程序的一个特定学习计划项目上。在"未来展望"一章中,您可以找到有关如何将 IQM 程序扩展到其他学习计划程序的信息。首先,让我们从 IQM 程序的概述开始。

概述
基于能力的高等教育模式

广义地说,IQM 程序的目的是评估和加强基于能力的高等教育。以能力为基础的高等教育聚焦学生的能力,即学习计划中教与学过程的结果。如下图所示,该过程从预期能力的定义开始,即学生应通过学习计划获得的能力。该模型是在教与学过程之后的过程,包括几个要素(课程、教学和评价方法、学习策略和背景因素),并以学生所获得的感知能力为结果。一方面,感知能力是学生对所获得的能力的自我评价,另一方面,也是教师对学生所获得的能力的感知。如果感知到的学生能力与最初定义的预期学生能力处于同一水平,则学习计划达到了其目标。

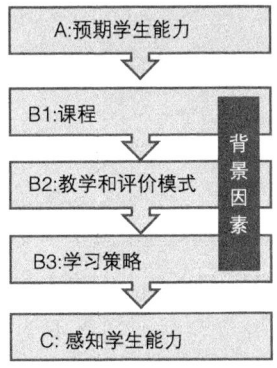

基于能力的高等教育模式图

IQM 程序

IQM 程序本身包括三个步骤。步骤 1，了解针对特定学习计划是否具有明确的预期学生能力（定义能力）；步骤 2，收集筛查信息，以了解预期学生能力与感知学生能力之间是否存在差距，预期学生能力与教与学过程之间是否存在差距（筛查能力）；步骤 3，找出差距的原因，并制定质量改进和质量保证的措施（增强能力）。这三个步骤是基本结构，设计这三个步骤有不同的方法。在后续章节的步骤 1、步骤 2 和步骤 3 中，将提供有关步骤的详细信息以及每个步骤的特定方法。然而，由于高等教育机构是高度异质的，也将提供在设计个别方法时要考虑的核心组成部分，确保实施 IQM 程序的灵活性，以考虑高等教育机构特殊的文化以及利益相关者的需求。

实施过程

IQM 程序的实施过程从准备阶段开始。准备阶段是为随后实施 IQM 程序的三个步骤（定义、筛查和增强能力）创造适当的条件。实现过程以反思阶段结束。IQM 程序的反思是为了改进后续的 IQM 循环。请注意，根据评估研究以及外部质量保证方面的建议，我们将在利益相关者积极参与和知情的实施过程中采取参与式方法。

准备阶段是为实施 IQM 程序的三个步骤创建适当的框架。

准备阶段结束时
- 决策者知道并提倡实施 IQM 程序；
- 成立了所谓的内部质量管理团队（IQM 团队），即挑选和培训所有利益相关者群体的代表；
- 资源专用于 IQM 程序。

第一步是阐述能力模型。通常高等教育机构都会列出学生在学习结束时应该具备的能力。这些能力是阐述能力模型的起点。

在第一步结束时
- 阐述了能力模型，并遵循能力研究中得出的五个质量标准；
- 利益相关者了解详细的能力模型。

第二步是收集筛查信息。

在第二步结束时
- 在开始收集信息（信息活动）之前，利益相关者已被告知一般的 IQM 程序，尤其是收集筛查信息；
- 已收集筛查信息。它从学生和教师的角度显示了预期和感知学生能力之间的差距。并从学生的角度对教学过程的质量进行了分析；
- 筛查报告完成，结果以利益相关者特有的方式进行沟通。

第三步是解读信息，通过观察教学过程中的具体因素和制定措施，找出优势和劣势的原因。

在第三步结束时
- 根据报告制定和收集质量改进和质量保证的可能措施;
- 启动了质量改进和质量保证的选定措施;
- 向利益相关者通报了所采取的措施。

反思阶段是基于第一个周期的反思来改进 IQM 过程。

在反思阶段结束时
- 实施过程的成功因素;
- 如何进一步改进高等教育机构的 IQM 程序。

建议的时间线

机构实施一个新的程序通常比后续常规操作花费更多的时间。然而,实施 IQM 程序以及后续常规 IQM 程序的时间线,高度依赖于机构的背景。

作为一种参考,我们建议估计大约两年的实施过程以及大约一年的后续常规 IQM 程序。负责内部质量管理的人员在日常业务中有不同的任务,除了 IQM 程序外还有其他职责。此外,在参与式方法中,许多利益相关者群体需要参与,这也会导致更长的时间跨度。

步骤 1:定义能力

在步骤 1 结束时
- 阐述了能力模型,并遵循能力研究中得出的五个质量标准;
- 利益相关者了解详细的能力模型。

制定能力模型

注重基于能力教学的高等教育机构,通常规定学生应通过特定的学习计划获得的能力。这些能力可以列在课程中,也可以列在欧洲通行证课程(Europass)中。请注意,在日常用语中,通常使用其他术语而不是"能力"来描述学习计划的目标。这些术语如课程学习成果、资格或第一技能。

在 IQM 程序的第一步中,我们想了解您的机构是否已经具备针对特定学习计划的明确能力,或者是否需要更多的阐述。能力研究为明确定义的能力提供了一些建议,或者——用研究者的说法——为明确定义的理论能力模型提供一些建议。明确定义的能力模型是研究以学生能力为中心课程的先决条件。

能力研究为定义良好的能力模型提供了五个质量标准。下面,首先介绍能力模型,它解决了所有五个质量标准。对于那些无法或不想解决五个质量标准的机构,我们提供了核心组成部分,在开发能力模型的简化版本时应考虑这些组成部分。由内部质量管理负责人决定是否实现综合能力模型或简化版本。下图给出了五个质量标准的概述,详细信息在本手册的能力研究一节中进行了描述。

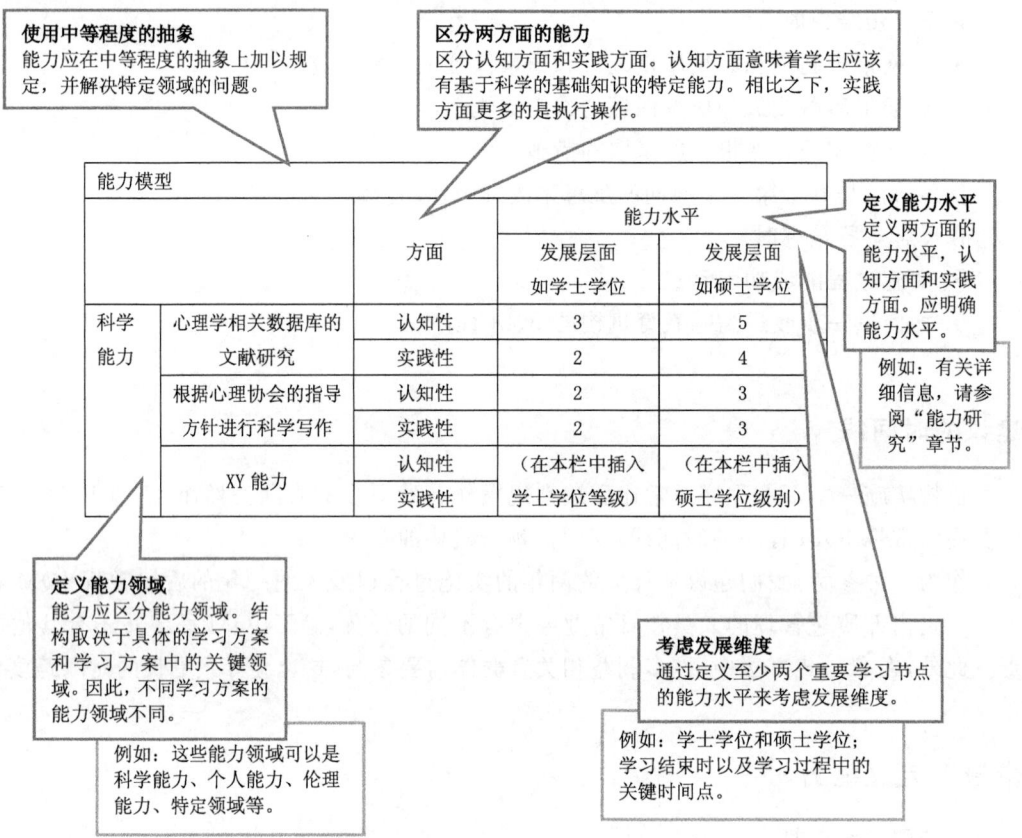

内部质量管理能力模型的五个质量标准(以心理学的科学能力为例)

专注于核心组成部分

满足能力模型的五个质量标准可能不是每个高等教育机构的目标,因为高等教育机构的起点可能不同。一些机构或机构内的单一学习计划可能已经使用了与本手册中所述类似的能力理解,并且他们有一份详细的、明确的预期学生能力清单,与利益相关者就预期学生能力进行了积极讨论并达成共识。在这种情况下,制定一个满足所有五个质量标准的能力模型是可以实现的目标。

相比之下,一些机构可能对能力的理解与我们手册不同,或者一些机构可能没有如此详细的能力列表。一些机构开展讨论可能有些困难,或者缺乏学生应获得哪些能力或能力水平的共识。对于这样起点的机构,建议将重点放在我们认为是能力模型核心组成部分的一些质量标准上。

- 选择最相关的能力领域;
- 定义这些领域内最相关的能力;
- 同时考虑认知和实践方面;
- 确定学习结束时的能力水平;
- 在未来几年逐步完善能力模型。

附 录

能力模型是否被视为课程的一部分?

一些欧洲国家,负责内部质量管理的人员必须考虑能力模型(或其他术语、资格、第一技能等)是课程的一部分。对一个机构来说,内部质量管理负责人需要澄清是否应该在课程中整合更为详细的能力模型。整合可能是一个复杂且耗时的过程。另一种选择是将更详细的能力模型视为基于课程的附加文档,而不是课程的一部分。

资格框架和欧洲通行课程

在这个信息框中,我们要澄清特定学习计划的能力模型与跨国家资格框架(如欧洲资格框架)之间的关系。特定学习计划的能力模型定义了单个学习计划的目标;它指导学生从学习计划中获得期望,并帮助教师专注于商定的能力和能力水平。相反,跨国家资格框架有助于比较不同的国家教育体系。为一个特定的学习计划定义能力模型时,应该记住跨国家(国家)资格框架,并检查能力模型中的能力和能力水平是否符合高等教育跨国家资格框架的预期(例如,学士或硕士级别)。

考虑到欧洲通行课程,您可以考虑将能力模型中的能力和能力水平整合到欧洲通行学习计划的描述中。

制定能力模型采用参与方法。利益相关者要接受能力模型,就须让利益相关者参与细化过程。参与方法也可以被视为一种干预,有关能力的广泛讨论已经开始。这些机构正在向以能力为导向和以学生为中心的学习的转变过程中,这一发展支持了高等教育机构。

为特定学习计划制定能力模型的方法,需要内部质量管理负责人主持召开 IQM 团队研讨会加以确定。此外,参与的工作团队将包括更多的利益相关者。

在以下信息框中,我们提供制定能力以及制定能力水平的提示和技巧。

制定能力的技巧和诀窍

首先,分析现有的能力列表。请记住,在日常用语中,通常使用其他术语而不是"能力"来描述学习计划的目标。这些术语,如课程学习成果、资格或第一技能。

您可以使用以下要点作为分析列表中每个能力的检查表。有关制定能力背景的更多信息,请参见"能力研究"一章。

- 能力是在中等抽象程度上制定的;
- 能力的制定涉及特定领域;
- 能力的形成涉及两个方面,即认知方面和实践方面;
- 能力的制定不包括能力水平的制定;
- 思考想要阐述的能力总数。

注:在第二步中,我们提供了一种收集学生能力以及教与学过程筛查信息的方法,学生必须回答每个能力的四个问题。如果您决定使用该方法,请注意学生必须回答的问题数量。例如,如果你定义了 30 个能力,学生必须回答 120 个问题(参见步骤 2 的部分)。

制定能力水平的技巧：

能力水平可以概括或具体制定。

通用公式

能力水平的通用公式意味着公式可以应用于任何能力，并且该公式不特定于单个能力。

在阐述能力模型时，使用能力水平的通用公式的优势在于，该公式可用于不同的能力。因此，通用公式可以应用于不同的学习领域、不同的能力领域或不同的特定能力。它是一个适合所有能力的公式，因此在开发能力模型时不需要很多资源。

通用公式的缺点是，不同的人可能对应用于特定能力的通用能力水平有着不同的理解。例如，仅仅称为"初学者"的能力水平对于一个新生和一个教授来说可能意味不同。因此，全面描述通用能力水平是很重要的。

特定公式

专门为一个能力制定能力水平，意味着你必须分别为每个能力制定能力水平。

使用特定的能力水平公式的好处是，不同的人在特定的水平上可以合理地理解相同的内容。例如，如果能力水平在心理学中对能力"规划实验"的认知方面，初学者知道实验设计和准实验设计之间的区别，那么每个心理学家都会知道这个意思。相反，如果你在一个通用层面上说一个初学者"知道事实并能积极地复制它们"，那么人们就可以有不同的解释。

特定公式的缺点是开发过程需要很多资源，特别是在开发综合能力模型时。为了制定特定能力水平，建议首先商定现有的能力水平的通用公式，该公式为制定具体的能力水平提供了基本结构。更多信息可以在文献中找到，例如关于开发评价量规。

由内部质量管理负责人与IQM团队共同权衡优缺点，决定能力水平的制定。如果在第二步中使用问卷，请考虑能力水平同时是答案，因为您将询问学生和教师关于感知能力水平的问题。

开展信息宣传活动

第一步的第二个目标是通知利益相关者。到目前为止，只有利益相关者群体的代表参与了能力模型的制定。但是，所有的利益相关者都应该了解能力模型的最终版本以及开发模型时的参与方法。根据高等教育机构的文化，信息活动甚至可以在研讨会之前开始。这样，您不仅可以通知利益相关者，还可以邀请感兴趣的利益相关者参加工作组。

信息活动的推荐方法是决策者、公共关系部门和利益相关者群体（如学生信息员）的共同信息渠道。

偏离:基于步骤1结果的质量改进措施

在阐述了能力模型之后,IQM团队可以在研讨会上讨论能力模型本身是否已经对基于能力的教学过程产生了明显的实际影响。例如,根据能力模型,学生应该在特定的能力上获得很高的水平,但到目前为止在教学过程中还没有明确考虑到这一点。作为一项质量保证措施,IQM团队可以建议教师团队开会讨论如何达到这种能力水平(小组规模较小、教学方法或评估方法不同、设备更好等)。

在步骤1的末尾,对能力模型进行了详细说明,并遵循了从能力研究中衍生出来的五个质量标准,或者至少遵循了核心组件。此外,利益相关者了解了能力模型和参与式模型开发方法。在接下来的第2步中,应收集筛查信息,以了解学生和教师是否认为学生确实获得了能力水平,以及学生是否认为教学和学习过程有助于他们做到这一点。

步骤2:筛查能力

在步骤2结束时:
- 在信息收集开始之前,利益相关者已被告知一般的IQM程序,尤其是收集筛查信息(信息活动);
- 已收集筛查信息。它从学生和教师的角度显示了预期和感知学生能力之间的差距。并从学生的角度对教学过程的质量进行了分析;
- 筛查报告完成,结果以利益相关者特有的方式进行沟通。

开展信息宣传活动

第一步以关于能力模型的信息活动和阐述能力模型的参与式方法结束。步骤2从一般的IQM程序和特定的筛查信息收集程序的信息活动开始。如果步骤1和步骤2的信息活动彼此接近,则可以合并。相反,如果在开发能力模型和收集筛查信息之间有几个月的时间,那么应该将活动分开。在实施阶段,分离可能更为现实,因为收集筛查信息的方法可能首先开发或适应机构的需要。这通常需要一些时间。

实现目标1的建议方法是——如步骤1——决策者、公共关系部门和利益相关者群体的共同信息渠道。最好在步骤2中使用与步骤1中相同的渠道。

在通知所有利益相关者有关筛查信息后,您可以开始收集筛查信息。下面,我们为您提供建议。

收集筛查信息

在IQM程序中,我们建议采用级联方法收集信息:在步骤2中,建议收集自我评估筛查信息。在步骤3中,建议根据筛查结果详细介绍所选能力。级联方法应确保可行的评估标准和IQM程序的可操作性。筛查信息可以很容易地收集,从而解决了标准可行性。

相比之下,在步骤2中收集每个能力的详细和/或客观数据可能会导致过度管理,从而违反标准可行性。筛查信息提供了一个概述,利益相关者可以很容易地考虑;因此,筛查信息涉及标准可操作性。有关所有能力的过于详细的数据可能会对利益相关者造成压力,从而违反标准可操作性。

级联方法对步骤2有两个启示:第一,在第二步结束时,基于能力的高等教育理论和实践之间的潜在差距是已知的,但其导致差距的原因不明。更多了解差距的原因将是步骤3的一部分。第二,在步骤2中,我们想了解利益相关者的想法。基于参与式评估方法,我们关注利益相关者对能力的认知以及教学过程。我们不打算在这一步中收集客观数据,因为这对于许多机构来说可能是一项过于复杂的工作。如果收集客观数据对高等教育机构非常重要,我们建议仅在步骤3中针对特定能力进行收集。

通过收集筛查信息,我们希望回答以下评估问题:

- 学生是否达到了能力模型中定义的预期能力水平(从不同利益相关者的角度)?
- 教学和学习过程是否将学生的能力培养达到能力模型中定义的预期水平(从学生的角度)?
- 可就利益相关者的信息需求添加更多问题。

上面列出的问题是更一般的问题,建议根据您的机构的需要指定评估问题。例如,您可以考虑达到预期学生能力水平的学生百分比。您的成功标准是所有学生都达到的所有能力的预期水平,还是更现实地规定如75%的学生达到了预期的能力水平?定义这些具体的成功标准可能需要在您的机构中进行一些讨论。

由内部质量管理负责人指定高等教育机构的评估问题,并根据机构的需要和可能性,找出适当的收集筛查信息的方法。因此,应该从社会科学研究中的三个方法论来决定:首先,需要决定参与者(谁应该参与调查),其次是工具(如问卷、访谈、焦点小组等),第三是程序(如强制参与和自愿参与,在线或纸质,家庭参与和高等教育机构参与等)。

在选择适当的方法时,您需要考虑机构的起点。在步骤1中,概述了在制定能力模型时可能存在的不同起点,收集筛查信息的起点也可能在不同机构之间有所不同(参见信息框)。

筛选信息收集的不同起点

一些机构可能已经具有社会科学方法或某些金融资源方面的经验,并且可以很容易地开发筛选信息收集的工具。他们可能有积极的质量管理文化和利益相关者,他们致力于参与调查。其他机构可能没有足够的资源来解决质量管理问题,或者缺乏使用社会科学方法的经验。由于其他一些因素导致起点也可能不同,例如学生人数。

接下来,提供一种基于步骤1中描述的能力模型筛查的具体方法,即所谓的高等教育能力筛查问卷。之后,如果所提供的问卷不适合您的高等教育机构,我们将提供需要考虑的核心部分。

高等教育能力筛查问卷(CSQ-HE)是基于步骤1所述的能力模型。下面我们给出了一些关于CSQ-HE的一般信息。根据这些信息,内部质量管理负责人可以做出明智的决定,CSQ-HE是否适合您的机构。

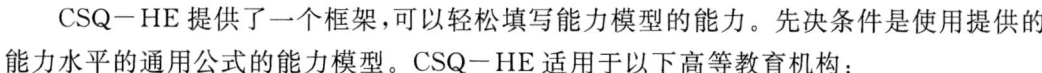

CSQ－HE提供了一个框架,可以轻松填写能力模型的能力。先决条件是使用提供的能力水平的通用公式的能力模型。CSQ－HE适用于以下高等教育机构:

- 希望让大多数相关利益相关者参与进来,并询问他们的看法。我们提供两个版本的CSQ－HE,学生问卷和教师问卷。然而,如果相关的话,教师问卷也可以很容易地调整,以询问其他利益相关者群体(例如雇主)。
- 希望促进基于能力的高等教育的制度变革管理过程。如果许多学生和教师填写CSQ－HE,它可以被视为干预工具,因为利益相关者开始思考和谈论能力。
- 正在寻找监控手段。如果定期应用CSQ－HE,则可以跟踪多年来基于能力的教学质量。

您可以在欧洲工具包中找到关于您可以用CSQ－HE回答的具体评估问题以及问卷本身的更多信息。

如果在你的机构采用CSQ－HE不合适,你可以选择其他评估问题和方法。我们建议在制定评估问题和选择适当的方法时,遵循社会科学研究的共同标准。其他社会科学方法,例如访谈、焦点小组或(如果有)客观测试(更多信息,请参见信息框"其他可能的方法")。建议在选择其他评估问题和方法时考虑以下核心组成部分:

- 评估问题应与能力模型中所谓的预期学生能力相关。
- 获取有关感知学生能力以及感知教学和学习过程的信息。
- 评估问题应包括明确定义的成功标准(例如,应获得规定能力水平的学生百分比)。
- 选择适合回答评估问题的社会科学方法。(例如,如果需要定性信息来回答问题,就不需要收集定量数据)。

> **其他可能的方法**
>
> 除了使用CSQ－HE外,我们还建议其他方法来收集筛选数据。一般说,社会科学中用于实证研究的所有方法都有助于获得关于感知学生能力的筛选数据。你可以使用不同形式的自我评估,如问卷更容易管理、分析和解释。可以自己设计或者依靠现有的问卷。如果您使用了能力水平的特定公式,也可以考虑使用量规表。您可以与学生或教师面谈,以获得更深入的定性信息。面谈可以是完全自由的、半结构化的,并有一些标准化的问题,或者完全标准化的并遵循一组固定的问题。此外,还有一些形式,就能力或专题(如焦点小组)进行小组对话。如果有一些符合您的目的,或者您自己创建一个知识测试,您也可以使用客观测试,有一些研究计划可以创建如KoKoHs这样的客观测试。然而,创建目标测试需要大量资源。课堂观察也是一种选择,甚至是基于视频的观察。毕竟,在决定一种可能的方法时,你应该权衡不同方法的优缺点,并牢记以下问题:我的资源是什么?什么是可行的?哪些方法易于管理、分析和解释?如果我想使用它们进行监控,它们是否对变化敏感?它们的质量怎么样?它们真的提供了我想要的信息吗?我喜欢哪些信息,定量的还是定性的?匿名性和合理性呢?

到目前为止,在第二步中讨论了通知利益相关者有关筛查和收集筛查信息的问题。现在,继续第二步的第三个目标,即向利益相关者传达结果。在IQM程序第二步结束时,应提供一份报告,并以利益相关者特有的方式传递结果。

为内部利益相关者制订审查报告

在以使用为中心的评估方法中,向利益相关者传递调查结果至关重要。从外部质量保证角度来看,结果的透明度也非常相关。报告是通知利益相关者的一种工具。它帮助感兴趣的读者理解调查的动机和方法;它提供评估问题,并回答问题。然而,在机构网站上提供报告而不采取进一步行动通常不会导致使用该报告。因此,应使用结果的利益相关者需要通过特定的方式得到通知;即,报告应附有进一步的沟通行动(例如,学生报纸上更具体的信息)。在信息框中,我们根据社会科学研究的标准为报告推荐一个非常通用的结构。之后,我们提供了一些报告方法,以及利益相关者对结果的特定沟通方法。

报告结构
- 执行摘要
- 介绍与激励
  - 调查动机
  - 基于能力的高等教育中的 IQM 程序概述
  - 能力模型
  - 评估问题
- 方法
  - 参与者
  - 手段
  - 程序
- 结果和讨论
  - 回答研究问题,包括结果总结
  - 从内部质量管理负责人的角度解释和建议
- 附件:详细结果

向高等教育机构的内部利益相关者报告,以及与利益相关者特定的沟通策略应促使调查结果被使用。调查结果应传达给所有相关利益相关者群体,至少包括学生、教师和决策者。我们提供了一份基于高等教育能力筛查问卷(CSQ-HE)的报告,以及与利益相关者特定方式交流结果的方法。如果您不使用 CSQ-HE,或者您没有所提供报告的资源,那么您可以考虑传递结果的核心内容。

建议针对四种不同的利益相关者群体,决策者、质量管理委员会、学生和教师:
- 决策者应获得摘要报告,它提供了执行总结和结果概述。
- IQM 团队和质量管理委员会应分别获得报告。该报告是 IQM 程序第三步的起点。
- 每个学生应获得个人能力档案。与预期的能力水平相比,档案提供了学生个人自我评估的感知能力水平的概述。因此,每个学生都会收到个人自我评估数据概述。学生可以根据概述设定个人学习目标。

• 每个教师应获得个人所教学生群体的结果概述,例如学习结束时或学习过程中的关键时间点的学生。结果应包括从学生和教师的角度观察到的学生能力水平。此外,研究结果还应包括从学生的角度观察到的教学能力水平。教师可以根据筛查信息得出教学结果。例如,人力资源开发部为教师举办的研讨会就可以做到这一点。

核心组成部分

我们建议向决策者、质量管理委员会、学生和教师发表演讲。决策者和质量管理委员会应收到报告。然而,针对利益相关者的具体沟通方法可能不太详细。学生和教师可以通过学校一般的沟通途径(如主页、学生报纸、时事通讯、教师教学会议等)了解主要结果。

综上所述,在步骤 2 结束时,利益相关者已经了解了一般的 IQM 程序,特别是即将进行的筛查(信息活动)。此外,还收集了筛查信息,概述了基于能力的教与学理论与实践之间的差距。最后,完成报告,并用利益相关者特有的方式传递结果。

运用筛查法对能力型高等教育的质量管理进行了探讨。对结果进行更详细的解释和讨论,制定和实施质量保证和质量改进措施。这是 IQM 程序下一步的主题,即步骤 3。

步骤 3:提升能力

在步骤 3 结束时
• 根据报告制定和收集质量改进和质量保证的可能措施;
• 启动了质量改进和质量保证的选定措施;
• 向利益相关者通报了所采取的措施。

制定质量改进和质量保证措施

质量管理负责人编制报告。然而,有时评估报告最终会被放在抽屉里,并且没有报告的结果。在其他情况下,会使用结果并产生后果,但利益相关者不知道这一点。通过执行步骤 3,您可以确保报告利用率以及利益相关者了解筛查的结果。

第二步中的报告概述了理论和实践之间的差距。步骤 3 中,详细分析了结果。在下面的步骤中,我们推荐步骤 3,即:①优先选择最相关的能力;②制定能够解释所选能力结果的工作理论;③讨论或测试工作理论;④制定质量提升和保证措施。

我们建议从优先排序和选择能力开始,因为对每个能力进行彻底分析可能会给利益相关者造成压力,不符合可行性评估标准。因此,您必须选择合理数量的能力,这些能力应该详细查看。IQM 团队可在工作坊中完成选择程序。对于选择能力,您可以考虑以下标准:

• 选择对学习计划至关重要且从一开始就需要详细研究的能力;
• 选择感知水平远离预期水平的能力,以制定质量改进措施;
• 选择感知水平超过制定质量保证措施的预期水平的能力,并进一步了解如何成功转化为其他能力。

在对能力进行优先排序和选择后,IQM 团队讨论并制定工作理论,以解释结果。讨论应包括两个重要问题,第一是涉及不同的观点,第二是对可能的原因有一个全面的看法。

第一,从不同角度出发,即学生、教师和决策者参与讨论,形成工作理论。在讨论结果时,每个观点都应被认为是有价值的。

第二,综合性的观点意味着,根据基于能力的高等教育模式,结果的原因可以在课程、教学方法和评估方法、学生的学习过程和/或教学过程的背景中找到。因此,讨论者应考虑教学和学习过程的各个方面,如能力型高等教育模型。此外,利益相关者还应考虑学生能力培养而应投入的时间,并考虑学分数是否适合能力培养。在讨论结束时,讨论者应就每个能力的工作理论达成一致,以解释结果(如果你的目的是假设检验,你也可以制定具体的假设)。

最后在形成工作理论时,IQM 团队需要找出哪些工作理论是正确的。您可以查阅现有的数据库,例如课程评估的数据或副校长已有的报告。请注意,这可能是完美整合现有质量管理工具和 IQM 程序的途径,从而在总体上形成内部质量管理的更大愿景。但是,如果现有数据不合适,则需要收集新数据。根据工作原理和资源,这种数据收集可以更加精细或更经济。更为复杂的方法正在实施,例如客观工具、现有或新开发的自我报告问卷(参见信息框"其他可能的方法")。一种更经济的方法是与利益相关者群体的代表组成一个焦点小组。相关的利益相关者群体例如教师、学生或毕业生,他们是能力的专家。

一旦工作理论被验证(或至少被讨论)并且报告结果的原因被确定,IQM 团队就可以有计划制定质量改进和质量保证的具体措施。因此,讨论以下两个问题非常重要:

- 这是一个现实的措施吗(例如,是否有足够的资源)?
- 在实施措施时可能会出现哪些问题,以及需要什么来防止出现问题(例如,谁可能反对该措施,我们如何让此人参与进来)?

我们在欧洲高等教育内部质量管理工具包中提供了一系列可能的措施。

下图概述了制定措施。

IQM 程序的步骤 3

选择能力	• 根据筛查结果:今年应选择哪些能力来制定质量改进和质量保证措施?
制定工作理论	• 从不同利益相关者的角度,选择能力的结果可能有哪些原因? • 原因是否在于课程、教学方法和评估方法、学生的学习策略和/或教学和学习过程的背景?
测试/讨论工作理论	• 我们应该测试或讨论工作理论吗?如何测试? • 我们是否可以使用现有数据(如报告系统、课程评估结果等)测试我们的工作理论(假设)? • 如果没有,是否有我们想要使用的现有评估工具? • 如果没有,考虑到社会科学研究的不同方法以及评估标准,评估工具应该是什么样的?
制定具体措施	• 一旦对工作理论进行了测试或讨论,并查明了原因:应采取哪些具体措施,由谁采取?

制定质量改进和质量保证措施的推荐方法是与 IQM 团队合作召开研讨会。如果您想进行额外的在线问卷调查,您可以与其他部门(如教学副校长)合作,将课程评估结果整合到工作理论的测试中,或与 IT 服务一起进行测试。

启动质量改进和质量保证措施

到目前为止,已经制定了提高质量和保证质量的措施。由决策者采取主动,选择并实施建议的措施。实现方法取决于方法和背景。但是,实施研究提供了一些成功实现的技巧和窍门。其他利益相关者也可以采取措施。

通知利益相关者已采取的措施

利益相关者经常参与调查,并了解调查结果。但是,发起的措施没有明确传递给利益相关者。通知利益相关者是至关重要的,可以帮助高等教育机构发展积极的质量管理文化。看到调查结果的利益相关者更有可能参与下一次调查,讨论调查结果,并承认其机构的质量改进和保证工作。

通知利益相关者的方法与步骤 1 和步骤 2 中的信息活动相同。

在第三步结束时,根据报告制定和收集质量保证和质量改进的可能措施,启动选定的措施,并通知利益相关者。因此,通过实施步骤 1 到 3,完成了 IQM 程序。在继续进行 IQM 程序的常规操作之前,我们强烈建议反映目前为止的实施情况。

反思

在反思阶段结束时,内部质量管理负责人知道:
- 实施过程的成功因素。
- 如何进一步改进高等教育机构的 IQM 程序。

对一个机构实施新的程序通常具有实验的性质。即使实施过程是经过全面规划和执行的,在下一个 IQM 周期中,通常也会有一些不可预测的发展或因素需要额外考虑。因此,实施过程的最后阶段应有时间来反映实施情况。这也是从外部质量保证角度推荐的。

首先,为已经完成的努力感到自豪。思考成功因素,并做一些笔记,以便在下一个 IQM 过程周期中参考。我们通常倾向于强调不利消息,因此更重要的是记录成功因素并强调实施过程的积极方面。

其次,看看您的实现过程文档。反映出不可预测的发展和造成一些麻烦的因素。就一般经验、教训做一些笔记。此外,制定非常具体的措施来改进机构的 IQM 程序。

第三,还要寻求不同利益相关者的反馈。您可以邀请不同利益相关者团体的代表参加专题小组或面谈。

现在,我们已经到了实现过程的末尾。阅读本章后,您将了解如何准备决策者、IQM 团队和资源。您知道 IQM 程序的三个步骤:①制定能力模型;②收集筛查信息;③制定和启动质量保证措施。

附录 D
纽约州立大学石溪分校案例

纽约州立大学石溪分校(The State University of New York at Stony Brook,简称 SBU),坐落于美国纽约市长岛,是美国著名公立研究型大学,在世界范围内享有很高的学术声誉。纽约州立大学石溪分校是北美顶尖大学联盟美国大学协会的 62 个成员之一,拥有许多一流学者,其教学品质和研究成果享誉国际。

该校在 2019 年的《美国新闻与世界报道》(U. S. News)美国大学本科综合排名中位居第 80 名,世界大学综合排名中位居第 166 名,最佳公立大学排名中位居第 32 名。在 2019 年的《福布斯》杂志公布的最具价值公立大学排名中位居第 13 名。

下面的附件摘自该校网站上的相关信息,较为全面地解读了学习成果、教学大纲以及评价专业课程体系等相关要求,供读者参考。网址:https://www.stonybrook.edu/.

附件 1

明确学生学习成果

(Articulating Student Learning Outcomes)

学生的学习成果是什么?

- 学习成果是一种可衡量的陈述,它阐明了学生在选修课程或完成课程后应该知道、能够做什么或有什么价值。
- 这些陈述是指教师希望学生在课程中发展、学习或掌握的具体知识、实践技能、专业发展领域、态度、高阶思维技能等(Suskie,2004)。
- 学生的学习成果通常也被称为"学习成果""目标""预期学习成果"或"学习成果陈述"。

学生学习成果通常采用以下形式:

由于参与(课程/课程名称),您(学生)将能够(动作动词)(学习陈述)。

简单地说,学生学习成果描述:

1. 教师希望学生在课程结束时了解哪些内容;
2. 教师希望学生在课程结束时能够做什么。

学生学习成果的三大特点:

1. 它们指定学生/学习者可以观察到的动作;
2. 它们规定学生/学习者的行动是可测量的;
3. 它们指定学生/学习者(而不是教员)执行的操作。

为什么要创建学生学习成果?

创建学生学习成果将使教师更容易:

- 对选择课程内容做出艰难的决定;
- 设计评估,让学生展示他们的知识和技能;
- 设计教学策略或学习活动,帮助学生发展知识和技能;
- 准确有效地测量学生的学习。

获得明确的学生学习成果(例如教学大纲)有助于学生:

- 决定这门课程是否适合他们的学习轨迹;
- 确定他们需要做什么才能在课程中取得成功;
- 掌握他们的进展;
- 注意他们所学的东西。

你如何开发学生的学习成果?

- 问问自己:学生应该知道哪些最重要的事情(认知),能够完成(技能)或价值(有效)

在完成课程/专业后?

- 查阅动作动词列表,这些动作动词会导致明显的行为或可以观察和测量的成果。布卢姆教育目标分类为不同的学习水平提供了一些有用的动词。
- 避免使用不清楚、不易观察和测量的动词,示例:理解、欣赏、了解、熟悉,知道,学习。
- 起草一份可能的学习成果清单。考虑什么是现实的学生可以在你的课程中完成的,只保留最基本的学习成果。

在编写可测量的学习成果时,重要的是:

A. 关注学生行为;
B. 使用简单、具体的动作动词;
C. 选择适当的评价方法;
D. 说明期望的表现的标准。

A. 关注学生行为。

学习成果是指学生在完成一门课程或一系列课程或一个项目后能够证明什么。学习成果不是老师能提供什么,而是学生能展示什么。以下不是学习成果:

- 为学生提供掌握信息技术综合运用的机会;
- 该项目将吸引大量学生参与正式的语言/文化学习项目;
- 参加批判性写作研讨会的学生将写两篇关于批判性思维能力的论文;
- 学生将面临学习障碍的例外情况,包括视觉和知觉障碍。

B. 使用简单、具体的动作动词。

在写学习成果时,应注意:
学生的行为和使用简单的、具体的动作动词来描述学生应该展示什么。措辞应如下:
学生将能够(动词)……
以下是学习成果的例子:

a. 学生将能够收集和组织适当的临床数据(历史、体检、实验室评估,包括诊断技术进步,如 PCR)。
b. 学生将能够应用循证医学的原理来确定临床诊断,并制定和实施可接受的治疗方式。
c. 学生将能够清楚地表达文化和社会经济差异以及这些差异对教学计划的重要性。
d. 学生将能够在教学、评估和专业发展中有效地使用技术。
e. 学生将能够评估他们的学生对辅助技术的需求。
f. 毕业生将能够批判性地评估教育研究并参与研究社区。

C. 选择适当的评估方法

评估方法是用于确定所述学习成果实现程度的工具和技术。应采用定性和定量、直接和间接等各种方法。以下是直接和间接评价方法的示例：

直接评价方法	间接评价方法
• 综合考试 • 毕业考核 • 写作能力考试 • 国家大型专业测试 • GRE 科目考试 • 认证考试、执照考试 • 本地开发的前测和后测 • 高级论文/专业项目 • 组合评估 • 反馈式日志 • 毕业论文 • 实习评价 • 评分标准	• 同行院校比较 • 工作岗位 • 雇主调查 • 研究生录取率 • 研究生表现 • 学生毕业率/留校率 • 离职面谈 • 小组讨论 • 校友调查 • 校友获奖和成就跟踪（国家、州、国际等） • 课程/教学大纲分析

注：单凭成绩不能给学生的表现提供足够的反馈。然而，如果分数与量规表挂钩，它可以成为一个有用的工具来识别学生表现的强弱。

D. 说明期望表现的标准

标准用特定的、可测量的/可观察的术语表达，这些术语可为特定的课程或培养计划所接受。请注意，分数本身并不能为学生的表现提供足够的反馈，因为分数代表了学生的整体能力，并不能确定具体学习成果的强弱。但是，如果成绩系统与量规表相关联，那么它可以成为一个有用的工具来确定需要改进的领域。以下是不可接受的可衡量学习成果：

• 学生将能够有效地沟通，这一点可以通过在课程中至少获得"C"级来证明。

稍作修改，上述学习成果将可以列为可测量的条款：

• 学生将能够有效地沟通，这一点可以通过在最终写作作业的评分标准范围内，对所有组成部分的得分至少为 10 分中得 8 分来证明。（有关评分标准的示例以及如何帮助确定有待改进的领域，请参见下文）

成绩量规表例子

等级标准	学生										
	#1	#2	#3	#4	#5	#6	#7	#8	#9	#10	平均
1.目标明确											
2.对作者的价值观、态度、目标和需求等清晰地理解											
3.考虑作者如何使用信息											

续表

等级标准	学生										
	#1	#2	#3	#4	#5	#6	#7	#8	#9	#10	平均
4．使用与专业和目的相适应的词汇											
5．使用正确的参考表格											
6．使用正确的语法、单词（单词顺序）、标点和拼写											
7．提供准确的信息											
8．开发思维模式或组织											
9．以书面形式证明良好的推理能力											
10．总结主要思想清晰											

成功的标准例子：

评分标准：所有学生的平均分为 8.00 分。在这十个评分标准中，没有一个得分低于 7.50。

标准化测试：65％的学生的分数将达到或高于全国平均水平。低于全国平均水平一个标准差的得分不超过 20％。

调查：80％的被调查学生将表现出对……的感激之情。

附件 2

评估计划设计检查表
（Assessment Plan Design Checklist）

我们的评估层次是什么？
☐ 整个大学的　　☐ 研究生/本科教育　　☐ 专业　　☐ 课程　　☐ 服务/部门
☐ 其他_____

是否需要考虑其他评估要求？
☐ 课程委员会要求　　☐ 专业认证　　☐ 专业许可　　☐ 州审查　　☐ 其他_____

我们将从谁那里收集数据？
☐ 入读生　　☐ 在校生　　☐ 离校生　　☐ 教职工　　☐ 毕业生雇主　　☐ 校友
☐ 其他_____

我们想知道什么？
☐ 学生对学科的知识　　☐ 技能、能力　　☐ 态度　　☐ 满意　　☐ 职业成就
☐ 其他_____

谁将看到结果信息？
☐ 美国认证机构　　☐ 州和联邦机构　　☐ 课程委员会　　☐ 咨询委员会
☐ 院长/行政人员　　☐ 其他教师和/或员工　　☐ 系/办公室　　☐ 学生
☐ 校友　　☐ 数据共享协会　　☐ 其他_____

数据将如何使用？
☐ 内部决策制定　　☐ 课程修订　　☐ 培养方案修订　　☐ 向参与者报告
☐ 其他_____

多久收集一次数据？
☐ 每学期一次评估　　☐ 每年一次　　☐ 周期性评估　　☐ 其他_____

部门/办公室有哪些现有信息？
☐ 培养方案参与度　　☐ 服务　　☐ 人口统计数据　　☐ 学生学业概况数据
☐ 保留率、入学率或毕业率　　☐ 成绩单　　☐ 课程学习模式　　☐ 现有调查数据
☐ 其他_____

哪些方法可用于生成部门/办公室所需的其他信息?
☐ 入口/第一次接触调查　　☐ 专业/服务使用/出勤数据
☐ 课程期望和满意度调查　　☐ 退出面试　　☐ 教师/员工面试或调查
☐ 文档　　☐ 标准化考试成绩　　☐ 其他_____

附件3

明确您的学习目标

(Articulate Your Learning Objectives)

在您决定课程内容之前,给您的课程一个有利于学生学习的强大的内部结构。课程的三个主要组成部分之间的一致性确保了内部组织结构。一致性是指:
- 目标阐明您希望学生在课程结束时获得的知识和技能;
- 评估能让教师检查学生达到学习目标的程度;
- 教学策略选择以促进学生学习以达到目标。

当这些组成部分不一致时,学生可能会抱怨考试与课堂所涵盖的内容没有任何关系,或者教师可能会觉得,即使学生的成绩合格,他们也没有真正掌握期望水平的材料。

学习目标、教学活动和评价,这三个组件保持一致是一个动态过程,因为其中一个组件的更改必然会影响另两个组件。

课程设计的一种方法是从学习目标开始,然后转到其他两个部分,并根据需要迭代循环。

明确学习目标将有助于:
- 选择和组织课程内容,并确定适当的评估和教学策略;
- 适当地指导学生的学习努力,并监督自己的进步。

学习目标应该分解任务并集中于特定的认知过程

许多教师认为需要单一技能(例如写作或解决问题)的活动实际上涉及多个技能的综合。要掌握这些复杂的技能,学生必须练习并熟练掌握离散的技能。
- 写作可能涉及到识别论点、收集适当的证据、组织段落等;
- 解决问题可能需要定义问题的参数、选择适当的公式等,分解这些技能可以让我们选择适当的评估和教学策略,让学生练习所有的组成部分的技能。

学习目标应该使用动作动词

专注于具体的行动和行为可以使学生的学习变得明确,并向学生传达我们期望他们做出的智力努力。
- "状态定理"(意味着记忆和回忆);
- "证明定理"(意味着应用知识);
- "应用定理解决问题"(意味着应用知识);
- "决定什么时候应用一个给定的定理"(涉及元认知决策技能);

使用动作动词可以更容易地测量学生可以做您期望他们做的事情的程度。

学习目标应该是可测量的。

因为学习目标应该指导评估的选择,所以它们不能含糊不清。我们举例说明的所有学习目标都是可测量的,因为它们指向一个清晰的评估,可以很容易地检查学生是否掌握了这项技能(例如,要求学生陈述一个给定的定理,给学生一个要证明的论文陈述,要求学生解决教科书中要求应用定理的问题,或询问学生在给定情况下将使用哪一个定理)。

一些学习目标通常很模糊,但经常被使用,包括:
- "获得 X 的工作知识";
- "获得对 X 的赞赏"。

为了让这些目标变得可测量,可以问自己:"如果学生真的'理解'或'欣赏'X,他们会做什么不同的事情?"

附件 4

课程评估问题修订流程

(Course Evaluation Question Revision Process)

这一变化发展过程历时近 2 年,其中包括教师课程评估委员会(前大学评估与质量提升委员会下属的一个小组委员会)、教师中心工作人员以及来自管理人员和其他机构同事征求的意见。为了支持这些决定,我们收集了美国大学协会(AAU)机构的课程评估问题,并编制了 1000 多个问题的数据库。大学理事会在 2013 年秋季批准了这些新问题的实施。

校园反馈和修订问题

提出的问题经本科委员会、研究生委员会、本科项目负责人、本科生和研究生组织审查反馈意见,委员会对反馈意见进行了审查,并根据反馈意见进行了以下修改。

1. 总的来说,我会给这门课打……[a—f,5 点比例]。
2. 教师有效地教授了主题[5 级量表 SA(5)—SD(1)]。
3. 教师对学生的期望是合理的[5 级制:SA(5)至 SD(1)]。
4. 评分基于教学大纲中的要求。
[量表:同意/评分与教学大纲不符/没有教学大纲/我没有阅读教学大纲/我不知道]。
5. 课本、阅读资料和所需的资源都很有价值。
[量表:同意/不同意/我没有阅读所需材料/不需要文本、阅读资料或资源]。
6. 使用所需的教科书、读物或资源是否足以证明其成本合理?
[量表:同意/充分使用但不值得成本/使用不足/不需要成本/我没有阅读所需材料]。
7. 您上这门课的原因是什么?
[量表:DEC﹡需求/重大需求/次要需求/上级要求/个人利益/其他(请注明)]
(﹡DEC 可替换为 Gen Ed 或 Stony Brook 课程通识课程的其他术语。)
8. 在课堂外联系教师最有效的方法是什么?
[比例:办公时间/课前或课后/电子邮件/电话/我从未联系过讲师/其他(请具体说明)]。
9. 平均来说,你每周在课余时间花在这门课上的时间是多少?
[量表:0~3 小时/4~6 小时/7~9 小时/10+小时]。
10. 我在这门课上的预期成绩是:
[量表:A,B,C,D,F,P,S,U,我不知道]。
11. 你多长时间上一次这个课?
[量表:总是/大部分时间/大约一半时间/考试前/非常罕见]。
12. 你觉得这门课最有价值的是什么?(开放)
13. 如果有,在哪些方面可以改进课程?(开放)

附件 5

课程设计：评价矩阵

(Course Design: Assessment Matrix)

写下您计划在课程中使用的所有评价(考试、论文等)。
并非所有的评价都可以评分,列出您不需要的八个评价。

将这些评价的一个单词提醒放在下面图表左侧的阴影框中。
阴影框的顶行表示您在早期工作表中制定的课程目标;在这些框中为每个目标放置一个单词提醒。

1								
2								
3								
4								
5								
6								
7								
8								

每当评价达到课程目标之一时,在白框中打勾。以这种方式,您可以判断是否所有的目标都得到了平等实现。是否有一些评价对实现目标没有多大作用?如果是这样,它们还属于吗?是否有一些目标没有得到充分评价?使用这个工具来平衡您的课程,并确保您正在评价您的目标。一个健全的矩阵在每一行中都会有一些选中标记,在每一列中也会有一些选中标记,但不会被完全填充。过度依赖可能与不足有同样大的问题。

附件6

课程设计：目标

(Course Design: Goals)

课程目标调整工作表

(Course Goals Alignment Worksheet)

1. 列出您作为教师的目标（从教学目标清单中复制）。

2. 列出您为您正在建立的课程确定的目标。这些目标将包含在教学大纲中。

3. 作为一名教师，您的课程目标与您的总体目标有多匹配？

4. 记下您班学生的目标是什么。他们希望从这次经历中得到什么？

5. 在您的学院和系网站上查找您的计划所设想的目标，并在这里记录下来。

6. 最后，集思广益一些您认为社区、大学和认证机构可能拥有的目标。什么样的外部压力会影响您在课堂上做什么，以及您是如何做到的？注：大学目标可以在网上找到并逐字复制。

7. 将每组目标中的几个关键词转录到下表中，以便于参考。

社区、大学目标	学院和系目标	学习目标	学生目标	教学大纲课程目标

这些不同的目标之间是否有"一致性"？
如果目标之间有"脱节"的时刻，您能想出解决这些问题的策略吗？您如何调整自己的目标，使它们更适合这里列出的其他目标？

8. 查看社区、部门和学生的目标列表，您是否会被编写课程大纲时最初没有考虑过的项目所打动？既然您已经考虑了其他人的目标，您会在课堂上做些什么不同的事情（例如，覆盖不同的材料，添加或删除活动，改变您在学期的某些部分的重点，等等）？

附件 7

课程设计:子目标
使教学角色与目标、子目标、课程和评价保持一致

(Course Design: Objectives
Align Teaching Role with Goals, Objectives, Lessons, and Assessment)

课程名称:_____

您作为教师的主要角色是什么?(来自教学目标清单)
1. 教学生有关主题的事实和原则;
2. 为学生提供榜样;
3. 帮助学生提高思维能力;
4. 为学生准备工作/职业;
5. 促进学生发展和个人成长;
6. 帮助学生发展基本的学习技能。

基本课程目标(来自教学目标清单)
  A. _____
  B. _____
  C. _____
  D. _____

子目标:子目标是目标的特定子类别,它们应该告知您教学和评估。它们不同于目标,因为它们总是可观察或可测量的,并且用动作动词来描述。

"本课程结束时,学生应该能够……"
  1. _____
  2. _____
  3. _____
  4. _____
  5. _____
  6. _____
  7. _____
  8. _____

附件 8

课程设计：课程计划矩阵

(Course Design: Lesson Plan Matrix)

列出本学期课程会议的每一个实例。您的列表可能比我们这里的空间长得多；这只是提供一个示例。

把会议提到的内容用一个字（也许是日期？）反映在下面图表左侧的阴影框中。阴影框顶的行表示您在早期工作表中制定的课程目标；在这些框中为每个目标放置一个单词提醒。

1									
2									
3									
4									
5									
6									
7									
8									

当某个特定的班级达到某个课程目标时，在白框中打勾。以这种方式，您可以判断是否所有的目标都得到了实现。是否有一些课程会议对实现目标没有多大作用？如果是这样，它们还属于吗？使用此工具确保您达到了目标。一个健全的矩阵在每一行中都会有一些选中标记，在每一列中也会有一些选中标记，但不会被完全填充。过度依赖可能与不足同样是个问题。

附件 9

课程设计:成果

(Course Design:Outcomes)

学生完成您的课程后会知道什么?	
学生们在课程结束后能做什么?	
您怎么知道学生达到了您的学习目标?	
在您的学科中,学生需要什么技能才能成为终身学习者?	
您需要哪些工具来扩大学习机会?	
您需要什么活动来让学生参与学习过程?	
为了在课程中取得成功,学生们来您的课程学习时需要知道什么?	
为了成为专业参与者,学生们需要如何与学科本身联系起来?	

附件 10

课程设计:教学目标

(Course Design:Teaching Goals)

目的:教学目标量表(TGI)是对教学目标的自我评估。它的目的有三个方面:①帮助大学教师更清楚地认识到他们想在课程中完成什么;②帮助教师找到他们能够适应的课堂评估技术,并使用这些技术评估他们实现教学目标的程度;③为同事之间的教学讨论提供一个起点。

说明:请选择一门当前正在教的课程。回应与该特定课程相关的量表中的每个项目。(如果您被问及您的整体教和学的目标,或者您的学科的适当教学目标,您的回答可能会大不相同。)

请将下面列出的 52 个目标中每一个目标的重要性与您选择的具体课程进行比较。评估您有意让学生完成的每个目标的重要性,而不是目标的总体价值或对您所在院校使命的总体重要性。没有"对"或"错"的答案,只有个人或多或少的准确答案。

对于每个目标,在 1 到 5 的评分表上只圈选一个答案。在评估 52 个目标的相对重要性之前,您可能需要快速阅读所有这些目标。

就您所关注的课程而言,指出您评分的每个目标是否:

(5)很重要,你总是/几乎一直试图实现的目标

(4)非常重要,你经常试图达到的目标

(3)重要,你有时试图达到的目标

(2)不重要,你很少尝试实现的目标

(1)不适用,你从未尝试实现的目标

根据学生在课程中的目标,评价每个目标的重要性。

序号	目标	重要性
1	培养将已学过的原理应用于新问题和新情况	
2	培养分析技能	
3	培养解决问题的能力	
4	培养从观察中得出合理推论的能力	
5	培养综合和整合信息和想法的能力	
6	培养整体思考能力:看到整体和部分	
7	培养创造性思维能力	
8	培养区分事实和观点的能力	
9	提高注意力的技能	
10	培养集中注意力的能力	

续表

序号	目标	重要性
11	提高记忆力	
12	提高听力技能	
13	提高口语能力	
14	提高阅读技能	
15	提高写作技巧	
16	培养适当的学习技能、策略和习惯	
17	提高数学技能	
18	学习这个主题的术语和事实	
19	学习本学科的概念和理论	
20	培养使用材料、工具和/或与主题相关的技术	
21	学会理解这个主题的观点和价值观	
22	准备转学或研究生学习	
23	学习获得主题方面新知识的技术和方法	
24	学习评估这门课的方法和材料	
25	学会欣赏对这个主题的重要贡献	
26	培养对文理科的鉴赏力	
27	对新思想开放	
28	对当代社会问题的知情关注	
29	承诺行使公民身份	
30	培养终身热爱学习的精神	
31	培养审美能力	
32	培养正确的历史观点	
33	了解科学技术的作用	
34	了解其他文化	
35	培养做出明智的道德选择的能力	
36	培养与他人高效工作的能力	
37	培养管理技能	
38	培养领导能力	
39	致力于准确的工作	
40	提高遵守指示和指导的能力	
41	提高有效组织和利用时间的能力	
42	培养对个人成就的承诺	

续表

序号	目标	重要性
43	培养熟练的表现能力	
44	培养对自己行为的责任感	
45	提高自尊和自信	
46	对自己的价值观作出承诺	
47	培养对他人的尊重	
48	培养情感健康和幸福感	
49	培养对诚实的积极承诺	
50	培养独立思考的能力	
51	培养做出明智决策的能力	
52（单选）	一般来说,您如何看待您作为老师的主要角色？ 1. 教学生有关主题的事实和原理 2. 为学生提供榜样 3. 帮助学生提高思维能力 4. 为学生准备工作/职业 5. 促进学生发展和个人成长 6. 帮助学生发展基本的学习技能	

教学目标量表

(Teaching Goals Inventory Worksheet)

集群名称	集群中包含的目标	每个集群中基本目标的总数	按"基本"目标的数量从第一到第六排列的集群
高阶思维能力	1—8		
基本学术技能	9—17		
专业知识和技能	18—25		
通识与学术价值观	26—35		
工作和职业准备	36—43		
个人发展	44—52		

集群名称	集群中包含的目标	将每个集群中的目标的评分相加	除以每个分类的问题得到分类的平均值
高阶思维能力	1—8		
基本学术技能	9—17		
专业知识和技能	18—25		
通识与学术价值观	26—35		
工作和职业准备	36—43		
个人发展	44—52		

附件 11

院系评价计划

(Departmental Assessment Plan)

部门：_____
大学使命/目标：
院系使命：

学习成果/目标	评价测量	时间框架	负责人/部门责任	基准	分析结果	采取的措施	预算申请	再次审查（日期）

附件 12

电子文档课程要求

(ePortfolio Course Requirements)

您必须有一个电子文档,并且所有工作分配都将用图块、说明、流程、工作分配和反馈反映在电子文档中。如果您有其他课程的报告,请添加一个包含课程编号的新列,并在该部分中包含您的帖子和思考。直到您在您的报表中张贴了所有需要的组件和反映后,您的项目或工作分配才完成。完成您的课程表是值得提的点,没有一个完整的电子文档表,你课程不能通过。

ePortfolio 帖子必须包括
1. 项目说明
2. 项目完成过程
3. 项目
4. 反馈
5. 资源
6. 多媒体支持(图像和视频)

查询和引用提示

当您将任务(工件)发布到电子文档时,如果没有反馈内容,任务就不完整。回答以下问题。简明扼要地思考,但要使内容有意义。
1. 您将如何向您的朋友描述这个项目、事件或任务?
2. 您从项目、活动或作业中学到了什么(技能和知识)?
3. 您如何将您发现和学到的东西应用到您生活的其他领域?
4. 在这个项目、事件或任务中,您最喜欢的方面是什么?
5. 您在这个项目、事件或任务中承担了什么风险?
6. 您遇到了什么问题?
7. 如果您能再做一次,您会做什么或者改变什么?
8. 您想进一步了解这个学科、学科或专业领域吗?

附件 13

报告定量数据的一般做法

(General Practices in Reporting Quantitative Data)

- 数据可以以文本、表格或图表形式显示。当以三种形式呈现数据时,应注意只包含有助于澄清点的信息和/或图像。
- 为了便于参考,表通常是明智的选择。表格通常作为附录出现在报告的末尾。
- 一般来说,表比图更好地提供结构化的数字信息。图表更适合展示趋势、进行比较或显示关系。
- 仅文本不能用于传递超过三个或四个以上的数字。数值结果集通常应以表格或图片的形式呈现,而不是包含在文本中。
- 在文本中给出整数时,小于或等于 9 的数字应写为单词,而 10 以上的数字应写为数字。
- 当引用十进制数时,有效位数应一致。一般来说,小数点后一位就足够了。
- 表格和图表应该是不言而喻的。读者应该能够理解它们,而无需详细参考文本。标题应具有信息性,表格的行和列或图形的轴应清楚标记。另一方面,文本应该包括表或图中提到关键点。如果一张表不值得讨论,它就不应该在那里。
- 超过平均值和频率的统计信息(例如,标准差、p 值、t 值)通常需要在正式的科学论文中提供,但对于更多的读者来说可能不需要。当出现时,应注意不要掩盖表或图的主要信息。

附件 14

成果类型

(Types of Outcomes)

创建评估计划时使用两种主要类型的成果
1. 运营成果
2. 学生学习成果

运营成果
处理功能、需求、资源和效率的结果。

运营成果的例子包括:
- 留级率
- 毕业率
- 继续就读研究生的毕业生百分比
- 继续就业的毕业生百分比
- 学生学时数/教师
- 为每个学生提供服务/指导的成本
- 办公室/服务/课程的利用率
- 服务满意度

学生学习成果
描述为实现既定课程/部门/培养方案目标而必须达到的预期学习结果。

学生学习成果的例子包括:
- 沟通:口头和/或书面
- 批判性思维
- 团队合作
- 专业/技术能力
- 工作效率
- 研究技能

附录 E

我国高校案例

近年来,我国大学在人才培养方案修订过程中,越来越强调围绕培养方案修订的科学性和规范性,特别是更加强调学习成果的导向作用。清华大学本科专业培养方案中,除了培养目标外,还明确了专业的培养成效。浙江大学本科生院在《关于调整 2014 级本科专业培养方案的通知》中强调,要鼓励有条件的专业与专业评估、专业认证、国际认证相结合,在各类认证、评估指标体系导向下,突出学科特色、优化课程体系。同时,鼓励各专业进一步减少专业课程门数,增大课程学分,逐步实现教学内容从单一知识传授向知识传授与能力训练相结合转变,逐步完善先修、后继课程等级体系。该校在制订 2016 级本科专业培养方案时进一步明确,各学院(系)应从"基于学习成效导向教育(OBE)"的角度,全面审视专业人才培养全过程,坚持以学生学习为中心,以学习成效为导向,对专业培养目标、毕业要求有更精准的定位,并根据人才培养要求反向设计课程体系。2015 年,上海交通大学在关于修订本科人才培养方案的若干意见中,明确专业必修课程应该是对本专业最为核心且相对稳定的专业知识进行设置,并注意将知识传授与能力培养、素质提高紧密结合,将课堂教学与实践环节紧密结合。应根据国际通用的专业认证标准,按照专业知识对人才培养目标体系的贡献度来设置专业必修课程。对于部分宽口径专业,可面向不同的专业方向设置若干组专业必修课程。

一些大学十分注重优化课程体系,突出学生个性化发展。例如,复旦大学在 2016 年本科教学培养方案修订说明中,要求培养方案与课程设置在强调科学性和规范性的同时,考虑到学分制建设的长期性和培养方案的相对延续性,对培养方案的开放性和可行性给予足够的注意,为课程体系的进一步完善与教学内容的更新留出空间。东南大学在修订 2015 级本科人才培养方案时,要求各院(系)应按照学校的发展定位,认真研究社会发展和学生个性化发展需求,在分析国内外高水平研究型大学本科人才培养方案的基础上,根据学科专业具体情况,制定出满足社会对人才需求的专业培养目标、毕业要求及相应的课程体系。

同济大学要求培养方案修订应以学生为中心、以产出为导向、坚持持续改进。《同济大学 2018 级本科人才培养方案修订原则意见》(附件 1)要求培养方案修订围绕人才培养目标展开。明确提出,围绕学校人才培养目标精准定位专业培养目标和毕业要求。以学生学习为中心,以学习成果为导向,全面审视专业人才培养全过程,并根据毕业要求反向设计课程体系。各专业在制订培养方案时,应充分考虑学生自我设计、自主学习、个性发展的需求;推进多模式考核评价方式改革,应在教学大纲中明确各门课程的考核评价方式。为完善本科课程体系建设,配合本科人才培养方案充分有效地实施,学校启动本科课程大纲、课程简介的修(制)订工作。在本科课程大纲修(制)订指南中,明确了"课程定位和基本要求",要求说明本课程在专业人才培养中的定位,对应毕业要求,包括学生通过本课程学习所应掌握的知识、能力和综合素养。

同济大学分别于2004年、2009年建立起"本科教学质量保证体系"和"研究生教育质量保证体系",实现对人才培养质量的"全方位监控、多阶段跟踪、持续性改进、本研全覆盖"。为进一步提高本科专业建设水平,保证专业人才培养质量,定期开展本科专业培养方案评价,2019年11月,学校制定《同济大学关于开展本科专业培养方案评价的原则意见(试行)》(附件2)。坚持立德树人根本任务,坚持"学生中心、成果导向、持续改进"的理念,达到并高于《普通高等学校本科专业类教学质量国家标准》要求和国家专业认证(评估)的相关标准,以评促建、以评促改、追求卓越,进一步深化人才培养模式和教学改革,满足高质量人才培养的需要。评价内容包括:①培养目标合理性;②毕业要求可达成;③课程结构平衡性;④教学过程有设计。并且要求在培养方案修订完成后,必须开展培养方案评价;评价过程有毕业生、用人单位、校友及同行专家等利益相关者参与,评价过程须做好记录;评价结果用于培养方案的优化和改进。

为进一步提高本科课程建设水平,保证课程教学质量,指导学院各专业定期开展本科课程评价,学校还制定了《同济大学关于开展本科课程评价的原则意见(试行)》(附件3)。指导思想包括:课程教学目标应落实立德树人根本任务,符合学校本科教育人才培养的定位,达到该课程所支撑的学生知识、能力和人格方面的培养要求,有利于学生成长、成才和全面发展;课程评价以学生为中心,坚持成果导向,聚焦课程目标达成情况评价,持续改进课程教学。评价内容主要有两个部分,即课程教学大纲合理性评价和课程教学目标达成情况评价。对于课程教学大纲合理性评价,主要回答以下三个问题:①教学大纲是否明确了课程教学目标与毕业要求指标点的对应支撑关系?②教学内容和方法、考核方式和评分标准是否与课程教学目标相关联?③评分标准的合理性如何,及格标准是否反映课程目标达成的"底线"要求?对于课程教学目标达成情况评价,则要求围绕以下的问题展开:①任课教师是否按课程教学大纲的要求完成课程教学任务?②学生学习成果表现是否达到课程教学目标?③形成性和终结性评价记录是否完整、可追踪?学校要求各学院专业根据自身特点,制订各自的实施办法。

附件1

同济大学2018级本科人才培养方案修订原则意见

培养方案是学校贯彻执行国家教育方针和实现人才培养目标基本要求的实施方案，是学校组织和管理教学过程的主要依据，是学校教育教学理念、办学定位、办学特色和文化底蕴的传承载体。

2018级培养方案的修订，结合国家"建设世界一流大学以及一流学科"的高校发展战略，遵循学校"综合性、研究型、国际化"框架，致力于培养德智体美全面发展的社会主义建设者和接班人，努力使每一位学生经过大学阶段的学习、熏陶以后，具有"通识基础、专业素质、创新思维、实践能力、全球视野、社会责任"综合特质，成为引领未来的社会栋梁与专业精英。

一、指导思想

培养方案修订，应以学生为中心、以产出为导向、坚持持续改进。从顶层设计上完善进阶式培养，增加学生学习路径的多样化。力求以本次培养方案修订为契机，更新培养理念、创新培养模式、拓展培养路径、丰富培养内涵，满足学生个性化和多样化需求，提高同济大学本科教学的质量，向建成"中国特色世界一流本科"的目标迈进。

二、修订原则

本轮培养方案修订围绕"培养德智体美全面发展的社会主义建设者和接班人，培养引领未来的社会栋梁与专业精英"人才培养目标展开。

1. 全面贯彻党的教育方针，以"创新、协调、绿色、开放、共享"五大发展理念为引领，面向"双一流"建设，建设"一流本科"育人体系。因应学科发展、社会需求和科技等的发展，优化专业建设内涵，改造升级传统专业。以立德树人为根本，形成全员全过程全方位协同育人机制。

2. 基于学校办学定位和人才培养目标，凝炼专业特色，坚持和完善以通识教育为基础的宽口径专业教育，梳理和完善课程设置内涵，构建本研贯通人才培养课程体系，同时充分考虑学生毕业后就业、创业、继续深造等不同要求进行分类指导。

3. 全面提高人才培养能力，精准定位专业培养目标和毕业要求，培养兼具"扎实基础、实践能力、创新思维、国际视野、社会责任"五方面综合特质的"社会栋梁与专业精英"。

4. "新工科"背景下，实施创新驱动发展，充分体现学科复合交叉、创新创业；持续推进和深化学科交叉复合型人才培养模式，加大复合型人才培养力度；强化实验、实践教学，拓展产学研合作，加强校企合作，提升学生实践创新能力。

5. 深入研究本专业培养目标和培养要求的实现途径，系统、科学规划培养方案的课程体系和各项教学活动，调整学时构成，统筹课内、课外、自主学习时间，将修订培养方案与知识点梳理、学时内涵变化、课程结构调整、教学内容更新和教学方式改革紧密结合起来。

6. 倡导和坚持以学生为本,顺应高考改革进展,严格控制课内学时总量和必修课程比例,为学生提供个性课程学习建议和多样化个人发展路径的机会,进一步扩大学生学习自主权,尊重学生个性化选择,实现培养方案个性化,培养多样化创新复合型人才。

7. 进一步加强国际交流与合作,根据专业特点和人才培养要求,引入国际先进教学理念和教学体系,推进各专业人才培养方案与国际高水平大学接轨,为学生参与国际交流创造更多条件,提升学生国际合作与竞争能力。

三、修订要求

1. 广泛开展国内外一流大学相关专业本科培养方案的调研。各学院应至少选择一个国际一流大学相同或相近专业作为比对标杆,结合专业评估标准、行业标准和用人单位反馈等,深入研究培养体系的特点和课程设置的要求,使培养方案更加具有科学性、严谨性和逻辑性。

2. 围绕学校人才培养目标,精准定位专业培养目标和毕业要求。坚持以学生学习为中心,以学习成效为导向,全面审视专业人才培养全过程,并根据人才培养要求反向设计课程体系。

3. 结合专业认证标准、专业评估标准及相关教学指导委员会的最新要求,呈现知识点梳理情况,建立"培养目标－毕业要求－课程体系"三者之间的内在逻辑,理清每门课程在培养过程中所发挥的作用,以及如何支持培养目标和毕业要求的达成。

4. 全面梳理课程知识点,优化课程体系,探索课堂教学新方式,提高课程质量。进一步压缩课内学时学分,扩大学生学习自主权。四年制毕业学分160学分,五年制毕业学分200学分。关注各学期学分分布的均衡性。

5. 鼓励开设融合同济学科特点、彰显同济学科优势的有特色的跨学科或跨学院交叉课程,鼓励开设跨学科门类、跨一级学科、跨专业的交叉课程,并将一定数量的交叉课程列入培养方案。

6. 充分整合优质本科教学资源,创造有利于学生多元选读的机制和条件,各专业制定个性课程修读建议,鼓励本专业学生跨专业、跨院系进行交叉修读,鼓励学生修读学科交叉、学科融合的交叉课程,鼓励学有余力的学生提前选修研究生阶段课程,同时兼顾非本专业学生学程、辅修的需求。

四、培养方案的组成

1. 专业历史沿革
2. 学制与授予学位
3. 基本学分要求
4. 专业标准
5. 培养目标
6. 毕业要求
7. 主干学科
8. 课程体系知识结构图

9.核心课程

10.教学安排一览表

11.有关说明

12."学程、辅修专业/辅修学位"培养方案

五、培养方案修订的管理

1.培养方案修订具体要求见《同济大学2018级本科人才培养方案修订细则》。

2.培养方案管理见《同济大学本科专业培养方案制(修)订管理办法》(同教〔2013〕036号)

附件 2

同济大学关于开展本科专业培养方案评价的原则意见

(试行)

为进一步提高本科专业建设水平,保证专业人才培养质量,定期开展本科专业培养方案评价,特制订意见如下。

一、指导思想

坚持立德树人根本任务,坚持"学生中心、成果导向、持续改进"的理念,达到并高于《普通高等学校本科专业类教学质量国家标准》要求和国家专业认证(评估)的相关标准,以评促建、以评促改、追求卓越,进一步深化人才培养模式和教学改革,满足高质量人才培养的需要。

二、评价内容

1. 培养目标合理性。专业培养目标设计合理,符合学校定位的、适应社会经济发展需要和服务国家发展战略,同时考虑学生毕业后的个人可持续发展。

2. 毕业要求可达成。准确描述专业毕业要求,明晰毕业要求的内涵,涵盖知识、能力和人格等方面。毕业要求应能支撑培养目标的达成。

3. 课程结构平衡性。课程结构要合理,根据专业类型、培养目标和毕业要求,合理设计课程体系中各类课程的比例。通识教育与专业教育、理论与实践、必修与选修、课内与课外学时的学分比例恰当。要处理好本科与研究生教育的衔接关系,既满足外部专业认证的要求,又能反映专业特色。

4. 教学过程有设计。引导教师积极进行教学设计和教学模式改革;教学设计符合学生学习规律,引导学生能够积极学习、主动学习,提高学习成效;引导设计科学的课程考核评价环节,将作业、项目等形成性评价与期末考试等终结性评价相结合。

三、评价要求

1. 在培养方案修订完成后,必须开展培养方案评价;

2. 评价过程有毕业生、用人单位、校友及同行专家等利益相关者参与,评价过程须做好记录;

3. 评价结果用于培养方案的优化和改进。

四、其他

各专业培养方案评价的具体操作办法由相关专业学院制定。

附件3

同济大学关于开展本科课程评价的原则意见

（试行）

为进一步提高本科课程建设水平,保证课程教学质量,指导学院各专业定期开展本科课程评价,特提出如下意见。

一、指导思想

1.课程教学目标应落实立德树人根本任务,符合学校本科教育人才培养的定位,达到该课程所支撑的学生知识、能力和人格方面的培养要求,有利于学生成长、成才和全面发展。

2.课程评价以学生为中心,坚持成果导向,聚焦课程目标达成情况评价,持续改进课程教学。

二、评价内容

1.课程教学大纲合理性评价

评价内容主要围绕以下问题：

(1)教学大纲是否明确了课程教学目标与毕业要求指标点的对应支撑关系？

(2)教学内容和方法、考核方式和评分标准是否与课程教学目标相关联？

(3)评分标准的合理性如何,及格标准是否反映课程目标达成的"底线"要求？

2.课程教学目标达成情况评价

课程教学目标达成情况评价是反映学生完成本门课程学习后,其学习成果达到课程教学大纲规定的课程教学目标。

评价内容主要围绕以下问题：

(1)任课教师是否按课程教学大纲的要求完成课程教学任务？

(2)学生学习成果表现是否达到课程教学目标？

(3)形成性和终结性评价记录是否完整、可追踪？

三、评价要求

1.课程评价主体为课程负责人；

2.课程评价对象覆盖全体学生；

3.课程评价方法可根据不同课程类型而定；

4.课程评价结果用于课程教学的持续改进。

四、其他

1.各学院应按专业培养方案设置的课程,定期开展课程评价工作；

2.各专业课程评价工作的具体操作办法由课程所在学院负责制定。

后　记

　　高等教育质量提升是世界各国普遍关注的核心问题。当今世界，教育与经济社会发展的结合更加紧密，以学生为中心、注重能力培养、促进人的全面发展的理念日益深入人心，高等教育治理呈现多方合作、广泛参与的特点。课程体系预评价属于教育评价的范畴，它是按照培养目标，运用科学可行的方法，对课程体系设置所进行的价值判断的过程。随着社会经济发展对高等教育人才培养质量提升的迫切要求，以及高等学校治理体系和治理能力现代化的发展，课程体系预评价作为高校内部质量保证的重要组成部分将越来越得到重视。

　　本研究于2017年7月列入教育部社科司2017年度教育部人文社会科学研究规划基金项目（项目名称：质量保证视域下的高校课程体系预评价机制研究，项目批准号：17YJA880112），历时近三年，终于完成。在研究过程中，我们得到了很多专家的指导和帮助，研究团队克服了许多困难，经历了反复讨论和修改的过程。本书是在研究报告的基础上修改完成的。在此，我们对大家的帮助表示衷心的感谢！感谢同济大学文科办刘琳老师给予本项目的支持！我们还要特别感谢同济大学经济与管理学院方耀楣教授的悉心指导，感谢同济大学教学质量管理办公室李亚东研究员的真知灼见，感谢同济大学出版社江岱女士、由爱华女士以及编辑荆华老师的大力支持！本书的前期基础工作还得益于2015—2016年同济大学教学改革与研究项目的立项支持。在此，我们对同济大学本科生院的支持表示由衷的感谢！

　　全书由朱伟文、谢双媛负责整体设计、分工组织和统稿。参与本研究的团队成员包括：楼一峰、周建民、樊秀娣、叶玉玲、杨蓓蕾、宫新荷、方小楠。特别感谢上海教育科学研究院楼一峰研究员的鼎力相助以及对本书的贡献！

　　本书撰写中，作者借鉴参考了大量的已有研究文献，在此对参考文献的作者致以深深的谢意！由于我们的水平有限，书中难免有错漏之处，恳请同行专家多多批评指正！

　　愿我们的努力能为我国高校内部质量保证体系的建设和课程体系预评价工作的开展尽到应有的责任！

朱伟文　谢双媛
2020年2月8日于上海

参考文献

一、中文文献

[1] 卢晓中.高等教育:概念的发展及认识[J].高教探索,2001(3):60-63.

[2] 张国强.论高等教育功能的失调与调适[D].湖北:华中师范大学,2008.

[3] 潘懋元.高等教育学[M].北京:人民教育出版社,1984.

[4] 杨德广.高等教育学概论[M].上海:华东师范大学出版社,2010.

[5] [美]罗宾斯,库尔特.管理学[M].北京:中国人民大学出版社,2006.

[6] 尤建新,朱德米,陈强.公共管理研究[M].上海:同济大学出版社,2006.2

[7] 契纳巴.有质量的全民教育:公平与质量[M]//秦行音,王力.公平与质量——全民教育追求的目标.北京:北京师范大学出版社,2012.

[8] 潘懋元.中国高等教育大众化的理论与政策[J].高等教育研究,2001(6):1-5.

[9] 陈玉琨,等. 高等教育质量保障体系概论[M]. 北京师范大学出版社,2004:168.

[10] 贾汇亮. 高等教育质量保障与评价机制建设[J]. 高教探索,2003(1):18-21.

[11] 马健生,等.高等教育质量保证体系的国际比较研究[M].北京:北京师范大学出版社,2014.4.

[12] 孙根年. 课程体系优化的系统观及系统方法[J]. 系统工程理论与实践. 2002(6):139-144.

[13] 刘栋梁. 地方高校应用型声乐人才培养课程体系与评价体系构建[J]. 教育现代化. 2017(3):8-9.

[14] 赫冀成,张喜梅. 课程体系与人才培养比较. 沈阳:东北大学出版社,1994.

[15] 胡弼成. 高等学校课程体系现代化研究[D]. 福建:厦门大学. 2004.

[16] 教育部高等教育教学评估中心. 2014年度中国工程教育质量报告——面向工业界 面向世界 面向未[M]. 北京:教育科学出版社,2016.

[17] 李志义,等.从本质上认识高校本科教学评估[J].中国高等教育,2010(8):32-35.

[18] 周廷勇.美国高等教育评估的演变及其新发展[J].复旦教育论坛,2009(3):21-26.

[19] 熊庆年,等.宏观高等教育评估学引论[M],北京:高等教育出版社,2011.

[20] 张继平.从冲突走向和谐:高等教育评估价值取向的社会学分析[D],湖北:华中师范大学博士学位论文,2011.

[21] 中国工程教育专业认证协会. 工程专业认证通用标准[EB/OL]. http://www.ceeaa.org.cn.

[22] 布伦南,沙赫. 高等教育质量管理——一个关于高等院校评估和改革的国际性观点[M].陆爱华,等译.华东师范大学出版社, 2005.

[23] 白玫.博洛尼亚进程中高等教育质量保证一体化探究[J].现代教育管理,2013(8):213-218.

[24] 陈凡.高校内部质量保障:作用和成效——基于联合国教科文组织"IQA项目"案例的实证分析[J].中国高教研究,2016(9):23-28.

[25] 吴岩,周爱军,李亚东.国际高等教育质量保障体系新视野[M].北京:教育科学出版社,2014.

[26] 吴岩.新时代高等教育面临新形势[EB/OL].[2017-12-09]. http://www.cssn.cn/zx/201712/t20171219_3784425_3.shtml.

[27] 马强,戴燕君,陈伟,等.国内外教育评估理论研究综述[J].教育理论研究,2011(10):195-197.

[28] 尤园,王彦丹,谢鸿全.西方四国工程教育专业认证标准的比较研究[J].高等教育研究学报,2017(40),6:73-79.

[29] 白玫.欧洲高等教育质量保证标准和指南:新理念与新进展[J].黑龙江高教研究,2017(284),12:65-69.

[30] 孙进.德国高等教育认证——机构、程序与标准[J].高等教育研究,2013(34),12:88-95.

[31] 王建华.高等教育质量管理:从技术到文化[J].中国高等教育,2008(21):26-29.

[32] 陈孝彬,高洪源.教育管理学[M].北京:北京师范大学出版社,2014:366.

[33] 赵玮.CIPP教育评价模式述评[J].开放潮,2006,105(9):58-59.

[34] [美]安德森,等.学习、教学和评估的分类学[M].上海:华东师范大学出版社,2014.

[35] 钟志贤.信息化教学模式.北京:北京师范大学出版社,2006.

[36] 尤建新,雷星晖,陈守明,等.高级管理学[M].上海:同济大学出版社,2005:181.

[37] 罗宾斯,库尔.管理学[M].北京:中国人民大学出版社,2003:533.

[38] 倪国良,倪顗.质量体系过程的再造和优化[M].北京:中国计量出版社,2000.

[39] 弗里曼.战略管理—利益相关者方法[M].上海:上海译文出版社,2006.

[40] 戴尔蒙德.课程与课程体系的设计和评价实用指南(修订版)[M].杭州:浙江大学出版社,2006.

[41] 吴垠.能力量规评估势在必行.专业认证的国际化[M].江西:江西高校出版社,2016.

[42] 朱伟文,李亚东.MIT"项目中心课程"人才培养模式解析及启示[J].高等工程教育研究,2019(1):158-164.

[43] 库克.提升大学教学能力——教学中心的作用[M].陈劲,郑尧丽译.杭州:浙江大学出版社,2011.

[44] 闫智勇.标准化:高等教育现代化的核心目标[J],大学(研究版),2014(6):22-26.

[45] 夏欢欢,钟秉林.大学生学习结果评价:高等教育质量保障的新视角[J].中国高等教育,2018(12):21-24.

[46] 万作芳.美国能力分类、培养及启示——以SCANS为例[J].教育研究与实验,2014(5):36-39.

[47] 吴垠.如何评估能力的增值——基于"534方法论"的解决方案[J].麦可思研究,2016(9):52-56.

[48] 王建华.高等教育质量管理的新趋势及我国的选择[J].中国高教研究,2008(8):21-25.

[49] 国家中长期教育改革和发展规划纲要工作小组办公室.国家中长期教育改革和发展规划纲要(2010—2020年)(EB/OL).2010-07-29.http://old.moe.gov.cn/publicfiles/business/htmlfiles/moe/info_list/201407/xxgk_171904.html?authkey=gwbux.

[50] 余寿文.工程教育评估与认证及其思考[J].高等工程教育研究,2015(3):1-6.

二、外文文献

[1] UNESCO Institute for Statistics. International standard classification of education fields of education and training 2013 (ISCED-F 2013) - Detailed field descriptions[EB/OL]. [2015-11-28]. http://uis.unesco.org/en/topic/international-standard-classification-education-isced.

[2] GANSEUER C, PISTOR P. From tools to an internal quality assurance system — University of Duisburg-Essen, Germany [EB/OL]. [2016-01]. https://unesdoc.unesco.org/ark:/48223/pf0000 249488.

[3] ENQA, ESU, EUA, EURASHE. Standards and guidelines for quality assurance in the European higher education area (ESG)[EB/OL]. [2015]. http://www.enqa.eu/index.php/home/esg/.

[4] HAQAA Initiative. African standards and guidelines for quality assurance in higher education(ASG-QA)[EB/OL]. [2018-12-19]. http://hdl.handle.net/2445/126939.

[5] Commonwealth of Learning. Transnational qualifications framework for the virtual university for small states of the commonwealth[EB/OL]. [2015-04]. https://creativecommons.org/licenses/by/4.0/.

[6] International Engineering Alliance. Graduate attributes and arofessional competencies[EB/OL]. [2013-06] http://www.ieagreements.org.

[7] Australian Qualifications Framework Council. Australian qualifications framework[EB/OL]. [2013-01]. http://www.aqf.edu.au.

[8] KEEVY J, CHAKROUN B. Level-setting and recognition of learning outcomes: the use of level descriptors in the twenty-first century[EB/OL]. http://unesdoc.unesco.org/images/0024/002428/242887e.pdf.

[9] AERDEN A. An introduction to international and intercultural learning outcomes[EB/OL]. [2015]. http://www.ecahe.eu/internationalisation.

[10] UNESCO-IIEP. Internal quality assurance: eight universities share their experiences[EB/OL]. [2017-06-21]. http://www.iiep.unesco.org/en/internal-quality-assurance-eight-universities-share-their-experiences-4002.

[11] VETTORI O, LEDERMÜLLER K, SCHWARZL C, HÖCHER J, and ZEEH J. Developing a quality culture through Internal quality assurance[EB/OL]. [2016-08]. https://unesdoc.unesco.org/ark:/48223/pf0000249494.

[12] HAMAD B, ALADWAN R. From externally to Internally driven quality assurance[EB/OL]. [2016-01]. https://unesdoc.unesco.org/ark:/48223/pf0000249488.

[13] LANGE L, KRIEL L. Integrating internal quality assurance at a time of transformation[EB/OL]. [2016-07]. https://unesdoc.unesco.org/ark:/48223/pf0000249506.

[14] ASSIN e. V. Criteria for the accreditation of degree programmes - ASIIN quality seal[EB/OL]. [2015-12-10]. http://www.asiin.de.

[15] UNESCO. Global convention on the recognition of higher education qualifications[EB/OL]. [2019-11-15]. https://en.unesco.org/themes/higher-education/recognition-qualifications/global-convention.

[16] WAGENAAR R. Tuning—CALOHEE assessment reference frameworks for civil engineering, teacher education, history, nursing, physics. [2018-10-31]. https://www.calohee.eu/wp-content/uploads/2018/11/4.1-Assessment-Reference-Frameworks-for-Civil-Engineering-Teacher-Education-History-Nursing-and-Physics-FINAL-v2.pdf.

[17] LAMAGNA C, Villanueva C, and Hassan F. The effects of internal quality assurance on quality and employability[EB/OL]. [2016-02]. https://unesdoc.unesco.org/ark:/48223/pf0000249495.

[18] KURIA M, MARWA S M. Shaping internal quality assurance from a triple heritage[EB/OL]. [2016-06]. https://unesdoc.unesco.org/ark:/48223/pf0000249505.

[19] VILLALOBOS P, ROJAS A, HONORATO F, and DONOSO S. Mainstreaming Internal quality assurance with management[EB/OL]. [2016-03]. https://unesdoc.unesco.org/ark:/48223/pf0000249497.

[20] WU Daguang, XIE Zuoxu, WU Fan, QI Yanjie. Enhancing teaching and learning through internal quality assurance[EB/OL]. [2016-04]. https://unesdoc.unesco.org/ark:/48223/pf0000249501.

[21] UNESCO. Global Education Monitoring Report 2016[EB/OL]. http://www.unesco.org/openac-

cess/terms-use-ccbysa-en.

[22] MAYER R E. The promise of educational psychology: learning in the content areas[J]. Upper Saddle River,NJ: Prentice-Hall, 2002: 252-271.

[23] CHENG Kai-ming. Re-interpreting learing [EB/OL]. [2014-10]. https://unesdoc.unesco.org/ark:/48223/pf0000229414.

[24] TeachThought. 30 of the most popular trends in education[EB/OL]. [2019-10-07]. https://www.teachthought.com/the-future-of-learning/most-popular-trends-in-education/.

[25] UNESCO. Teacher policy development guide [EB/OL]. http://www.unesco.org/open-access/termsuse-ccbysa-en.

[26] CRLT. Mission Statement[EB/OL]. [2019-08-03]. http://www.crlt.umich.edu/aboutcrlt/aboutcrlt/mission.

[27] IQM−HE (2016). Handbook for Internal Quality Management in Competence-Based Higher Education. Retrieved from http://ec.europa.eu/programmes/erasmus-plus/projects/.

[28] UNESCO−IBE. Training tools for curriculum development: a resource pack. geneva, Switzerland: UNESCO-International Bureau of Education[EB/OL]. [2016-01-13]. http://www.ibe.unesco.org/fileadmin/user_upload/COPs/Pages_documents/Resource_Packs/TTCD/TTCDhome.html

[29] QAA. Glossary QAA terms explained [EB/OL]. [2018-06-15]. https://www.qaa.ac.uk/docs/qaa/guidance/qaa-glossary.pdf?sfvrsn=70cbfc81_2.

[30] Stony Brook University New York. Choosing an action for your student learning outcomes: using Bloom's revised taxonomy[EB/OL]. https://www.stonybrook.edu.

[31] UIL. Global inventory of regional and national qualifications frameworks volume II: national and regional cases[EB/OL]. [2015]. http://en.unesco.org/open-access/terms-use-ccbysa-en.

[32] MERCER. 2019 global talent trends report[EB/OL]. [2019-02-26]. https://www.mercer.com/content/dam/mercer/attachments/private/gl-2019-global-talent-trends-study.pdf

[33] Association of American Colleges & Universities. The grand challenges scholars program: integrating liberal arts and STEM[EB/OL]. [2018-09]. https://www.aacu.org/aacu-news/newsletter/2018/september/campus-model.

[34] HARVEY L. Deconstructing quality culture, EAIR Conference in Vilnius 2009[EB/OL]. http://www.qualityresearchinternational.com/Harvey%20Vilnius.pdf (last accessed 24.08.2010).

[35] UNESCO. Rethink Education Towards a global common good? [EB/OL] http://www.unesco.org/open-access/terms-use-ccbysa-en.

[36] SCOTT C L. The futures of learning 1: why must learning content and methods change in the 21st century [EB/OL]. https://unesdoc.unesco.org/ark:/48223/pf0000234807_eng.

[37] Tuning. Outcomes questionnaire modes of assessment[EB/OL]. https://www.calohee.eu.

[38] IQM−HE (2016). Handbook for internal quality management in competence-based higher education [EB/OL]. http://ec.europa.eu/programmes/erasmus-plus/projects/.